Intimes confidences

Du même auteur

ROMANS

Un dernier tour de valse, Paris, Tallandier, 2016 ; « Le Livre de poche », 2018.

Les Héritiers de Kervalon, Paris, Albin Michel, 2013 ; « Le Livre de poche », 2015.

L'Eau glacée de la rivière, Paris, Hugo, 2012.

J'ai douze ans… et je vis enfermé dans la soupente, Paris, Hugo, 2010.

La Griffe du diable, Paris, Éditions du Rocher, 1990.

L'Été éclaté, Paris, Éditions du Rocher, 1989.

BIOGRAPHIES

Madame Vigée Le Brun. Amie et portraitiste des reines, Paris, Tallandier, 2015.

Madame Campan. Première femme de chambre de Marie-Antoinette, Paris, Tallandier, 2013.

Léonora Galigaï. L'âme damnée de Marie de Médicis, Paris, Pygmalion, 2005.

La Reine mère d'Angleterre, Paris, Tallandier, 2000.

Inès de Kertanguy

Intimes confidences

Honoré de Balzac et la duchesse d'Abrantès

roman

Tallandier

48, rue du Faubourg-Montmartre – 75009 Paris
www.tallandier.com

À Michèle Balaÿ,
afin que ces « intimes confidences » rappellent
les nôtres commencées à l'âge de onze ans et qui
jamais ne cessèrent malgré le temps, l'éloignement.
À notre amitié, à notre enfance.

À ma fille Nolwenn,
la toute première lectrice de ce roman.

À Serge,
que je considère comme un fils.

« C'est l'âme qui se souvient et non la mémoire qui se rappelle. »

Laure Junot, duchesse d'Abrantès

« Je suis inexplicable pour tous, nul n'a le secret de ma vie, et je ne veux le livrer à personne. »

Honoré de Balzac

Prologue

Janvier 1825, Versailles

En cette nuit d'hiver, la porte d'entrée claqua.

Dans la rue déserte, le jeune homme pressa le pas. Il était en retard. Très en retard. Du quartier Notre-Dame à Versailles, il devait se rendre rue de Montreuil, à une quinzaine de minutes de marche.

Avec ce temps humide et froid, les habitants s'étaient calfeutrés chez eux.

Avenue de Saint-Cloud, il croisa un fiacre et vit au loin passer quelques silhouettes emmitouflées.

Essoufflé, il fit une halte pour reprendre haleine. Sous le bec de gaz, il tira sa montre : bientôt dix heures.

– Déjà ! s'exclama-t-il.

Mais, loin de se laisser abattre, il reprit sa course. À une intersection, il hésita, se trompa, rebroussa chemin et trouva enfin la rue de Montreuil. Il finit par s'enfoncer dans un chemin étroit, bordé de hauts murs. Le quartier était situé entre ville et campagne, de sorte qu'autour de lui tout était calme et silencieux.

Dans les derniers mètres, il courut presque. Il ne voulait pas, il ne devait pas, rater ce rendez-vous. Avant de repartir à Paris, il tenait à voir la duchesse d'Abrantès. Depuis qu'il l'avait rencontrée à un dîner que donnait sa sœur, son souvenir le hantait. Son intuition lui disait qu'il avait rendez-vous avec son destin.

Assise au plus près de l'âtre dans le salon de son hôtel particulier, Laure Junot, faite duchesse d'Abrantès par la volonté de l'Empereur, regardait par la fenêtre la lune s'élever au-dessus des arbres aux branches défeuillées par les vents.

Le froid enveloppait son âme et la solitude lui pesait. En début d'après-midi, elle avait accompagné ses deux filles à la diligence, appelée la Gondole, qui faisait la navette entre Versailles et Paris. Elles ne seraient pas de retour avant plusieurs jours.

Dix heures sonnèrent. Elle poussa un soupir et allait se décider à gagner sa chambre quand Auguste frappa à la porte :

– Madame la duchesse, un monsieur demande à vous voir.

– À pareille heure ? s'alarma-t-elle. Je n'ai pourtant pas entendu de voiture entrer dans la cour.

Son pouls s'était accéléré : serait-il arrivé malheur à un de ses enfants ?

Laure prit sur elle pour ne rien laisser paraître de son trouble.

Auguste fit quelques pas et, cérémonieusement, avança le plateau d'argent sur lequel était posée une carte de visite.

– Madame la duchesse ne pouvait pas entendre, expliqua le valet, monsieur est arrivé à pied.

« À pied par ce froid et à cette heure tardive ? » s'étonna-t-elle encore.

Cette fois plus perplexe qu'inquiète, elle prit la carte et lut à haute voix : « Honoré Balzac. »

Auguste prit un air pincé :

– J'ai fait remarquer l'heure à monsieur, mais il a insisté. Il attend dans le vestibule. Je peux dire à monsieur que madame la duchesse s'est retirée dans ses appartements.

Laure réfléchissait : M. Balzac… Elle se rappela l'avoir rencontré à une soirée chez Mme Surville. Quoiqu'au premier abord elle l'eût trouvé vulgaire, cette première impression s'était vite effacée : le jeune homme s'exprimait avec une telle vivacité, un tel feu… Que pouvait-il bien lui vouloir ? Intriguée par cette survenue, et trouvant la soirée maussade, elle se décida :

– Faites-le entrer, je vais le recevoir.

PREMIÈRE PARTIE

En son ermitage

Tournée vers la glace qui surmontait la cheminée, Laure y vit une femme de quarante ans à la beauté épanouie. Dans un geste naturel de coquetterie, elle arrangea sa chevelure brune partagée en son milieu en deux bandeaux. Elle s'assit, réajusta son châle des Indes sur ses épaules, eut encore le temps de lisser les nombreux plis de sa robe avant que la poignée de la porte ne s'abaissât.

– M. Balzac ! annonça Auguste avec emphase.

Retrouvant ses habitudes du grand monde, la duchesse plaqua un ravissant sourire sur ses lèvres, puis examina le jeune homme qui s'approchait. Elle reconnut aussitôt la silhouette épaisse, les traits du visage comme taillés à coups de serpe, les cheveux drus maintenus en arrière que la « gomina » ne réussissait qu'imparfaitement à discipliner. Elle tendit une main que son hôte baisa avec empressement et, quand celui-ci releva la tête, elle fut charmée par le regard qui, loin d'être intimidé, cherchait le sien.

D'un geste, elle l'invita à prendre place sur le fauteuil qui lui faisait face, mais soit que son visiteur n'eût pas compris, soit qu'il n'eût pas voulu, il resta debout.

– Madame, pardonnez l'heure tardive à laquelle je me présente. J'habite à Paris et, quand je suis de passage à Versailles, je loge chez mes parents. Après le souper, des connaissances se sont présentées et ce contretemps explique que je n'ai pas pu m'échapper avant neuf heures... Ajoutez à cela que je me suis perdu en me rendant à pied chez vous.

Sa voix enfla :

– Mais aussi, dès la tombée de la nuit, Versailles, à l'égal de nos plus misérables villes de province, se déguise en ville fantôme. Je n'ai pas trouvé âme qui vive pour me guider !

Le jeune homme marchait de long en large, débitant ses phrases sans reprendre haleine. Son timbre de voix sonore aurait réveillé un mort. Cette fougue étonnait Laure, mais l'amusait plus encore : voilà plusieurs minutes que ce monsieur était entré dans son salon et elle ne savait toujours pas la raison de sa visite. Soudain, comme s'il avait deviné ses pensées, il se planta devant elle et dit tout à trac :

– Comprenez, madame, qu'il m'aurait été impossible de quitter Versailles sans vous avoir rendu visite. Duchesse d'Abrantès, quel nom magnifique ! À quelle gloire, à quelle épopée il se rattache ! Ses trois syllabes résonnent encore des tambours victorieux de l'Empereur ! Et voilà que je me retrouve devant vous qui avez vécu ces temps héroïques !

– Monsieur, je crois que vous allez me donner le tournis à force d'arpenter mon salon tel un fauve en cage.

Le calme de la maîtresse des lieux, son sourire légèrement moqueur eurent pour effet de sortir le jeune homme de son rêve éveillé. Après un silence et quelques hésitations, il accepta enfin de prendre place sur le siège désigné.

– Fort bien ! À présent, que puis-je vous offrir ?

– Deux ou trois tasses de café bien noir…

– Je vous signale que dix heures viennent de sonner.

– Cette nuit, il me faudra encore veiller… Quelques articles à écrire pour les journaux. Rien de bien intéressant, juste de l'alimentaire.

« Des articles ? » se dit-elle, intriguée. Elle n'insista pas mais se promit de revenir sur la question dès qu'elle aurait apprivoisé son visiteur. Elle se leva, alla tirer le cordon de sonnette. Le valet se présenta.

– Une cafetière pleine d'un café serré, une verveine et des bûches car le feu se meurt. Et maintenant, monsieur, dites-moi la raison de votre visite ?

La réponse fusa :

– Je suis venu vous écouter, madame.

– M'écouter ? Mais de quel sujet suis-je censée vous entretenir ?

– Napoléon.

– Vraiment ? Le propos promet d'être vaste.

– J'ai tout mon temps.

Devant un tel aplomb, elle ne put s'empêcher de rire.

Surpris de trouver pareil naturel chez une si grande dame, Balzac demeura quelques secondes déstabilisé puis, se laissant entraîner, il éclata à son tour d'un rire formidable.

Auguste entra. Imperturbable, il posa le plateau, remit plusieurs bûches dans l'âtre et prit congé.

– Je vous ferai observer, dit Laure, riant toujours, qu'il est tard et qu'une vie, même la plus banale, prendrait plusieurs heures à raconter.

Balzac retrouva d'un coup son sérieux :

– Ce soir, madame, parlez-moi de lui. Sorti de ce salon, je ne pourrai ni travailler ni dormir si vous ne m'avez rien dit du grand homme. Quand je songe que vous lui avez parlé dans la même intimité que notre causerie de ce soir, que vous l'avez connu enfant, que vous l'avez vu occupé des choses ordinaires de la vie, enfin que vous l'avez vu grandir, s'élever et couvrir le monde de son nom ! Vous êtes pour moi comme un bienheureux qui viendrait s'asseoir à mes côtés, après avoir vécu au ciel tout près de Dieu ! Vous êtes un trésor, une source inestimable, une bible. Depuis que je suis en âge de lire et de comprendre, cet homme occupe toutes mes pensées.

Laure railla :

– Mon cher, vous n'êtes pas le seul !

– Depuis que je vous ai été présenté, il n'y a plus une minute qui passe sans que je n'espère ce tête-à-tête.

Le ton suppliant du jeune homme eut raison de ses résistances.

– Bien, dit-elle, en lui servant une première tasse de café, je vous parlerai de Napoléon, mais à une condition : je ne mettrai pas d'ordre dans mes pensées. Je laisserai mes souvenirs remonter à ma mémoire et vous les livrerai tels quels.

Elle cala son dos contre le dossier de la bergère, but quelques gorgées de tisane, réfléchit. Puis, le regard fixé sur un point visible d'elle seule, elle se lança.

– Il n'y a pas un jour où je ne pense à Napoléon. Jeune homme, ce qu'il avait de charmant, c'était son regard et surtout l'expression douce qu'il savait lui donner dans un instant de bienveillance. Mais l'orage était affreux. Dans ces moments de colère, et, quelque aguerrie que je fusse, jamais je n'ai regardé cette physionomie sans éprouver un frisson. Bonaparte était peu éloquent dans sa manière de s'exprimer. Sa concision par trop sèche ne donnait pas à son discours ce tour sinon gracieux, du moins arrondi et formé. Depuis, tout en lui fut prestigieux, et sa parole devint comme le reste.

Elle marqua une pause, regarda son interlocuteur qui semblait captivé et reprit :

– Par la suite, sa conversation comme son style eurent un caractère empreint d'une originalité toute spéciale. Il est vrai qu'il avait un grand goût pour raconter. Souvent, il disait des histoires sur l'Orient et je me souviens, enfant, l'avoir écouté avec passion.

En avançant dans l'âge, l'Empereur gagna en séduction, mais il est difficile et même impossible, avec des mots, de rendre le charme de sa physionomie lorsqu'il souriait avec une pensée douce. Il y avait alors de l'âme sur ses lèvres et dans ses yeux. Oui, c'est cela, je n'ai pas d'autres mots : c'est bien de l'âme… Alors, ses yeux, vraiment fort beaux, son regard incomparable, s'adoucissaient et, pour peu que le sourire fût provoqué par un noble sentiment, sa physionomie avait une expression surhumaine ; c'était dans de tels moments que l'homme n'était plus homme.

On sait au reste assez quelle fut plus tard la puissance magique de ce regard.

Après quelques minutes de silence, Balzac risqua :

– Quel fut votre premier souvenir de Bonaparte ?

– À brûle-pourpoint, je ne saurais… Il me vient cependant une anecdote, j'étais encore une toute petite fille. C'était à l'époque où, au sortir de l'école militaire, le jeune Bonaparte fut pourvu d'une sous-lieutenance dans un régiment d'artillerie. Le jour où il endossa l'uniforme, il était joyeux comme tous les jeunes gens le sont en pareil occasion ; mais il y avait dans son habillement quelque chose qui lui donnait une apparence fort ridicule, c'était ses bottes.

– Ses bottes ? s'étonna Balzac.

– Elles étaient d'une dimension si singulièrement grande que ses petites jambes, alors fort grêles, disparaissaient dans leur ampleur. Aussitôt que ma sœur et moi nous le vîmes entrer dans le salon, nous ne pûmes nous contenir, un fou rire nous gagna. Comme il n'entendait pas la plaisanterie, il se fâcha. « On voit bien que vous n'êtes qu'une petite pensionnaire », lança Napoléon à ma sœur aînée. « Et vous, rétorqua Cécile, vous n'êtes qu'un Chat botté ! » Au salon, tout le monde se mit à rire. Bien que Napoléon fût vivement piqué du sobriquet que ma sœur lui avait donné, il affecta de n'y plus penser.

J'avais alors trois ou quatre ans, et toute cette histoire me serait bien sûrement sortie de la tête si, en la répétant devant moi depuis, on ne me l'avait rendue familière. Elle me fut utile par la suite, comme je vais vous le conter. Le Premier consul était un jour d'une grande gaieté. On dînait à la Malmaison sous les hauts arbres qui couronnent le petit monticule à gauche de la prairie devant le château. Mme Bonaparte avait mis de la poudre dans ses cheveux, ce qui lui allait fort bien, mais le Premier consul en rit et lui dit qu'elle pouvait jouer *La Comtesse d'Escarbagnas*. La plaisanterie ne lui plut pas, elle fit une petite moue. « Eh bien ! Crains-tu de manquer de cavalier ? Voilà le marquis de Carabas (et il montra Junot) qui te donnera le bras. » Or, il faut savoir que Bonaparte avait déjà, et à plusieurs reprises, nommé Junot ainsi. C'était, disait-il, à cause de son goût pour la représentation. Tous deux s'en divertissaient et, dans le fait, la chose n'aurait été que plaisante si l'entourage du Premier consul ne s'était pas mis à répéter la plaisanterie. Le lendemain, Junot, qui était alors commandant de Paris, vint à la Malmaison et on plaisanta à nouveau le marquis de Carabas. Je commençais à trouver la plaisanterie un peu rabâchée et j'entendais le faire savoir.

– Jeune et le caractère déjà bien trempé ! fit remarquer Balzac, amusé.

– Je me souviens de ce moment comme si c'était hier. Le Premier consul était assis sur le bord du parapet : « Mon ami, dis-je à Junot, la première fois que nous irons dans *tes terres*, il ne faudra pas oublier une chose tout à fait de rigueur dans ton train ou je ne vais pas avec toi, je t'en avertis, et je suis sûre que le général m'approuvera. – Qu'est-ce donc ? demanda le Premier consul. – C'est un chat botté pour coureur. » Je n'oublierai jamais la figure du Premier consul, elle était à peindre. On rit beaucoup, et la chose n'alla pas plus loin. Quelques jours plus tard, un proche du Premier consul trouva bon de se moquer de Junot. Je regardai le Premier consul avec attention ; il se tourna vers son imitateur et lui dit : « Lorsque vous voudrez faire et dire comme moi, choisissez mieux vos sujets. Il me semble que l'on peut m'imiter en autre chose. » Un quart d'heure après, il s'approcha de moi, me prit le nez, me le pinça à me faire crier et me dit : « Vous avez de l'esprit, petite peste, mais vous êtes méchante. Ne le soyez pas. Une femme n'a jamais de charme lorsqu'elle se fait craindre. »

Balzac répéta avec une franche gaieté :

– Petite peste ? Ah ! Petite peste ! Vraiment !

– Ce serait désormais ainsi qu'il m'appellerait chaque fois que je lui tiendrais tête ! Mais qu'importe, la leçon était donnée, plus personne n'osa se moquer de Junot.

Laure se leva. Avec grâce, elle tendit sa main. Honoré la prit avec déférence et la baisa.

– Madame, je ne partirai pas sans avoir l'assurance que nous nous reverrons. Demain, je regagne Paris, le travail m'appelle. Je compte revenir la semaine prochaine. Cette fois, je m'installerai chez Mme Surville, ma sœur, ainsi serai-je plus libre de mon emploi du temps. Pourrons-nous alors continuer cette conversation ?

– Seulement si c'est avant dix heures du soir !

Balzac s'inclina vers la petite femme brune au regard malicieux et, avec regret, quitta le salon.

Laure écouta les pas décroître. Le temps qu'elle plaçât le pare-feu devant la cheminée, qu'elle mouchât quelques bougies, sa décision était prise : elle mènerait sa propre enquête sur le jeune homme. Et, pour commencer, elle rendrait son invitation à Mme Surville.

Dans le vestibule, elle fut saisie par le froid qui y régnait. La main sur la rampe, elle mit un pied sur la première marche et, comme chaque soir, fit une halte sous le grand portrait de son mari en uniforme de général.

– Bonsoir, mon ami, cette soirée m'a enchantée, et vous ?

Puis, d'un pas rapide, elle gagna sa chambre.

***

Laure s'éveilla de bon matin.

Toutes ses pensées furent prises par la visite inopinée de la veille. Ce jeune homme, qu'avait-il de plus que les autres pour que son esprit en fût encore tout accaparé ? Cette nuit, ses rêves l'avaient ramenée à ces temps anciens, et force lui était de reconnaître que le remuement de ses souvenirs l'avait bousculée plus qu'elle ne l'aurait imaginé.

À sept heures, Julie entra à pas menus dans sa chambre. Son premier geste fut de s'agenouiller à même le parquet afin de faire repartir au plus vite une belle flambée dans la cheminée.

– Il fait froid, se plaignit Laure du fond de son lit.

Julie se releva, plongea dans une révérence et annonça, avec une certaine excitation dans la voix :

– C'est que, madame la duchesse, il a neigé toute la nuit et le jardin est tout blanc.

– Alors, qu'attends-tu pour ouvrir les volets !

Sans se faire prier, Julie courut vers la fenêtre. Dans un geste ample, elle écarta les rideaux, replia les volets intérieurs et, les yeux écarquillés, regarda les flocons qui tombaient en abondance. Avec regret, la jeune fille sortit, pour réapparaître quelques secondes plus tard. Elle installa le couvert du petit-déjeuner, un léger froufroutement accompagnant chacun de ses déplacements. Elle tisonna le feu qui, tel un fauve en colère, se mit à feuler. À chaque fois qu'elle passait devant les flammes, ses cheveux, remontés et torsadés sur sa nuque, se méchaient de teintes cuivrées. Sa tâche achevée, elle s'apprêtait à prendre congé, quand Laure lui demanda :

– Quel âge as-tu, mon enfant ?

Ses joues s'empourprèrent.

– Seize ans et six mois dans quelques jours.

Laure sourit et se demanda jusqu'à quand on comptait les demi-années.

– C'est bien, tu peux disposer.

La porte se referma sur la mince silhouette. Seize ans, c'était l'aurore de la vie, et l'âge auquel elle s'était mariée pourtant. Elle était encore une petite fille et ne songeait nullement à quitter le foyer familial lorsque le général Junot la choisit pour femme. Il avait fière allure ; elle avait accepté l'union sans réfléchir, se promettant de le faire un peu plus tard. Mais ce plus tard n'était jamais venu car, dès l'annonce de ses fiançailles, elle avait été prise dans un tourbillon : les visites à faire, le trousseau à préparer, les bans à publier… Et le temps avait filé, léger, si léger.

Ce mariage l'avait fait entrer de plain-pied dans la société des adultes. Elle avait délaissé ses poupées pour se tenir au bras d'un homme. Il avait fallu recevoir la famille, les amis, tenir son rang dans le monde, se rendre aux réceptions données par le Premier consul. Et tout cela dans un joyeux désordre.

Les premières années avaient passé comme dans un rêve. Le général Junot, Andoche de son prénom (Andoche ! Elle n'avait jamais réussi à prononcer ce prénom sans éclater de rire, aussi s'était-elle empressée, après accord de l'intéressé, de le remplacer par son deuxième prénom, Alexandre), se montra très épris et elle répondit de son mieux à cet amour. Leur bonheur était béni par leurs deux familles et, après quelques réticences, par le général Bonaparte lui-même qui avait pourtant ordonné à son aide de camp : « Junot, je vais te nommer commandant de Paris, ainsi que je te l'ai dit. Mais il faut que tu te maries. Cela est convenable, non seulement pour la dignité de la place que tu vas occuper, mais je te connais et je l'exige de toi dans ton propre intérêt. » Et il avait ajouté : « Choisis une femme riche ! »

Obéissant, Junot se mit à la recherche de la jeune fille idéale et commença à fréquenter les salons parisiens. Oublia-t-il l'ordre formel ? Contre toute attente, il jeta son dévolu sur elle qui était orpheline de père et, fait aggravant, sans dot aucune ! Car si la famille de Permon était des plus honorables, elle n'était pas riche ou, plus exactement, elle ne l'était plus. Avant de mourir, son père avait fait des placements importants en Angleterre, qui ne furent jamais retrouvés. Ainsi s'était évanouie toute une vie de labeur dans les brumes anglaises. Mais, plus ennuyeux encore, sa mère, grande amie de Letizia Bonaparte, s'était brouillée depuis peu avec Napoléon.

Il s'était remis à neiger à gros flocons.

Dans la chaleur douce de la chambre, les pensées de Laure retournèrent vers ces jours heureux de septembre 1800.

Elle n'avait pas encore atteint ses seize ans quand elle entrevit pour la première fois celui qui allait devenir son mari. Ce soir-là, comme tous les soirs, sa mère tenait salon. Il y avait une douzaine de personnes. On causait, on jouait aux charades, on riait, lorsque, tout à coup, la porte s'ouvrit et le valet de chambre annonça : « Le général Junot. »

À l'instant même, le salon fut frappé de silence. Sur le moment, le général en fut un peu embarrassé, mais l'accueil de la maîtresse de maison le rassura. Elle lui tendit la main, le fit asseoir à côté d'elle et ne s'occupa que de lui. Le fait est qu'il s'était trompé de jour : il n'y avait personne de sa connaissance.

Il vint chez sa mère dix jours de suite et pas une seule fois il ne s'adressa à la jeune fille. Le matin du onzième jour, Mme de Permon, souffrante, était encore au lit et en grande conversation avec son fils, quand la voiture du général s'arrêta devant la porte de la maison. À peine introduit, il s'écria :

– Madame, je viens vous demander la main de votre fille. Voulez-vous me l'accorder ? Je vous donne ma parole de la rendre heureuse. Répondez-moi avec la franchise que je mets à ma demande : oui ou non.

– Mon cher général, je mettrai dans ma réponse la franchise que vous réclamez, car elle est, vous le savez, dans mon caractère, et je vous dirai que quelques minutes avant votre arrivée je disais à Albert que vous étiez l'homme que je désirais le plus nommer mon gendre… Mais contez-moi comment le Premier consul a pu accorder son consentement pour votre mariage avec ma fille ?

– Il ne le sait pas encore…

– Il ne le sait pas ! Comment, il ne le sait pas ! s'alarma ma mère. Et vous êtes venu me demander ma fille en mariage ?

– Et je vous prie, madame, de me dire en quoi ma conduite peut être blâmable ?

– Comment pouvez-vous me le demander ? Ne connaissez-vous pas la froideur et même la mésintelligence qui ont succédé à l'amitié qui existait entre le Premier consul et moi ? Croyez-vous qu'il consentira à ce que ma fille, dépourvue de toute fortune, devienne votre femme ? Et que ferez-vous, dites-moi, s'il vous refuse ce mariage ?

– Je me passerai de son consentement.

– Vous dites que vous n'êtes plus un enfant et voilà que vous raisonnez comme si vous aviez six ans !

Albert, qui jusqu'à cet instant s'était tenu coi, intervint :

– Mon cher général, permettez-moi de vous faire observer que vous avez été un peu plus vite que vous ne le deviez dans cette affaire. Néanmoins, tout peut encore facilement s'arranger, car je ne pense pas, comme ma mère, que le Premier consul intervienne dans une question du genre de celle-ci.

Tout à coup, Junot se leva, prit son chapeau et, consultant sa montre, dit :

– Je vais aux Tuileries. Le Premier consul n'est pas encore au conseil. Je lui parlerai et dans une heure je suis ici.

Il franchit l'escalier en deux sauts, monta dans sa voiture et cria à son cocher :

– Aux Tuileries ! Et ventre à terre !

Arrivé au château, il courut voir Duroc.

– Où est le Premier consul ?

– Chez Mme Bonaparte.

– Il faut que je parle au Premier consul. Il le faut ; je te dirai plus tard pourquoi j'insiste si péremptoirement.

Quelques instants après, il fut introduit dans le cabinet du Premier consul.

– Mon général, lui dit-il, entrant aussitôt en matière, vous m'avez témoigné le désir de me voir marié. C'est chose faite, je me marie.

– Ah ! Ah !... Et viens-tu par hasard d'enlever ta femme ? Tu as l'air tout effarouché.

– Non, mon général.

– Et qui épouses-tu ?

– Une personne que vous avez connue bien enfant et dont je suis amoureux comme un fou... C'est Mlle de Permon.

Le Premier consul s'était assis et s'amusait avec son canif. En entendant le nom, il sursauta, jeta le canif, et vint auprès de Junot.

– Qui as-tu dit que tu épousais ? s'étonna-t-il en lui secouant vivement le bras.

– La fille de Mme de Permon, cette enfant que vous avez tenue sur vos genoux tant de fois, étant vous-même un bien jeune homme, mon général.

– Cela n'est pas possible ! Loulou ne peut pas être en âge de se marier. Quel âge a-t-elle donc ?

– Seize ans dans un mois.

– Mais c'est un fort mauvais mariage que tu fais là. Il n'y a pas de fortune. Et puis... Et puis, comment as-tu pu te décider à devenir le gendre de Mme de Permon ? Comme si tu ne savais pas que, toute femme qu'elle est, il te faudra marcher droit avec elle... C'est une rude tête !

– Permettez-moi de vous faire observer, mon général, que je n'épouse pas ma belle-mère. Ensuite, je crois…

– Eh bien ! Que crois-tu ?

– Je crois, mon général, que les discussions qui se sont élevées entre Mme de Permon et vous jettent peut-être une teinte de prévention sur votre jugement. Ce que j'ai vu, c'est l'amour que ses enfants lui portent. Sa fille lui prodigue des soins quotidiens, quant à son fils…

– Ah ! C'est un brave garçon ! Et puis, de grands moyens !

– Eh bien, mon général, croyez-vous qu'il serait pour sa mère ce qu'il est si Mme de Permon n'était pas elle-même non seulement une bonne mère, mais une bonne personne ? Interrogez votre famille, ces dames vous diront quelle a été la conduite des enfants de Mme de Permon depuis le commencement de sa cruelle maladie.

– Est-elle donc si malade ?

– Très malade, et seuls les soins les plus attentifs peuvent la guérir et empêcher ses souffrances.

Le Premier consul se promenait sans parler. Il était sérieux, sans toutefois laisser transparaître de l'humeur. Enfin, il dit :

– Mais en l'absence de fortune, quelle dot apporte la jeune personne ?

– Je ne l'ai pas demandé.

– Tu avais raison de dire que tu étais amoureux fou. Quelle extravagance ! Et moi qui te recommande d'épouser surtout une femme riche, car enfin tu ne l'es pas, toi.

– Je vous demande pardon, mon général, je suis riche, très riche même. N'êtes-vous pas mon protecteur, mon père, ma providence ? Et lorsque je vous dirai que j'aime une jeune fille, pauvre peut-être, mais sans laquelle je sens que je serai malheureux, je suis assuré que vous-même, mon général, vous viendrez à mon aide et que vous doterez ma fiancée.

Le Premier consul sourit.

– Ah ça ! Et comment cette maladie t'est-elle venue ? Il y a longtemps que tu vas chez Mme de Permon ?

– Onze jours aujourd'hui. Maintenant, mon général, je vais vous donner encore bien plus de prise sur moi, car j'ai agi encore plus en insensé que vous ne pouvez le croire.

Et il lui raconta la scène du matin jusque dans ses plus petits détails. Le Premier consul l'écouta dans un profond silence et une grande attention.

– Quoique je reconnaisse bien là le caractère de Mme de Permon, je ne puis m'empêcher de l'approuver dans son raisonnement à mon égard. Au reste, tu m'as placé dans la position de ne pas même te faire de remontrances, d'après ce que tu viens de me dire. D'ailleurs, tu n'épouses pas ta belle-mère, comme tu l'observes, et si la jeune personne est telle que tu la dépeins, je ne vois pas de raison d'être sévère sur l'article de la fortune. Je te donne cent mille francs de dot et quarante mille francs pour la corbeille. Adieu, mon ami, adieu, sois heureux !

Chez Mme Surville à Versailles

Drapée dans une cape doublée de fourrure, reste des beaux jours enfuis, sa plus jolie capote d'hiver sur la tête, des bottines fourrées aux pieds, les mains à l'abri dans un manchon de castor, Laure se hâtait dans les rues de Versailles aux trottoirs encore encombrés de neige. Depuis quelques jours, un froid sec, accentué par un petit vent du nord, gelait les rivières et les lacs.

Les passants pressaient le pas en cet après-midi de frimas. Si elle apercevait quelque connaissance, elle faisait de loin un sourire, parfois un signe de tête et passait son chemin sans s'attarder.

Le matin même, elle avait reçu un mot de Mme Surville qui regrettait de ne pouvoir se rendre à son invitation. Sa fille ayant pris un sévère refroidissement, il lui était impossible de s'absenter. Pour se faire pardonner, elle la conviait à prendre une collation chez elle.

Sans hésiter, Laure s'était mise en route. Peu avant de parvenir au château, elle emprunta sur sa droite la rue du Réservoir et finit par atteindre la rue Maurepas où habitaient les Surville. Elle sonna. Après quelques secondes, une jeune fille accorte, aux joues rondes, lui ouvrit. Dès qu'elle entra, une bouffée de chaleur l'accueillit.

Le temps qu'elle se débarrassât de son étole, de sa cape, la maîtresse de maison fut devant elle. Un franc sourire éclairait son visage.

– Duchesse, comme je suis heureuse que vous ayez pu venir malgré la température si peu clémente.

– Sur votre invitation, madame, je viens prendre des nouvelles de votre petite Sophie.

– Elle est tirée d'affaire ; cette nuit, la fièvre a baissé. Elle tousse encore mais le médecin a déclaré qu'en la gardant au chaud, tout serait rentré dans l'ordre d'ici quelques jours.

– Je suis sincèrement heureuse de cette nouvelle, je me souviens encore par quels moments affreux je passais quand mes enfants étaient malades. Ce sont des tourments qu'une mère n'oublie pas.

Pendant ces échanges courtois, Laure fut introduite dans un salon aux belles proportions dont deux fenêtres donnaient sur un jardin. C'était dans ce même salon qu'elle avait rencontré pour la première fois Honoré Balzac. Comme il faisait nuit, elle n'avait pas pu en apprécier la vue qui donnait, au-delà des grilles, sur le parc du château de Versailles. Avant de prendre place devant la cheminée, elle tendit à la jeune femme un paquet, expliquant qu'elle avait confectionné elle-même la poupée en prenant modèle sur un joujou qui avait appartenu à ses filles.

Mme Surville ouvrit le cadeau, s'extasia et insista pour que la duchesse offrît elle-même la poupée à l'enfant dès que celle-ci serait sortie de sa sieste. Enfin, devant une tasse de chocolat et quelques gâteaux, les deux femmes devisèrent sur leurs connaissances communes. Laure se plia à l'exercice, mais elle espérait bien amener la jeune femme à parler du sujet qui l'intéressait. À la deuxième tasse de chocolat, elle attaqua :

– Il y a quelques jours, j'ai reçu la visite de votre frère. Sa curiosité sur tout ce qui touche à l'Empereur m'a agréablement étonnée… Me tromperais-je en disant que l'autre soir vous m'avez semblé très proches ?

La duchesse avait vu juste. Un sourire gracieux fleuri sur les lèvres petites et charnues de Mme Surville, seule caractéristique physique qu'elle avait en commun avec son frère.

– Nous nous sommes toujours aimés tendrement. Il me protégeait. Élevés loin de chez nous, nous vécûmes l'un près de l'autre dans une intimité et une confiance sans bornes. C'était déjà un grand rêveur. Je me souviens que dès son plus jeune âge, Honoré préférait regarder les paysages, un coucher de soleil ou admirer les méandres de la Loire que de jouer. Et notre mère, plus soucieuse pour lui d'exercice que de rêveries, l'obligeait à lancer le cerf-volant de notre jeune frère. Il avait un bon caractère : ainsi bousculé par notre mère, il entrait dans le jeu et devenait le plus gai de nous quatre. Il était doué d'une imagination hors du commun. Dès l'époque du collège, il commença à dire qu'on parlerait de lui un jour, et ces paroles, qui faisaient rire son entourage, devinrent un sujet de plaisanteries. Il souffrait en silence de ces moqueries. À la maison, notre mère le rabrouait : elle ne le comprenait pas. Quand il rêvait de gloire et qu'elle le surprenait à le dire tout haut, elle lui disait sèchement qu'il ne savait pas de quoi il parlait. Honoré prenait alors un air malheureux et se taisait. Longtemps, je fus la seule à deviner ses tourments, ses émotions, ses espoirs. J'ai toujours eu foi en lui. Ses études terminées, il fit part à nos parents de sa vocation littéraire…

– Ainsi, votre frère écrit ?

– C'est une longue histoire et cela ne se fit pas sans difficulté. Honoré s'installa à Paris dans des conditions précaires ; c'est à l'époque où son premier projet littéraire prenait forme qu'une vraie correspondance s'établit entre nous ; je fus alors sa confidente de tous les moments. Seul face à la page blanche, il était en proie au doute. Presque chaque soir, il m'écrivait pour me faire part de ses réflexions. Ainsi, je me souviens de quelques-unes telles que : « Le grand Racine a passé deux ans à polir *Phèdre*, le désespoir des poètes. Deux ans ! Deux ans ! Y penses-tu ? Deux ans ! » Et puis : « Quelles peines donne l'amour de la gloire ! Vivent les épiciers ! Ils vendent tous les jours, comptent le soir leurs gains… Et les voilà heureux. » Ou encore : « Dire qu'on lit en une heure ce qui a parfois coûté des années à écrire. » Jeune homme, il espérait autant qu'il doutait, et certaines remarques révélaient sa lucidité : « Que j'aie ou non du génie, je me prépare dans les deux cas à bien des chagrins ! » Voilà mon frère, tout mon frère ! Un être aimant, spontané et qui, partagé entre le doute et l'espoir, s'écriait : « Aurai-je assez de talent ? »

– Et ce chef-d'œuvre vit le jour ?

Une grande mélancolie envahit le regard de Mme Surville.

– Cette œuvre de jeunesse fut un premier essai plutôt malheureux. Et cependant, après cet échec cuisant, Honoré reprit la plume en secret. J'étais la seule dans la confidence. Aussi, quand l'écrivain en herbe se remettait d'un échec, c'est moi qui ne m'en relevais pas. Il a l'esprit plus agile, plus rapide que la normale, son génie le porte, quand moi je me traîne lamentablement derrière. J'ai peine à le suivre. Il le sait et il me raille.

La duchesse rendit son sourire à Mme Surville et, cette fois, il ne fut pas de convenance. Ces réflexions l'avaient amenée, tout naturellement, à penser à son propre frère et à l'inquiétude qu'elle avait longtemps nourrie à son endroit. Albert était resté célibataire quand elle aurait voulu pour lui une femme, des enfants, enfin une vie de famille qui serait venue adoucir ses jours. Longtemps, elle s'était reprochée d'avoir accepté la dot qu'il lui avait offerte à son mariage, elle croyait qu'il ne se sentait pas assez solide financièrement pour contracter une union à la hauteur de ses ambitions. Elle s'était sentie redevable, jusqu'au jour où elle comprit que son frère, accaparé par la poésie et la peinture, était heureux ainsi et qu'il n'attendait pas davantage de la vie.

Laure allait pousser ses investigations un peu plus avant, quand la servante vint annoncer qu'une dame patientait dans l'entrée. La maîtresse de maison se leva, demanda à la duchesse de l'excuser car elle n'attendait personne.

Restée seule au salon, Laure en profita pour regarder autour d'elle : l'atmosphère qui se dégageait de cette pièce était chaleureuse, à l'égal des habitants. Elle ne connaissait que très imparfaitement M. Surville, avec qui elle n'avait échangé que des paroles de politesse. Cependant, courtois et agréable de manières, l'ingénieur des Ponts et Chaussées lui avait fait bonne impression.

Du corridor lui provenaient des bouts de phrases, des exclamations. Mme Surville revint, suivie d'une jeune femme point trop belle et qui boitait. Les présentations faites, Laure apprit que Mme Carraud était une amie d'enfance. Un fauteuil fut avancé et une troisième tasse servie. Après quelques banalités échangées, la duchesse laissa à dessein les deux jeunes femmes mener la conversation.

Si Zulma Carraud ne brillait pas par un physique avantageux, elle avait le sens de la repartie et un esprit délié. Elle était mariée à un polytechnicien, officié d'artillerie, qui avait été nommé capitaine à l'école de Saint-Cyr. Zulma demanda des nouvelles de la famille Balzac qu'elle semblait bien connaître, puis la conversation roula à nouveau sur Honoré.

– Justement, nous parlions de lui, dit Laure Surville.

– Il écrit toujours ? questionna Zulma Carraud.

– Il travaille actuellement à un roman historique.

– À un roman historique ? Et celui-ci porte sur quelle époque ? intervint la duchesse, aux aguets.

– Je ne saurais le dire. Les échecs successifs ont rendu mon frère prudent. Il tient à garder le secret.

Soudain, la porte s'ouvrit sur une petite fille aux cheveux abondants et blonds. Sa frimousse était tout à fait ravissante. L'enfant, dont les joues étaient encore rouges de fièvre, monta sur les genoux de sa mère et se tint pelotonnée contre son sein, le pouce dans la bouche. Ses grands yeux roulaient d'une personne à l'autre.

Comprenant qu'elle n'en apprendrait pas davantage sur le compte de son visiteur, Laure d'Abrantès prit congé et laissa les deux amies en présence.

La porte d'entrée franchie, elle s'engouffra dans la rue éclairée, de loin en loin, de becs de gaz. Le froid la saisit, elle pressa le pas. Après un bon quart d'heure de marche, elle amorça le chemin bordé de hauts murs dont l'un longeait son jardin. Elle se félicitait de s'être rendue à l'invitation de Mme Surville et s'interrogeait sur les réelles intentions de son frère : s'il s'intéressait tant à Napoléon, n'était-ce pas parce qu'il préparait un ouvrage sur l'Empire ? Et si c'était le cas, pourquoi lui avoir caché ses ambitions ? Plus elle réfléchissait et plus elle craignait qu'il ne cherchât à la manipuler. Elle se promit de demeurer sur ses gardes.

En son ermitage

Calfeutrée dans son cabinet de travail, pièce intime où elle aimait se réfugier à ses moments de solitude, la duchesse répondait à son courrier quand le valet annonça l'arrivée de Balzac. Elle n'en fut pas surprise, car il lui avait écrit quelques jours plus tôt pour l'informer de sa venue.

– Introduisez monsieur dans le salon, et dites-lui que je le rejoins dans un instant.

Depuis sa visite à Mme Surville, elle n'avait pas décoléré. Si le jeune homme croyait pouvoir s'approprier aussi facilement ses souvenirs, il apprendrait vite à qui il avait affaire ! Se sachant de nature vive, elle prit le temps de terminer la lettre et de ranger son bureau. Tous ces menus gestes relevant du quotidien calmèrent son impétuosité. Enfin, elle se leva, remit de l'ordre dans sa toilette et calqua sur son visage un sourire. Quand elle pénétra dans le salon, son visiteur était de dos et face aux portes-fenêtres qui donnaient sur le jardin. Comme à leur première entrevue, elle fut frappée par sa stature.

Cette impression s'effaça dès qu'il lui sourit, car c'était un homme qui souriait de toute sa physionomie.

Il alla à sa rencontre et lui baisa la main.

– Duchesse, le temps m'a paru si long, je n'ai cessé de penser à notre premier entretien. Depuis je n'ai qu'une hâte, recueillir vos paroles, vos souvenirs sont un trésor et…

– Monsieur, j'ai fait mon enquête. Mme Surville, chez qui je me suis rendue tantôt, s'est montrée charmante et sans détour. Ainsi, j'ai appris que vous aviez le dessein d'écrire un roman historique. Alors, soyez franc : est-ce pour prendre des notes et parler de l'Empereur dans vos œuvres que vous venez chez moi ?

L'attaque fut brutale. Un moment décontenancé, le jeune homme prit le parti de la douceur :

– Madame, je ne suis pas un voleur si c'est de cela qu'il est question. Je ne suis encore qu'un petit écrivassier qui publie dans les journaux. Si j'ai affûté ma plume, ce n'est que dans des œuvres mineures auxquelles je n'ai pas prêté mon nom.

Il marqua une pause, affermit sa voix :

– Cependant, j'ai de nobles projets…

– Ah oui ?

– Je serai un romancier mais en aucun cas un historien. Entendez par là que je veux donner à mon œuvre de la chair, ne pas me morfondre dans les dates, ne pas me débattre dans des événements sans vie. Je ne serai pas un rapporteur, mais un témoin de mon siècle. Et comme ce siècle a connu des temps héroïques, je me ferai fort de scruter la société qui le composait en explorant toutes les couches de la population. Je prêterai à certains de mes personnages de beaux et vertueux sentiments mais, pour d'autres, je n'aurai pas peur de révéler, sous les belles apparences, les petitesses et les vilenies, les indignités et les trahisons. L'épopée napoléonienne ne sera que le support historique et moi je serai le magicien duquel surgira une gigantesque fresque humaine. J'insufflerai à mes personnages la vie, entendez par là la vraie vie. Celle qui se cache derrière les beaux sentiments, celle qui se murmure mais ne se dit pas ! Je ferai et déferai les intrigues. J'ai aussi pour dessein de parler de la femme. N'est-ce pas là un beau sujet de réflexion ? Son rôle est immense : fille, épouse, mère, amante ! Aussi lui donnerai-je sa vraie place dans la société.

– Beau projet, ironisa la duchesse.

Mais Balzac ne l'écoutait pas. Debout, le regard enflammé, il conclut avec force :

– Je serai un romancier comme il n'en existe pas encore. Mon œuvre sera colossale… Oui, colossale !

Laure avait écouté, subjuguée, le flot de paroles qui s'était déversé à flux tendu. Quand la voix puissante cessa de mugir, elle resta quelques secondes sans parler, toute mauvaise humeur évanouie. Le jeune homme, lui, semblait ailleurs. Pour le sortir de ses rêves, elle lui dit avec la douceur de ton qu'elle aurait prise pour tirer un enfant du sommeil :

– Mon cher, je vous en prie, prenez place et faisons la paix. Dans ce but, je vous propose d'établir les règles du jeu. Je vous parle de Napoléon si, en contrepartie, vous me parlez de vous.

– Soit, fit-il, désarçonné.

La duchesse se leva.

– Il fait frais dans ce salon, je vais demander à Julie de nous préparer un feu.

Mais, piqué au vif, Balzac se sentait encore le besoin de se justifier :

– Sachez, madame, que votre témoignage ne sera que la toile de fond sur laquelle je peindrai avec mes propres couleurs.

– Oui, oui, je crois, cette fois, avoir bien saisi vos intentions...

Une fois le café servi, Laure se laissa aller à une douce mélancolie. Des images se bousculaient devant ses yeux, elle revoyait sa mère telle qu'elle se montrait les derniers temps : allongée sur son lit, affaiblie par la maladie. À d'autres moments, elle la voyait rire et, prise d'une folle gaieté, rejeter en arrière sa jolie tête aux boucles brunes. Elle la voyait s'habiller, se coiffer, sourire, marcher, parler, mais son parfum, mais le son de sa voix et le bruit de ses pas s'étaient évanouis pour toujours. Pourquoi la mémoire se souvenait-elle de tout sauf de ce qui est de l'ordre de l'intime ?

– C'est en Corse que Letizia Bonaparte et ma mère se lièrent d'amitié, dit-elle, un vague sourire aux lèvres. Elles étaient à peu près de la même génération et toutes deux ravissantes de beauté. Elle vit petit à petit la famille Bonaparte s'agrandir.

– Ainsi, Mme de Permon a tenu Napoléon enfant dans ses bras ? s'écria Balzac.

– Il ne l'avait pas oublié et, souvent, dans les années où il était à Paris sans aucun emploi, lorsque, après avoir dîné à notre table de famille, il s'installait devant le feu, les bras croisés sur sa poitrine, les jambes étendues devant la cheminée, il disait : « Signora Panoria, parlons de la Corse, parlons de la signora Letizia. » Il appelait presque toujours sa mère ainsi, mais seulement devant les personnes qu'il connaissait depuis longtemps et auxquelles il savait que ce nom ne pouvait paraître singulier.

» Napoléon dans son enfance se portait bien et était même, jusqu'au moment où il vint en France, ce qu'on appelle un gros et beau garçon. Enfin, il était ce que sont tous les enfants. Existait-il déjà dans son caractère quelques-unes de ces nuances délicates qui font pressentir l'homme extraordinaire ? Letizia Bonaparte avait amené avec elle en France une bonne, une de ces servantes maîtresses, comme il y en a tant dans nos provinces. Cette femme, qui se nommait Saveria, adorait l'Empereur. Elle me confirma une chose que m'avait assurée ma mère : jeune, Napoléon ne pleurait presque jamais. Lorsqu'il lui arrivait d'être battu, la douleur pouvait lui arracher une larme. Mais cela durait peu, et il préférait être puni que de demander grâce pour un acte qu'il n'avait pas commis. Ainsi, il fut un jour accusé par une de ses sœurs d'avoir mangé une grande corbeille de raisin, de figues et de cédrats ; ces fruits provenaient d'un jardin de l'oncle chanoine. Comme Napoléon niait, il fut fouetté. On lui suggéra de demander grâce : s'il le faisait, on lui pardonnerait. Il avait beau dire qu'il était innocent, on ne le croyait pas. Le résultat de son obstination fut d'être trois jours entiers sans manger autre chose que du pain et du fromage. Stoïque, Napoléon ne pleurait pas. Enfin, le quatrième jour, une amie de Marianne Bonaparte, ayant appris ce qui s'était passé, alla s'accuser et avouer que c'était elle et Marianne qui avaient englouti la corbeille de fruits. On lui demanda alors pour quelle raison il n'avait pas dénoncé sa sœur. Il répondit qu'il ne savait pas que c'était elle la coupable et que même s'il s'en doutait, en considération de la petite amie, qui n'avait pas trempé dans le mensonge, il n'aurait rien dit.

– Quel âge avait-il ?

– Napoléon avait quitté la Corse à neuf ans. Il ne devait pas avoir plus de six ou sept ans. Et si je vous ai rapporté ce fait, c'est qu'il me semble qu'il y a déjà là quelque chose de l'homme.

» Revenu d'Amérique, mon père acheta une charge de receveur des finances à Montpellier. Et c'est à ce moment que le destin rattrapa ma mère.

» En rentrant un jour chez lui, mon père lui annonça une assez singulière nouvelle. Il venait d'apprendre que dans une petite auberge étaient descendus trois Corses, dont l'un était fort malade. Quel ne fut pas l'étonnement de ma mère en apprenant que ce compatriote malade était le mari de Letizia Bonaparte !

» Ma mère décida aussitôt d'installer M. Bonaparte chez elle. Avant de mourir, le malade lui recommanda son jeune fils qui venait de sortir de l'école militaire de Brienne, pour entrer à l'école militaire de Paris.

» Quelques mois après ma naissance, mon père acheta une charge de fermier général à Paris. Le premier soin de ma mère fut de s'informer de Napoléon Bonaparte. Mon oncle Dimitrius Comnène s'était occupé de lui dès le jour de son arrivée et il dit à ma mère qu'il le trouvait plutôt morose : « Je crains que ce jeune homme n'ait plus de vanité qu'il ne lui convient d'en avoir dans la position où il est. Lorsqu'il vient me voir, il déclame fortement contre le luxe des jeunes gens de l'école militaire. Il veut faire un mémoire pour le présenter au ministère de la Guerre. Tout cela ne servira qu'à le faire prendre en grippe par ses camarades et peut-être même à lui valoir quelques coups d'épée. »

» Peu de jours après, ma mère vit Napoléon. Sa mauvaise humeur persistait. Il ne souffrait pas la moindre observation et c'est à cette excessive irritabilité qu'il doit la réputation d'une enfance et d'une jeunesse sombres et atrabilaires.

» Mon père le fit sortir quelquefois pour le distraire. Nous habitions alors quai Conti. Encore aujourd'hui, je ne puis m'empêcher de regarder, à l'angle gauche de la maison, au troisième étage. C'est là que logeait Napoléon toutes les fois qu'il venait chez mes parents. Cette petite chambre mansardée était fort jolie. À côté se trouvait celle de mon frère. Ma mère lui avait recommandé de se lier avec le jeune Bonaparte. Mais, après plusieurs tentatives, il avoua combien il lui était pénible de ne trouver qu'une stérile politesse là où devait être de l'affection. « Je crois, dit un jour Albert, que Napoléon ressent vivement sa position dépendante. – Mais elle ne l'est pas du tout, s'écria ma mère ; j'espère que tu ne lui as pas fait sentir qu'il n'était pas chez lui ? – Albert n'a aucun tort dans cette affaire, intervint mon père qui se trouvait présent. Napoléon souffre parce qu'il a de l'orgueil et je ne puis le blâmer. Loin des siens, privé des soins qu'il voit ici prodiguer à nos enfants, il souffre, et dans ta maison peut-être plus qu'ailleurs. – Tu m'impatientes, répondit ma mère. S'il disait cela, il serait un sot et un méchant enfant. – Il ne serait ni plus sot ni plus méchant enfant que les autres. Il serait homme. Pourquoi est-il dans un état permanent de colère depuis son arrivée à Paris ? Pourquoi accuse-t-il le luxe indécent de tous ses camarades de l'école ? Parce que leur position blesse à chaque instant la sienne. Il trouve ridicule que ces jeunes gens aient un domestique, parce qu'il n'en a pas ; il trouve mauvais que l'on mange à deux services, parce qu'il ne peut pas en bénéficier. Quand je vis que le cœur du jeune homme était aussi élevé, pour soulager sa peine je fis un mensonge, et Dieu me le pardonnera sans doute. Je lui dis que, lorsque son père était mort, il m'avait remis une petite somme pour lui être donnée… »

La duchesse, émue, s'arrêta de parler. Un silence s'installa. Balzac l'avait écoutée sans bouger, le regard fixe. Il était au côté de ce père dont il admirait le tact, il était face à Napoléon, à ce jeune homme méconnu dont il comprenait les tensions, les colères, les bouillonnements intérieurs, dont il devinait l'âme colossale que l'armure encore trop étroite du personnage ne pouvait contenir toute.

– Je vous en prie, continuez, dit-il.

– Je me souviens nettement des mots que mon père employa alors pour décrire l'expression intense qu'eut

Napoléon à ce moment : « Il me regarda fixement, avec un œil si scrutateur qu'il m'intimida presque. »

Laure sourit :

– Ainsi possédait-il déjà ce regard d'aigle qui, plus tard, déstabiliserait l'interlocuteur le plus aguerri. L'habitude n'y faisait rien. Ce regard, il fallait le soutenir et ne jamais battre en retraite. L'Empereur n'aimait ni la faiblesse ni les faibles ! Si vous en montriez le plus petit mouvement, vous étiez perdu. « Puisque cet argent vient de mon père, monsieur, finit par dire Napoléon, je l'accepte ; mais si c'eût été à titre de prêt, je n'aurais pu le recevoir. Ma mère n'a déjà que trop de charges ; je ne dois pas les augmenter par des dépenses, surtout lorsqu'elles me sont imposées par la folie stupide de mes camarades. »

Laure regarda Balzac :

– Voyez, monsieur, que faire le bien n'est pas toujours chose aisée.

– Aussi Napoléon n'était-il pas un homme ordinaire.

– Certes ! Mais ma mère n'était pas non plus une femme ordinaire et, quand elle se croyait dans son bon droit, sa vivacité lui faisait tenir tête aux gens les plus haut placés. À tort ou à raison, jamais elle ne plia devant Bonaparte. C'est ainsi qu'elle finira par se brouiller avec lui.

– Brouiller ?

– Oui, mais cela est une autre affaire sur laquelle je reviendrai. À l'époque qui nous occupe, Joseph Bonaparte avait adressé à mon oncle Démétrius une lettre dans laquelle il le remerciait de vouloir bien aller rendre visite à sa sœur Marianne Bonaparte, qui était élève à l'établissement de Saint-Cyr. C'était ma mère qui se chargeait de ce soin.

» Un jour que Napoléon était venu avec mon oncle qui l'avait fait sortir, on fut à Saint-Cyr exprès pour lui. Marianne vint au parloir le cœur tellement gros qu'au premier mot elle fondit en larmes. Ma mère l'embrassa, la consola, sans savoir ce qu'elle avait d'abord. Enfin, elle apprit qu'une demoiselle sortant dans huit jours, les élèves de sa classe devaient donner un goûter d'adieu ; chacun contribuait et Marianne avoua n'avoir pas assez d'argent. Le premier mouvement de son frère avait été de porter la main à sa poche. Mais comme la réflexion lui dit qu'il ne trouverait pas ce qu'il cherchait, il s'arrêta et rougit en frappant du pied. La somme n'était pas énorme, il s'agissait de dix à douze francs. Ma mère les lui donna.

» Lorsqu'on fut remonté en voiture, Napoléon, qui s'était contenu devant sa sœur, éclata en invectives contre la détestable administration des maisons comme Saint-Cyr et les écoles militaires. « Tais-toi ! Il ne t'appartient pas, étant élevé par la charité du roi, de parler ainsi que tu le fais, intervint mon oncle. – Je ne suis pas élève du roi, répondit Napoléon d'une voix tremblante d'émotion, je suis élève de l'État. – Voilà une belle distinction que tu as trouvée là. Que tu sois élève du roi ou de l'État, il n'importe. Le roi n'est-il pas l'État, d'ailleurs ? Et puis je ne veux pas que tu parles ainsi de ton bienfaiteur devant moi. – Je ne dirai rien qui vous déplaise, monsieur de Comnène, dit le jeune homme ; permettez seulement d'ajouter que *si j'étais le maître de rédiger les règlements, ils le seraient autrement et pour le bien de tous !* »

Balzac bondit de son fauteuil :

– Ce sont bien là ses propres mots ?

– Très exactement.

– Cela tient de la prédiction.

Le lendemain, Balzac se présenta de nouveau. La duchesse se leva et alla le rejoindre du pas léger et gracieux de celles qui savent traverser avec aisance les salons des princes.

– Cette fois, à vous l'honneur, mon cher.

Balzac s'inclina.

– À mon tour, puisque les règles du jeu ont été ainsi définies par mon aimable hôtesse, mais que désirez-vous savoir au juste ?

Laure se mit à rire de ce rire qui la rendait si jeune et qui, elle le savait, dévoilait des dents parfaites. L'air impertinent, elle lança, comme son visiteur l'avait fait le premier jour où elle l'avait reçu :

– Tout !

– Cela peut être indiscret.

– Tant mieux, j'aime l'indiscrétion ! Commençons par l'enfance, et nous verrons pour la suite.

Le regard de Balzac s'anima d'une flamme légèrement moqueuse :

– Ce ravissant salon serait-il un confessionnal ?

– Ce sera selon !

– Eh bien, madame, vous allez vous rendre compte que vous vous trompez. L'âme enfantine peut cacher des souffrances qui, lorsqu'elles relèvent du secret dans lequel les parents se sont enfermés, rejaillissent sur l'enfant de manière infernale, et ce secret peut peser lourd sur ses épaules. Il lui faut arriver à l'état adulte pour entrevoir et peut-être, avec un peu de chance, comprendre ce qu'il a subi et pourquoi. Comme vous le verrez, cela n'implique pas le pardon.

– Allons, mon ami, ma curiosité est à bout, cessez de tourner autour du pot, un peu de courage !

– Il ne s'agit pas de courage, mais plutôt de pudeur. Parler de soi comme cela, de but en blanc ?

– J'ai bien parlé de moi !

– Pardonnez-moi, madame, vous avez évoqué vos souvenirs, mais vous avez peu parlé de vous.

– Alors, je m'engage à le faire.

– Dans ce cas, il ne me reste plus qu'à me soumettre.

Balzac prit une grande respiration et se lança :

– Je suis né à Tours au cœur du printemps. Je n'ai jamais manqué de rien. À ma naissance, mes parents vivaient dans une certaine opulence. Ils avaient des domestiques, une belle maison, ils étaient reçus par la haute bourgeoisie de cette ville. Et pourtant, j'ai manqué de l'essentiel, puisque je n'ai jamais eu d'affection de la part de ma mère.

– Comment cela ?

– Ma mère ne m'a jamais aimé. Elle s'est toujours montrée distante, de caractère autoritaire, et naturellement peu aimante. Enfant, je tremblais au seul son de sa voix. Sitôt accouchée, elle me plaça chez une nourrice. J'y restai jusqu'à l'âge de quatre ans. Même alors on ne me laissa pas rentrer auprès de ma famille. On me plaça en pension chez des étrangers. Une fois par semaine, le dimanche, il m'était accordé de voir les miens. J'étais traité comme un lointain parent, il m'était interdit de jouer avec mes frères et sœurs, on ne m'offrait ni jouet ni cadeau.

Un pli douloureux rida son front.

– Si vous saviez, madame, quelle femme est ma mère : un monstre et une monstruosité tout ensemble. Elle me hait pour mille raisons et me haïssait déjà avant ma naissance. Elle avait perdu un premier enfant. Je fus le second. Je vécus à l'ombre du premier. En quoi étais-je responsable ? À sept ans, j'entrai au pensionnat des Oratoriens de Vendôme. Les études y sont fortes, mais la discipline sévère. C'était une véritable prison. Si je vous disais la tristesse immense de ces grandes murailles de brique et de pierre enfermant trois cents jeunes garçons, privés de toute affection, dans des locaux malpropres. Point de vacances, point de contact avec les parents, ou seulement dans des cas exceptionnels. Nous étions vêtus été comme hiver du même uniforme gris de fer à boutons dorés ; passé l'automne, il faisait un froid immense entre ces hauts murs, et ceux dont les parents n'envoyaient pas de gants ou de sous-vêtements chauds traînaient dans l'établissement, des engelures aux pieds et aux mains. Je faisais partie de ceux-là. Je refusais de me joindre aux jeux de mes camarades que je jugeais trop bruyants, préférant errer, songeur, dans les cours du collège. Aux heures d'étude, je passais le temps à regarder dehors le feuillage des arbres ou les nuages du ciel. Alors, le père régent m'arrachait à mes rêveries en me menaçant de châtiment. Pour recevoir cette correction, il fallait s'agenouiller près de la chaire et subir les regards curieux, souvent moqueurs, des camarades. Ces préparatifs étaient un double supplice. Je goûtai souvent de cette férule faite d'une lanière de cuir large de deux pouces ! Les deux premières années, les professeurs ne purent rien tirer de moi. Ils me tenaient pour un esprit obtus, paresseux, égaré dans des songeries nuisibles. Aussi passai-je la plus grande partie des journées en pénitence dans une cellule qu'on appelait la « culotte de bois ».

» Vers dix ans, ce qui me sauva du désespoir fut le goût que je développai pour la lecture. Je dévorais tout écrit qui me passait par la main. Le père Lefebvre, qui était à la fois préfet des études et bibliothécaire, enchanté de découvrir cette nouvelle ardeur chez un cancre, mit à ma disposition la riche bibliothèque des Oratoriens. Cette passion annula tous mes tourments, toutes les humiliations de l'école. L'absorption des idées par la lecture devint chez moi un phénomène curieux ; mon œil embrassait sept à huit lignes d'un coup et mon esprit en appréciait le sens avec une vélocité pareille à celle de mon regard ; souvent, même, un mot dans la phrase suffisait pour moi à en faire saisir le suc. Ma mémoire si étroite dans ma petite enfance se révélait prodigieuse.

» À l'âge de douze ans, mon imagination, stimulée par le perpétuel exercice de mes facultés, s'était développée au point de me permettre d'avoir sur les choses que je percevais par la lecture seulement des notions si exactes que l'image imprimée dans mon âme n'en eût pas été plus vive si je les avais réellement vues.

– Vous étiez d'une nature sensible dotée d'une riche imagination.

– Pas seulement. Il se passait en moi des phénomènes inexplicables. Par exemple, un jour, en lisant le récit de la bataille d'Austerlitz, je me souviens d'en avoir vu tous les incidents. Les volées de canon, les cris des combattants retentissaient à mes oreilles et m'agitaient les entrailles ; je sentais la poudre, j'entendais le bruit des chevaux et la voix des hommes ; j'admirais la plaine où se heurtaient des nations armées, comme si j'eusse été sur la hauteur du Santon. Ce spectacle me paraissait effrayant comme une page de l'Apocalypse. Quand j'employais ainsi toutes mes forces dans une lecture, je perdais en quelque sorte la conscience de ma vie physique ; je laissais l'espace derrière moi…

Il se leva et parcourut le salon de long en large, à la recherche d'une explication qui pût donner une juste approche de ses sensations d'alors.

– Oui, c'était bien comme cela que je le vivais, reprit-il. Je traversais l'espace, j'étais transporté dans d'autres lieux, vers d'autres gens, dans d'autres mondes que je découvrais. Je me soustrayais à cette réalité que je méprisais. Bientôt, je ne pris plus la peine d'apprendre mes leçons. Ma mémoire était si belle qu'il me suffisait d'entendre réciter à mes camarades les morceaux de français, de latin ou de grammaire, pour les répéter à mon tour. Bientôt, je ne me contentai plus de lire, je me mis à écrire. Et je déclarais à qui voulait l'entendre que je deviendrais écrivain. Je passais mon temps à noircir des pages. J'étais fier de ma prose, sans doute trop. Un jour, mes écrits me furent violemment arrachés par un de mes camarades jaloux. Le terrible père Haugoult entendit les cris, confisqua le manuscrit et s'en servit comme papier d'emballage !...

Suant à grosses gouttes, Balzac se laissa choir dans la bergère qu'il avait quittée quelques minutes plus tôt. Il sortit un mouchoir de sa poche et s'en tamponna le front avant de poursuivre :

– Ce fut un coup terrible. Je tombai dans la mélancolie. La vie me parut absurde, la réalité sinistre. Je maigris, je devins l'ombre de moi-même. Hébété, je ressemblais à ces somnambules qui dorment les yeux ouverts. Mon état finit par alarmer mes professeurs. Peu après les fêtes de Pâques, le directeur de collège écrivit à ma mère de venir me chercher. Nous étions en 1813. Je quittai cette prison pour toujours.

Troublée par cette enfance malheureuse que les dehors joviaux de son interlocuteur ne lui auraient jamais laissé deviner, Laure se taisait.

Soudain, la pendule sonna un coup bref.

– La demie de six heures ! s'exclama-t-elle. Mes filles reviennent de leur séjour à Paris et je leur ai promis d'aller les chercher à la diligence.

– Avec ce mauvais temps, la Gondole aura sûrement du retard. Souffririez-vous que je vous accompagne ?

Un estaminet à Versailles

Dehors, la bise soufflait. Et quoi que l'on fît pour s'en prévenir, elle s'infiltrait par tous les interstices. Balzac prêta le bras. Emmitouflée dans ses fourrures, la duchesse se laissa conduire. Ils pressaient le pas. En haut de l'avenue, ils firent une halte et s'écrièrent en même temps :

– La Gondole est en retard !

Les yeux brillants de larmes que le vent leur tirait, les joues rosies par le froid, ils se regardèrent, étonnés d'avoir eu les mêmes mots au même moment, et s'esclaffèrent comme deux collégiens.

– Venez, dit Balzac, je connais un estaminet où nous pourrons nous réchauffer tout en surveillant l'arrivée de la diligence.

Laure se laissa volontiers entraîner. Ils entrèrent dans un endroit convivial, occupé principalement par des hommes qui fumaient en lisant le journal ou qui bavardaient entre eux. Les quelques rares femmes présentes étaient toutes accompagnées, car il n'était pas séant qu'une femme seule s'attablât dans ce genre d'endroit.

Une fois assise et débarrassée de son manteau, Laure commanda une tisane.

– Avec un temps aussi exécrable, dit-elle, la diligence peut avoir une bonne demi-heure de retard, et vous avez peut-être à faire ?

– Ce soir, je n'ai qu'une obligation : terminer un article. Et pour cela j'ai toute la nuit devant moi.

– Vous ne dormez donc jamais ?

– Quand je travaille jusqu'à une heure avancée, je fais en sorte de me lever plus tard le matin… enfin, si ma petite nièce m'en laisse le loisir.

– La ravissante enfant était malade la dernière fois que je me suis rendue chez Mme Surville, comment se porte-t-elle ?

– Si je me réfère à ses cordes vocales, je crois pouvoir dire qu'elle se porte comme un charme !

Balzac but son café d'un trait et en commanda un autre avant d'enchaîner :

– Madame, vous avez connu les heures sombres de la Révolution…

– En effet. Et ceux qui n'ont pas vécu ces temps affreux ne peuvent imaginer ce que les gens subirent jour après jour, heure après heure. Mon père n'est pas mort sur l'échafaud, mais il est mort de chagrin. Je me rappelle, comme un songe terrible, ces journées du 14 juillet, du 6 octobre, du 21 juin, et une foule d'autres qui formaient ainsi le plus sinistre des calendriers. Le 6 octobre surtout, qui fut le jour où le roi fut ramené de force à Paris, avec toute sa famille. Ce jour-là, je vois encore ma mère faisant fermer, dès trois heures de l'après-midi, les volets du salon de réception dont les fenêtres donnaient sur les quais de Seine. Elle pleurait et retenait mon père qui voulait absolument se rendre à Versailles auprès du roi.

– Personne ne pouvait sauver la famille royale. Louis XVI quittait son château pour ne plus jamais y revenir. Le convoi mit six heures pour gagner le château des Tuileries dans des conditions effroyables. Vous habitiez en face. Le bruit de cette troupe énervée et avinée a dû être terrible pour de si jeunes oreilles.

– Ce fut une journée horrible pour tous, mais aussi pour moi. Non parce que je comprenais ce qui se passait, mais parce que je lisais de l'épouvante dans le regard de mes parents ou de mes proches.

– Et le 21 juin fut l'arrestation de Varennes…

– Ma famille fut prise dans la tourmente. Et mon père, mon pauvre père… Tout ce à quoi il croyait s'écroulait. L'année précédente, un homme se disant tapissier était venu s'établir dans l'une des mauvaises boutiques situées à gauche de la Monnaie. Cet homme, qui s'appelait Thirion, vint d'une manière fort arrogante demander de travailler pour la maison. Il s'adressa au valet de chambre, qui lui répondit qu'on avait déjà un tapissier. Le ton monta. Mon père arriva et mit le gêneur à la porte.

» De ce jour, Thirion jura une haine à mort à notre maison. Une visite domiciliaire ordonnée par la commune fut faite chez nous ; il en obtint la direction. Mon père venait de se lever et faisait sa barbe. Une vive discussion eut lieu entre les deux hommes. Thirion partit après avoir verbalisé et rédigé un rapport contre mon père.

» Effrayée par cet échange violent, je retournais en pleurs dans le salon lorsque je vis arriver Napoléon Bonaparte. Il me prit par la main et me demanda avec intérêt ce que j'avais. Avec mes mots d'enfant, je lui contai la scène. Il alla aussitôt frapper à la porte du cabinet de mon père, qui lui raconta plus en détail ce qui venait d'avoir lieu. « Mais c'est une horreur ! s'écria Bonaparte, c'est une infamie ! Comment, quatre hommes viennent chez vous sans produire un ordre pour légaliser leur entrée dans votre domicile ? Mais il faut vous plaindre. Il est évident que cet homme vous en veut de longue date. Il cherche à se venger. Il ne faut pas lui en laisser le temps. Je vais m'occuper de cela. Laissez-moi faire. »

– Cette réaction me plaît, intervint Balzac, elle rend Bonaparte plus humain.

– À l'époque dont je vous parle, la moindre dénonciation vous conduisait à l'échafaud. Le danger était partout. Bonaparte fut à la section. Il parla vivement de la visite domiciliaire qui venait d'avoir lieu chez un citoyen paisible. Mais, au premier mot, il comprit que Thirion avait déjà fait son rapport. Nous étions alors le 7 ou le 8 août. Il y avait une telle agitation partout qu'il engagea fortement mon père à être sur ses gardes. Bien des souvenirs ont pâli en moi sous l'action puissante du temps, mais il en est qui sont toujours dans leur terrible vérité, et le 10 août 1792 est de ce nombre.

– La prise des Tuileries.

– Ce jour-là, nous tombions du ciel dans l'enfer. Des cris de rage et de fureur venaient de toutes parts. Quel moment ! Je me rappelle d'autant mieux ces terribles heures que le 10 août est le jour de ma fête. Dès le matin, ma petite chambre blanche était remplie de fleurs, de bonbons et de joujoux. Mais ce jour ne fut pas seulement affreux par les cris du peuple, les coups de canon, les gémissements des blessés qui passaient sous nos fenêtres, mais par les inquiétudes que me causait mon père : les heures s'écoulaient et il ne rentrait pas. Ce n'est qu'à la tombée de la nuit qu'il arriva, donnant le bras à une personne qui marchait avec peine. Une fois débarrassé du grand manteau de soldat qui l'entourait, nous reconnûmes M. de Bévy, officier supérieur aux gardes du corps du roi. Il était tout ensanglanté, pâle, défait. Il m'attira à lui. « Pauvre Loulou, me dit-il en s'apercevant que je pâlissais et tremblais à la vue de ses mains toutes tachées de sang, c'est une triste fête pour vous, ma chère enfant ! Grand Dieu, quelle fête ! » Le malheureux homme était accablé. Toute la nuit, nous entendîmes les imprécations épouvantables que proféraient les gens, ivres de sang et de vin.

– Ce sont des souvenirs qui ne peuvent s'oublier, n'est-ce pas ?

– Depuis, le moindre le mouvement de foule me fait peur. Le lendemain, la stupeur fut générale. La ville présentait un aspect effrayant. Mon père était occupé à écrire une lettre de crédit pour Londres, pour M. de Bévy qui allait tenter de fuir à l'étranger. Mais notre appartement était surveillé et on nous dénonça. Notre boucher, brave et digne homme, qui était lieutenant dans la garde nationale, vint l'avertir qu'il serait arrêté dans la nuit. La personne qui apportait cet avis y joignait la promesse d'un passeport pour l'une des villes du Midi et celle de venir le chercher avec ma mère pour le conduire hors de Paris. Quant à nous, il ne fallait pas espérer nous emmener. Ma mère perdait la raison en songeant qu'elle devait nous laisser dans pareil moment. Le temps pressait. Après avoir longtemps cherché quel moyen présentait le plus de sécurité pour nous et pour mon frère, on s'arrêta au plus simple : c'était de nous mettre en pension, mon frère logé près de chez nous. Ce plan, une fois adopté, s'exécuta promptement et le soleil n'était pas couché que ma sœur et moi étions installées rue du Faubourg-Saint-Antoine chez Mlles Chevalier, tenant pension de jeunes demoiselles.

Laure réprima un frisson, instinctivement elle remonta son châle pour s'en envelopper les épaules :

– Revenir à cette époque me glace le sang : mon père, ma mère partis, ma sœur et moi enfermées dans un pensionnat obscur, mon frère livré à lui-même dans une capitale à feu et à sang ! Voilà les faits. Oh ! Que j'ai pleuré !

– Je me sens de la compassion pour votre frère. Ce qu'il a vécu toutes ces journées, seul à Paris, ne sachant pas si ses parents étaient saufs, ses deux sœurs dans cette pension et qu'il se devait de protéger par tous les moyens. Enfin, ce massacre… À ce jour, on ne peut se faire une idée de la cruauté qui sévissait alors. Votre frère est un brave homme, et courageux avec cela ! Je serais heureux de le rencontrer.

– Il est encore aujourd'hui un appui pour moi, pour mes enfants.

– Et votre sœur, madame ?

– Elle épousa M. de Jouffre et mourut en couches. Ce décès eut lieu peu de temps après celui de mon père. Ce furent à quelques mois d'intervalle deux pertes immenses. Ma mère ne s'en remit pas et, à partir de ce moment, sa santé fut mauvaise.

Un couple entra. À sa suite s'insinua un petit air glacial. Comme les nouveaux arrivants s'installaient à une table placée non loin d'eux, Balzac baissa la voix pour dire :

– Je comprends d'autant mieux votre chagrin que ma sœur Surville a toujours été un appui pour moi, et une confidente. Elle reste ma meilleure amie.

– Vous n'avez pas d'autre frère ou sœur ?

– Si fait, madame, et c'est bien là qu'intervient le secret que j'avais évoqué lors de notre dernier entretien. Mais avant de vous le dévoiler, il me faut dire quelques mots sur ma famille.

Pour se donner du courage, Balzac commanda un verre de vin chaud, qu'il but d'une traite. Il le reposa et le fit tourner entre ses doigts.

– Mon père avait plus de quarante ans au début de la Révolution. Grâce à ses relations, il réussit à se faire nommer officier à l'hôtel de ville de Paris et membre du conseil général de la commune. Son loyalisme étant suspecté, il se réfugia à Valenciennes où il fut nommé régisseur des fourrages de l'armée du Nord. En 1797, il entra comme premier commis chez le banquier Doumerc.

– Doumerc, dites-vous ? Je connais bien la famille, à présent celle-ci demeure à Versailles. Mme Jouanne, la mère de Mme Doumerc, est pour ainsi dire une deuxième mère pour moi. Je l'aime tendrement.

– C'est ainsi qu'il s'éprit de ma mère, une amie de la maison. Laure Sallambier était la fille d'un ancien drapier parisien. Elle avait dix-huit ans quand elle connut mon père, qui en accusait cinquante. Trop d'années les séparaient, d'autant plus que mes parents ne se ressemblent en rien. À l'époque de leur mariage, ma mère était une femme aussi mince, aussi élégante que mon père était épais, bâti en force. Il a l'imagination délirante, alors que ma mère se montre pragmatique en tout. Mon père a toute la verve du Méridional, dont il a conservé l'accent. Sa santé est sa préoccupation dominante. Il a prédit qu'il vivrait extrêmement vieux. Il s'est programmé pour tenir jusqu'à cent ans ou plus. Pour cela, il veille sans cesse à établir ce qu'il appelle l'« équilibre des forces vitales ». Il est aussi un splendide conteur. Quand il ne parle pas, il lit, et quand il ne lit pas, il écrit. Il a rédigé des brochures comme le *Mémoire sur le moyen de prévenir les vols et les assassinats.*

– Ma foi, monsieur, il me semble que vous avez hérité de votre père la verve et le goût de l'écriture.

– Je ne nie pas que je lui ressemble, mais pas en tout, du moins je l'espère ! Mon père écrivit un deuxième ouvrage, intitulé : *Mémoire sur le scandaleux désordre causé par les filles trompées et abandonnées…* Alors que, joli coup du destin, à cinquante ans passés, il s'est laissé abuser par une jolie fille de dix-huit ans !

Devant tant de sincérité, Laure demeura sans voix.

– Si mes parents partagent le même toit, ils vivent chacun de leur côté. Malheureuse dans son couple, ma mère se montra intraitable avec ses enfants. Aujourd'hui encore, elle ne me laisse jamais en paix. Quand elle ne m'écrit pas pour me faire des reproches, elle écrit à ma sœur, lui confiant le soin de me transmettre son acrimonie ! Je peux vous citer de mémoire les lettres que je recevais en pension, je me rappelle chacun des mots : *Je ne peux, mon cher Honoré, trouver d'expression assez forte pour te peindre la peine que tu me fais. Tu me rends vraiment malheureuse quand, en faisant tout pour mes enfants, je devrais attendre d'eux mon bonheur. Le bon, l'estimable M. Granzer m'a dit que tu étais en version trente-deuxième !!!... Il m'a dit que l'autre jour tu avais fait quelque chose de très condamnable...* Vous remarquerez que ma mère commence par se plaindre : par moi, la voilà très malheureuse, aussi cherche-t-elle à me faire honte.

» J'en viens maintenant à mes sœurs et à mon frère, car nous sommes au nombre de quatre.

– Deux garçons, deux filles, n'est-ce pas la famille idéale ? intervint Laure, avec douceur.

– Cela aurait pu l'être si ma mère n'avait pas marqué une telle différence entre ses enfants. Mon frère Henri, le dernier, était le préféré de tous.

– Une mère peut aimer chacun de ses enfants de façon différente et pourtant tout autant. Le plus difficile à élever étant parfois celui auquel on s'attache le plus. Vous savez, le vilain petit canard !

– Je conçois bien tout cela, madame. Mais si un jour je devais avoir une famille, je ferais en sorte que mes enfants fussent du même lit !

– Vous voulez dire... ?

– Que mon frère Henri n'est que mon demi-frère. Il a été conçu avec un ami de la famille dont je tairai le nom. Quant à mon père, à quatre-vingts ans passés, il a engrossé une jeune fille de la campagne. Comme vous pouvez le constater, la famille a commis quelques excentricités !

– Mais ce genre de secret est toujours bien gardé. Comment avez-vous appris toutes ces belles choses ?

– N'oubliez pas, madame, que je suis un romancier et qu'aucun secret ne saurait me résister. Il n'y a qu'à ouvrir les yeux, les oreilles, et imaginer sans se laisser emporter par des visions fantaisistes, car la vie est souvent plus simple qu'on ne le suppose. Toutes ces cachotteries, toutes ces mesquineries bien bourgeoises, je les hais ! L'énigme levée, l'évidence crevait les yeux. Je compris que ma mère n'avait jamais éprouvé de sentiments pour mon pauvre père et que, par conséquent, une femme ne pouvait aimer les enfants issus d'une union mal assortie. J'ai alors pardonné à ma mère, non de ne m'avoir pas aimé, cela est impossible à un fils, mais d'avoir aimé le fils adultérin. Au moins ai-je compris qu'elle était un être humain, ce dont, enfant, j'avais souvent douté devant son irréductible dureté. Je n'ai aucune honte de ce que mon père et ma mère se fussent trompés ! N'est-ce pas leur affaire ? J'ai juste du ressentiment envers ma mère : je n'avais pas à faire les frais de leur mésentente. Leur faute a pesé non seulement sur moi, mais aussi sur mes sœurs.

Alors que, troublée par l'aveu, Laure cherchait quelques mots de réconfort, soudain la diligence passa devant la fenêtre à grand fracas de grincements d'essieux et de martèlements de sabots. Elle consulta sa montre.

– Trente-cinq minutes de retard ! s'exclama-t-elle en se levant de sa chaise.

Balzac alla quérir les fourrures de la duchesse.

– Merci, monsieur, de m'avoir tenu compagnie. Si j'avais dû attendre dehors par ce froid, à cette heure je serais frigorifiée.

Laure lui adressa son plus joli sourire, puis, impatiente, s'élança vers la Gondole dont les premiers voyageurs commençaient à descendre.

Quelques minutes plus tard, Balzac vit passer au loin trois silhouettes féminines chaudement vêtues qui pressaient le pas tout en conversant gaiement.

Des yeux, il suivit le trio jusqu'à ce que celui-ci disparût de sa vue.

À regret, il se leva, lança sur la table quelques pièces de monnaie, alla décrocher son paletot et sortit. Il aurait donné cher pour suivre les trois femmes et entendre leur conversation. Il l'imaginait joyeuse, légère, pleine de rires. Il avait remarqué que le teint de la duchesse s'était rosi quand elle avait vu arriver la diligence. Elle paraissait si heureuse. Il pensa que l'amour filial serait un beau sujet de roman.

En son ermitage

Laure était assise au salon avec ses filles. Toutes trois avaient pris place autour d'une table sur laquelle s'enchevêtraient étoffes, pelotes de laine, rubans, fil et aiguilles à tricoter ou à coudre. Têtes penchées, cous ployés, Joséphine et Constance œuvraient en silence. Auguste se chargeait d'alimenter le feu. Parfois l'une d'elles posait une question, sans lever les yeux de son ouvrage :

– Mère, dois-je continuer le point de chaînette ou reprendre le motif plus bas ?

Et, quelques instants plus tard :

– Ce ton de bleu me paraît plus délicat que celui-ci, qu'en pensez-vous, chère maman ?

Laure se penchait au-dessus des ouvrages tendus, regardait, donnait ses instructions ou son avis, et le silence se réinstallait.

Ces moments de partage lui étaient doux. Les demi-heures s'égrenaient lentement au son de la pendule Louis XVI qui ornait autrefois le salon de ses parents, quai de Conti. Depuis, elle avait toujours fait partie de ses déménagements, comme une vieille amie dont on ne saurait se séparer. Le son aigrelet, qu'elle reconnaîtrait entre tous, l'accompagnait depuis sa petite enfance. Le balancier était semblable à un cœur qui battrait au rythme de l'existence. Si Napoléon était encore de ce monde, il se souviendrait certainement de cette pendule : combien de fois y avait-il posé un regard impatient ! Pour elle, l'époque de la jeunesse était passée et elle pensait qu'elle ne serait pas tranquille tant que l'avenir de ses filles ne serait pas assuré. Malgré ses difficultés d'argent, elle avait réussi à leur donner une éducation soignée ; l'une comme l'autre étaient des femmes d'intérieur accomplies, elles jouaient de tous les instruments, peignaient à la perfection, possédaient un beau brin de plume, une culture générale étendue, et elle veillait personnellement à leurs lectures. Par-dessus tout, elle désirait leur ouvrir l'esprit, ne pas les enfermer dans des préjugés. Joséphine n'aurait aucune peine à trouver un parti. Grande, blonde, élancée, les traits fins, elle était jolie comme un cœur et déjà bien des hommes lui tournaient autour. Ses filles mariées, Laure n'aurait plus à sa charge que le dernier de ses fils car l'aîné, Napoléon, avait ses majorats qui lui rapporteraient assez pour débuter dans la vie. C'est un des rares avantages qu'elle avait réussi à sauver de la débâcle financière. Pour cela, elle s'était battue, et bien battue.

Joséphine était née de la passion qui existait entre elle et son mari au début de leur mariage. Passion qui s'était refroidie dès le deuxième enfant à cause des incartades notoires de Junot. Était-ce la raison pour laquelle Constance n'était pas aussi jolie que sa sœur ? Moins belle certes, songea-t-elle tout en admirant la nuque gracieusement ployée au-dessus de l'ouvrage, mais tellement charmeuse, tellement pétillante. Les jeunes filles de ce temps étaient moins naïves, plus au fait de la vie qu'à son époque, et c'était mieux ainsi.

Son regard se reporta sur celle qu'elle appelait « Trésor ». Les gestes appliqués, Joséphine se montrait, comme en tout, patiente et concentrée. À l'adolescence, elle avait perdu sa joie de vivre. Laure avait attribué ce changement au fait qu'elle avait connu bien des turpitudes dans son enfance. Le décès de son père, le délitement d'une société qui l'avait choyée. À sa naissance, elle avait eu pour marraine l'impératrice Joséphine, qui l'avait gâtée au-delà du raisonnable. Depuis son dernier séjour à Paris, elle lui paraissait encore plus réservée qu'à l'accoutumée. Inquiète, la duchesse voulait en connaître les raisons mais ne savait comment aborder le sujet. Se sachant dotée d'un caractère franc et direct, elle devrait prendre sur elle pour ne pas la brusquer.

Laure amena la conversation sur la saison des bals. Mais, plus vive, plus enjouée, ce fut Constance qui saisit la balle au bond. Elle parla des soirées où elles s'étaient rendues, des invités, de son carnet de danse qui avait été rapidement rempli. Elle décrivit avec humour ses différents chevaliers servants et imita une douairière qui, placée au plus près du buffet, avait avalé trois douzaines de petits-fours en l'espace d'une demi-heure.

Tout en écoutant, sa sœur Joséphine souriait et se taisait.

– Et toi, Trésor, tu t'es amusée pendant ton séjour ?

– Oui, mère, répondit Joséphine sans lever le visage de son ouvrage.

– As-tu fait des rencontres intéressantes ?

– Non, mère.

Laure bouillait : « Oui, mère. Non, mère ! »

– Je suis sûre que les prétendants n'ont pas manqué. T'es-tu au moins amusée ? Car au bal donné par Mme Jouanne, j'ai remarqué que, lorsque ta sœur et tes amies s'élançaient dès les premières mesures, tu ne montrais guère d'empressement !

– La valse… Je ne suis pas très à l'aise avec cette danse et vous savez bien, mère…

– Non, je ne sais pas, risqua Laure en jetant sur sa fille aînée un regard par-dessus ses bésicles.

Joséphine n'aimait pas la tournure que prenait la conversation, elle supplia :

– Mère, nous en avons déjà maintes fois parlé. Je ne vous ai jamais caché que dans le monde, je ne me sens pas à ma place.

– Jeune et jolie comme tu l'es, tu devrais faire tourner toutes les têtes !

– Mais ce n'est pas ce que je souhaite. Faire le bien autour de moi, c'est tout ce qui m'importe.

– Faire le bien, voilà une grande et belle idée qui je ne saurais qu'encourager ! Et là, à cette minute, que fais-tu d'autre ? Ce trousseau que nous confectionnons aidera une malheureuse. Quand tu seras mariée, tu auras mille occasions de faire le bien autour de toi.

Joséphine ajouta d'une voix presque inaudible :

– Me marier… ? Mère, je vous l'ai déjà dit, je ne le désire pas.

– C'est parce que tu n'es pas amoureuse que tu parles ainsi. Avant de connaître ton père, je n'avais aucune envie de me marier. Malgré mon jeune âge, ma mère avait déjà des vues pour moi, je les refusais toutes. Il suffit de trouver la bonne personne, et, en attendant ce moment, il n'y a aucun mal à ce que tu prennes du bon temps. C'est même une obligation. Dieu n'a jamais réclamé à ses ouailles d'être des bonnets de nuit.

– Vous savez bien que ma sœur et moi nous n'avons pas de dot et que, par conséquent, les bons partis ne seront pas pour nous.

– Je n'avais pas non plus de dot, pourtant le destin a voulu que j'épouse un homme à l'avenir prometteur. Il faut croire en son destin. Tu es jolie, bien née, tu as reçu une éducation soignée…

Joséphine piqua son aiguille dans l'ouvrage, se leva et fit face à sa mère.

– Puisque nous en parlons, j'en profite pour vous dire que je ne veux plus aller au bal, me parer, danser et faire semblant de m'amuser. Je veux entrer au couvent ! Mais vous faites la sourde oreille et ne pensez qu'à vous…

Elle éclata en sanglots et sortit précipitamment du salon.

Laure se lança à la poursuite de la fugitive, qui avait monté les marches si vite qu'elle avait déjà atteint l'étage. Horripilée, la duchesse ne chercha plus à se contenir. Les mains sur la rambarde, elle lança :

– Ce n'est qu'une lubie, un enfantillage ! Ma fille enfermée chez des sœurs ! Le couvent ! Le couvent ! Tu n'as que ce mot à la bouche, mais tu ne sais pas de quoi tu parles ! Je te prédis qu'avec toutes les privations que tu aurais à subir, tu n'y resterais pas un an ! Tu as été trop gâtée dans ton enfance et voilà le résultat. Tu vis dans tes rêves, ma pauvre fille ! Il serait grand temps que tu redescendes sur terre !

Elle entendit alors la porte de la chambre de Joséphine claquer. Partagée entre tristesse et colère, elle regagna le salon. L'aiguille en l'air, Constance regardait sa mère d'un air navré tandis que celle-ci tournait en rond dans la pièce.

– Ta sœur est folle, complètement folle ! Elle ne sait pas de quoi elle parle ! Le couvent ! Sœur Joséphine ! On aura tout vu !

Enfin, le cœur brisé, Laure se laissa choir dans le premier fauteuil venu et resta un moment les yeux dans le vague. Prenant sur elle, elle s'empara de son ouvrage, fit un point, puis un deuxième, et se remit à broder, mais chaque coup d'aiguille était comme un clou qu'elle aurait enfoncé un peu plus profond dans son cœur de mère : son Trésor, sa fille enfermée dans un couvent, son corps délié caché sous une robe de bure, sa jolie tête sous un voile… Elle luttait contre les larmes qui montaient.

Constance lui entoura les épaules de ses bras.

– Mère, ne vous tourmentez plus pour ma sœur. Tout à l'heure, je monterai lui parler. Faites-moi confiance.

Laure poussa un long soupir.

– Bien, dit-elle, je compte sur toi, tu es la seule qu'elle écoute encore.

Le reste de la matinée s'écoula dans la morosité. Laure, penchée sur son ouvrage, s'exaspérait : « Que de cachotteries », se plaignait-elle en son for intérieur. Elle ne se souvenait pas d'avoir eu, jeune fille, un caractère si compliqué. À l'âge de Joséphine, elle avait déjà charge de famille, elle était à la tête de tout un train de maison, elle n'avait pas le temps d'avoir des états d'âme et ne se serait pas permis de tenir tête à sa mère. En ce temps-là, les filles étaient respectueuses de l'autorité parentale, elles obéissaient et n'étaient pas plus malheureuses pour autant. C'est en ces moments difficiles que son mari lui manquait le plus. Junot était un bon père, il aurait trouvé les mots pour toucher le cœur de celle qu'il avait nommée « Trésor » dès son premier cri. Mais si Junot était encore en vie, ses filles n'auraient pas de souci à se faire quant à leur avenir. Avec des « si », il était aisé de refaire le monde. Après sa mort, elle avait découvert le gouffre financier dans lequel il l'avait laissée. Elle avait dû jongler avec les dettes et faire face à de nombreux créanciers. La duchesse avait vendu son hôtel particulier des Champs-Élysées, ses bijoux, ses parures, ses fourrures et aussi beaucoup de meubles, de tapis, de tentures. C'est alors qu'elle avait pris la décision de se réfugier à Montreuil. Elle avait trouvé à se loger à moindre coût dans cette jolie maison située entre ville et campagne qu'elle appelait son « ermitage ».

Elle avait lutté pour subvenir aux besoins de ses quatre enfants. Ses filles arrivées à l'âge de s'établir, elle pensait que l'avenir allait enfin lui sourire ; mais jusqu'à ce jour, ses efforts s'étaient révélés vains. « Quel égoïsme ! » pensa Laure, énervée. Son aiguille glissa sur l'étoffe et vint lui piquer le doigt. Elle fit une grimace, pinça la peau à l'endroit douloureux jusqu'à ce qu'une goutte de sang perlât, puis une deuxième. Tandis que Julie, appelée au secours, se précipitait avec le nécessaire à pharmacie, Constance en profita pour s'éclipser et monter voir Joséphine. Après une demi-heure d'absence, elle regagna le salon et reprit son ouvrage sans avoir prononcé un mot.

Malgré une irrésistible envie de savoir ce que ses filles s'étaient dit, Laure ne posa pas de questions. Intérieurement, elle bouillait et il lui fut difficile de se contenir.

Peu avant l'heure du déjeuner, Joséphine redescendit de sa chambre. En signe de paix, elle alla embrasser sa mère d'un baiser contraint et rapide, puis il ne fut plus question de rien. Comme un semblant de bonne humeur se réinstallait dans la maison, Laure se persuada que tout cela n'était qu'une passade et que, dès que sa fille tomberait amoureuse, ses idées saugrenues seraient oubliées.

Rue de Maurepas, à Versailles

Dans le calme de sa chambre, Balzac écrivait. Si, parfois, son regard se portait sur la vue plongeante qui donnait sur le parc du château de Versailles, la plume de corbeau reprenait aussitôt son cours à l'allure rapide de ses pensées. À chaque pause, son esprit s'échappait pour rejoindre la femme à qui il s'adressait.

Autour de lui tout était calme, aucun cri d'enfant, aucun ordre donné à voix haute : sa sœur s'était absentée et sa nièce faisait la sieste. Profitant de ce silence, le jeune homme répondait à une lettre reçue le matin même. Il aimait à en humer le papier, qui avait été délicatement parfumé, d'une flagrance qu'il connaissait bien et qui l'avait longtemps enivré. Suspendu à ses rêveries voluptueuses, il pensait à sa chère Dilecta qui, pendant des années, avait tenu auprès de lui le rôle d'amante et de conseillère. Elle lui avait tout appris des usages du monde. Elle lui avait dévoilé les délicatesses du cœur, lui avait montré les subtilités du corps féminin, lui avait révélé la sensualité, l'art des caresses. Elle lui avait donné le goût des belles choses. Et c'est ainsi que, tout en lui enseignant le monde, elle avait façonné l'homme.

Le regard d'Honoré vacilla, quitta la cime des arbres pour se reporter sur les mots sensibles et délicats que sa maîtresse lui avait écrits. Il en savoura le phrasé jusqu'à entendre la voix aimée lui chuchoter à l'oreille : « Chéri adoré, reçois ta minette sur tes genoux, laisse-lui passer son bras derrière ton cou, penche ta tête chérie sur son épaule, ne t'y endors pas, ah ! non ! Et pour que cette fantaisie ne te prenne pas, je te donne un de ces baisers que nous connaissons si bien… »

Honoré trempa à nouveau sa plume dans l'encrier. Il demandait à sa chère Dilecta de l'excuser d'avoir quitté Paris sans avoir pris le temps de la prévenir. Il lui parlait de sa famille, de ses heures passées à Versailles, il lui faisait part de ses pensées les plus intimes ; pourtant, il passa sous silence ses visites à la duchesse d'Abrantès.

Enfin, après avoir terminé par « Mille caresses » et avoir signé « Ton chéri adoré », il cacheta la lettre, tira sa montre de gousset : quatre heures déjà !

Brusquement il se leva. D'un pas rapide, il descendit les marches, attrapa au passage son paletot, son chapeau, sa canne et claqua la porte derrière lui.

Sur le trottoir de la rue Maurepas encore couvert de neige, il ajusta son chapeau, huma l'air frais, et, sans hésiter, prit la direction de Montreuil.

Au passage, il déposa son courrier au bureau de poste. Tout en marchant d'un bon pas, il pensa encore à Mme de Berny : jamais il ne retrouverait chez aucune autre femme un dévouement aussi total, une abnégation aussi absolue. Il avait beau savoir tout cela, il ne pouvait se cacher à lui-même que la duchesse lui plaisait. Ses regards brûlants, ses saillies, son sourire fin, sa façon de se tenir, de se mouvoir, mettaient ses sens en émoi. Force lui était de reconnaître que le désir l'avait saisi pour une autre. Ce sentiment nouveau ondulait, oscillait, s'insinuait délicieusement de sa poitrine à ses reins dans un agaçant aller et retour qui lui fouettait le sang et lui mettait les idées sens dessus dessous.

En son ermitage

Dès que Balzac passa la porte, son cœur se mit à battre plus rapidement car il était heureux à la perspective d'un long et intime aparté avec la duchesse. Auguste lui demanda d'attendre dans le vestibule d'où lui provenaient des notes de piano jouées à quatre mains. Il prêta l'oreille et, quoiqu'il ne fût pas un grand connaisseur en musique, il ne reconnut pas le jeu brillant de la maîtresse des lieux.

Prenant le temps de regarder autour de lui, il remarqua la rambarde de fer forgé finement ciselée qui accompagnait la première volée de marches, il admira le portrait d'un homme en grand uniforme : « Le général Junot », se dit-il. Quelque peu jaloux, il l'examina sous toutes les coutures jusqu'à ce que le valet vienne le chercher. Balzac le suivit et eut la surprise d'être introduit, non pas dans le salon où il avait été reçu à ses précédentes visites, mais dans une pièce entièrement lambrissée de chêne clair et dont le panneau le plus large contenait une bibliothèque aux reliures anciennes frappées aux armes de la famille. À lui seul, le feu de bois éclairait toute la pièce et donnait des reflets moirés aux rideaux de soie verte assortis aux fauteuils Empire. Il eut encore le temps de s'extasier sur le parquet, les tapis, avant d'entendre des pas glisser derrière lui.

– Pardonnez mon retard, dit la duchesse de sa voix chantante, mes filles prennent leur leçon de piano et, avec ce mauvais temps qui perdure, j'étais allée demander au jardinier qu'il m'approvisionne en bois.

– Grâce à quoi j'ai eu tout loisir d'apprécier le jeu de ces demoiselles et d'admirer le grand tableau qui orne l'entrée.

– Junot avait fière allure, n'est-ce pas ? Chaque matin et chaque soir, je salue mon mari en passant et lui demande de ses nouvelles.

– Et quelles sont-elles ?

– Il semble avoir gardé la nostalgie de son existence terrestre. Certains soirs, je le sens très présent. Il regarde ses enfants grandir.

Laure referma la porte derrière elle. L'air le plus sérieux du monde, elle questionna :

– Et vous, monsieur, vos morts vous parlent-ils ?

– De proche, je n'ai perdu que ma grand-mère Sallambier ; une rude femme au grand cœur. J'eus beaucoup de chagrin à son décès. Elle était dure, mais juste. Je l'entends quelquefois me gourmander et me reprendre d'un sec : « Honoré, voyons ! » Exactement comme lorsque j'étais enfant.

Laure sourit, et présenta un fauteuil à son invité, tandis qu'elle-même prenait place sur le canapé.

– Hier au soir, reprit Balzac, je n'ai pas réussi à m'endormir, votre récit accaparait mon imagination, je vous voyais enfant, prise dans la tourmente de la Révolution… Après cet épisode affreux, qu'advint-il de vous ?

– Notre mère vint nous chercher et nous gagnâmes tous le midi de la France. Lorsque la fatale nouvelle de l'exécution de Louis XVI parvint dans les provinces, mon père fut frappé au cœur. Le jour où il vit la mort de Madame Élisabeth annoncée dans les journaux, il ne descendit même plus de son appartement pour dîner. Souvent, il était des jours entiers sans permettre l'accès à sa chambre. J'avais seule le privilège de frapper à sa porte et d'obtenir une réponse ; j'entrais, j'allais près de lui. Quelquefois, sa physionomie était si sombre qu'il me faisait peur. Un jour, en voyant mon pauvre père maigre, pâle, souffrant, enveloppé dans une redingote de molleton blanc, enfoncé dans une grande bergère, lui que j'avais vu si beau, si brillant, je me mis à pleurer. Mon père m'entendit. M'attirant à lui, il m'embrassa et me mit sur ses genoux : « Pauvre Loulou, me dit-il, tu pleures sur moi, n'est-ce pas ? Pleure, ma fille, pleure et prie. Des larmes et des prières, voilà ce qu'il faut donner aujourd'hui à ceux qu'on aime le mieux ! »

» Nous vécûmes de longs mois loin de la capitale. Brunetière, un ancien avocat au Châtelet, nous tenait au courant des affaires publiques à Paris. On s'envoyait des nouvelles dans des pâtés, des daubes, des cuisses d'oie ou encore dans des doublures de vêtements ou des fonds de chapeaux…

Laure se mit à rire, et son rire coulait comme une cascade d'eau fraîche.

– Je me rappelle qu'une fois ma mère porta pendant quinze jours un chapeau avec une note dans sa coiffe, sans vouloir dire à mon père qu'il venait de Paris parce qu'il se serait douté qu'il contenait des nouvelles et l'aurait fait découdre impitoyablement ! Enfin se levèrent pour la France des jours plus sereins. Il fut décidé que ma mère partirait avec moi à Paris. Nous louâmes rue des Filles-Saint-Thomas un fort joli appartement donnant sur le jardin.

» Ma mère voyait beaucoup de Corses avant la Révolution ; dès qu'ils surent qu'elle était de retour, tous vinrent lui rendre visite. Bonaparte fut de ceux-là. Ce jour-là, sa figure me frappa, sans que je puisse exprimer pourquoi, mais de manière à ne jamais être oubliée.

– Pourriez-vous le décrire avec exactitude ?

– À cette époque de sa vie, Napoléon était laid. Depuis, il s'est fait en lui un changement total. Je ne parle pas de l'auréole prestigieuse de sa gloire, je n'entends que le changement physique qui s'est opéré graduellement, en l'espace de sept ans.

– Par exemple ?

– Par exemple tout ce qui, en lui, était osseux, jaune, maladif même, s'est arrondi, éclairci, embelli. Par exemple ses traits, qui étaient presque tous anguleux et pointus, ont pris de la rondeur, parce qu'ils se sont revêtus de chair, dont il y avait presque absence. Si son regard et son sourire demeurèrent toujours admirables, sa personne tout entière subit du changement. Sa coiffure, si singulière aujourd'hui pour nous, était à la mode, mais il se soignait si peu que ses cheveux mal peignés, mal poudrés, lui donnaient un aspect désagréable.

» Enfin, lorsque je me représente Napoléon en 1795 traversant la cour d'un pas assez gauche et incertain, ayant enfoncé sur ses yeux un mauvais chapeau rond qui laissait échapper ses deux « oreilles de chien » mal poudrées, et tombant sur le collet de cette redingote gris de fer, sans gants, parce que, disait-il, « c'était une dépense inutile », portant des bottes mal faites, mal cirées, et puis tout cet ensemble maladif résultant de sa maigreur… quand j'évoque son souvenir de cette époque, et que je le revois plus tard, je ne puis voir le même homme dans ces deux portraits.

Laure prêta l'oreille. Dotée d'une ouïe fine, elle avait entendu un cabriolet pénétrer dans la cour. Accaparé par le récit, Balzac n'avait fait attention à rien, jusqu'au moment où quelqu'un frappa à la porte du salon. Laure, plus rapide que l'éclair, alla à la rencontre d'Auguste, qui lui tendit le plateau en argent sur lequel était posé un billet.

– Le cocher attend une réponse, madame la duchesse.

– Pardonnez-moi, dit-elle à l'adresse de son hôte.

Promptement, elle décacheta la lettre et la parcourut.

– C'est un appel au secours, auquel je ne peux pas ne pas répondre puisqu'il vient de Petite Bonne, ma plus ancienne et plus tendre amie. Mme Jouanne donne un bal ce soir en l'honneur d'une de ses petites nièces. Elle avait prévu deux violonistes, un harpiste et un pianiste, mais le pianiste lui a fait défaut à la dernière minute… Cette vénérable personne me supplie de le remplacer. Elle enverra un cabriolet me chercher, ainsi que mes filles, qui sont de la fête. Accordez-moi quelques secondes, mon cher Honoré, le temps que je réponde. La pauvre femme est dans l'embarras et je tiens à lui assurer mon soutien.

Balzac se leva tandis que, sans attendre, Laure s'asseyait à son bureau. Elle trempa sa plume d'oie dans un encrier en cristal, couvrit de sa belle écriture penchée le papier à lettres frappé à ses armes. D'un geste rapide, elle sécha l'encre, plia la lettre, la cacheta et enfin tendit sa réponse à Auguste pour qu'il la remît au cocher. Tout cela ne prit que quelques minutes, et lorsqu'elle se retourna, Balzac était toujours debout. Les mains croisées dans le dos, il regardait le jour s'effacer au profit de la nuit. Il pensait à Napoléon. Trop accaparé, il n'avait pas même entendu Julie entrer dans la bibliothèque pour allumer les bougies.

– Mon cher, je suis dans l'obligation d'écourter notre entretien. Je n'ai guère qu'une petite heure devant moi pour me préparer : choisir le répertoire, m'apprêter…

Balzac s'inclina ; devant un tel imprévu, il ne lui restait qu'à faire contre mauvaise fortune bon cœur.

– Demain, je dois regagner Paris, dit-il.

– Demain, mais ce soir pourquoi ne viendriez-vous pas à ce bal ? Mme Jouanne habite à deux rues de Mme Surville. Vous connaissez la famille Doumerc. Je serai certainement très accaparée par ma prestation, mais…

– Je prise peu les bals.

– Vraiment ? Mais si vous ne vous rendez jamais à aucun, comment pourrez-vous les décrire dans vos romans ? Ne m'avez-vous pas dit que vous peigniez toutes les scènes selon la vérité ?

Balzac se dirigea vers la porte.

– Je vous attendrai, insista la duchesse, n'oubliez pas que c'est une amie soucieuse de votre avenir qui vous le demande. Je laisserai votre nom à l'entrée, Mme Jouanne ne saurait rien me refuser ce soir.

Laure suivit son hôte dans le vestibule et lui dédia son plus beau sourire :

– Alors, c'est dit, à ce soir donc !

Et, avant que le jeune homme n'eût le temps de se raviser, elle s'esquiva.

Bal chez Mme Jouanne

À l'heure dite, le cabriolet se présenta dans la cour.

Coiffure stricte parée d'une aigrette piquée de diamants, robe en soie crème ornée de dentelles de Chantilly, Laure avait choisi la discrétion. Elle ne portait aucun bijou hormis une montre en or au poignet qui lui permettrait de calculer le temps de ses interventions.

Ses filles étaient vêtues de robes de mousseline aux couleurs tendres. Leurs chevelures séparées en deux bandeaux lisses étaient remontées en chignon dont quelques mèches retombaient en boucles dans le cou. Chacune avait à la main une paire de gants, un éventail fermé et un petit sac en tissu assorti à la robe, dont le lien était glissé au-dessus du poignet. Laure avait emporté le maroquin dans lequel étaient classées ses partitions.

Des lampions éclairaient la cour et le pied de l'escalier en haut duquel Mme Jouanne les attendait avec impatience. La vieille dame était coiffée d'un bonnet de dentelle et vêtue d'une robe de soie noire fermée jusqu'au menton. La coupe impeccable mais stricte et la couleur noire disaient assez que cette dame était veuve et qu'elle estimait que les fantaisies n'étaient plus de son âge. Son large sourire, ses petits yeux bleus pétillants derrière le face-à-main firent aussitôt oublier son apparente austérité. Elle embrassa la duchesse et ses deux filles de baisers appuyés, complimenta chacune sur sa toilette. Après les avoir présentées à ses nièces venues de province et pour qui ce bal était donné, elle entraîna Laure à travers une enfilade de pièces. Toutes étaient ornées de fleurs à profusion et illuminées de nombreuses bougies. Des valets en livrée s'affairaient autour des buffets. Devant le piano, la vieille dame prit les deux mains de son amie dans les siennes et la remercia avec effusion :

– Ma chère, soyez bénie d'avoir répondu à mon appel ; il était désespéré, croyez-le bien. Le pianiste m'a fait prévenir ce matin qu'il se trouvait dans l'impossibilité de se rendre chez moi ! Comment vous montrer ma reconnaissance…

Pour toute réponse, la duchesse embrassa la figure ridée, dont la peau était douce et parfumée. Elle avait connu Mme Jouanne sous l'Empire alors que son couple était encore en pleine gloire. Après le veuvage et la débâcle financière de Laure, contrairement à certains, Mme Jouanne avait continué à la recevoir. Et depuis qu'elle s'était installée près de Versailles, leurs liens s'étaient resserrés.

– Petite Bonne, comptez sur moi pour mettre de la gaieté et faire danser toute cette jeunesse. J'ai fait une première sélection, quadrille, mazurka, valse… il n'y a plus qu'à choisir !

– Ma chère, pour cela je m'en remets à vous. Il y a bien longtemps que je ne danse plus. Et pour les airs à la mode, voyez cela avec les violonistes et la harpiste… Mais je dois vous fausser compagnie, une première voiture a été annoncée !

En une heure de temps, ce fut la cohue. Se pressaient des jeunes filles aux robes somptueuses, parées de rubans ou de fleurs. Les bijoux étaient passés de mode depuis l'Empire, aussi n'en portaient-elles pas, hormis un rang de perles autour du cou pour certaines. La mode masculine étant au dandysme, les jeunes gens avaient opté pour la redingote ajustée, soulignant une taille bien prise et ouverte sur un gilet ; les pantalons étaient de préférence en casimir et la cravate fantaisie nouée haut sous le menton. Les parents, plus classiques mais non moins richement vêtus, s'avançaient en devançant de quelques pas leur progéniture.

Tandis que les couples danseraient, les douairières s'installeraient confortablement sur des fauteuils placés au plus près de la piste afin de ne pas les quitter des yeux. La plupart de ces messieurs se regrouperaient dans un salon autour d'une table de jeu.

C'est au son des violons que furent accueillis les invités. Après la collation, la duchesse d'Abrantès entra en scène. Aussitôt s'élevèrent des airs endiablés. Deux demoiselles se relayaient auprès d'elle pour tourner les pages de ses partitions et veiller à ce qu'elle ne manquât de rien.

À dix heures, Laure prit une pause. Elle fendit la foule afin d'aller rejoindre ses filles que Mme Jouanne s'était fait fort de garder sous son aile. Parmi les invités, elle chercha une silhouette qui pût lui rappeler celle de Balzac. Elle parcourut les différents salons, laissa errer son regard, puis se rendit en haut de l'escalier où des invités continuaient à affluer malgré l'heure tardive. Elle avait espéré sa venue et se trouva déçue de ne pas l'apercevoir. Après une demi-heure de repos, quand elle reprit sa place au piano, ce fut à nouveau un vent de gaieté qui souffla sur la salle de bal.

Dès l'entrée, Balzac fut comme happé par la musique. Une fois l'escalier gravi, il se présenta à la maîtresse de maison, qui était une connaissance de ses parents. Il fit le tour des salons, se fit servir du champagne et, le verre à la main, entra dans la salle de bal. Afin d'apprécier le jeu de la pianiste, il se posta de biais et en arrière de celle-ci. Il admira son toucher, sa vélocité. S'il se laissa un instant distraire par quelques jolies jeunes filles, son attention revint sur la duchesse. Il se dégageait d'elle une telle force de vie, une telle ardeur à faire plaisir qu'elle en était émouvante. La peau moins soyeuse, la poitrine plus lourde, la taille moins fine, elle lui paraissait pourtant infiniment plus désirable que toutes celles à la ligne et au teint parfaits. Dès les premières mesures, son jeu l'avait séduit, puis envoûté. Les violons et la harpe, censés l'accompagner, semblaient courir derrière elle sans jamais la rattraper. Il écouta un bon moment la virtuose puis, d'un trait, vida son verre et sortit.

La soirée était belle, et, bien qu'il fît un froid mordant, il rentra sans se presser. Longtemps, la musique l'accompagna dans sa marche solitaire. Il allait à petits pas, et, dans cette nuit étoilée, les idées tournoyaient dans son esprit comme une valse sans fin. Il pensa à Mme de Berny, son indéfectible amour. Il pensa à la duchesse, dont la seule vue l'émouvait. Il pensa à toutes ces jolies jeunes filles pour lesquelles il ne se sentait aucune attirance puisque, le cœur sans nuance, le corps non dégrossi, elles attendaient tout de leur amant alors que lui espérait tout de ses maîtresses. Au long de leur existence, les femmes mûres avaient appris à jouer dans tous les registres et à endosser tous les rôles. Elles étaient prêtes à se donner sans compter à leurs amants. Il pensa qu'il devrait un jour écrire un livre en hommage à ces grandes amoureuses que l'expérience avait modelées, que les rêves envolés et les espoirs perdus avaient façonnées.

Bientôt, Balzac se trouva devant l'immeuble des Surville. Il regarda autour de lui le quartier silencieux et tranquille. Avant de pousser la porte, il se fit le serment qu'un jour prochain, il rendrait grâce à la femme mûre. Il intitulerait son livre *La Femme de quarante ans*. Il réfléchit, et pensa qu'à quarante ans beaucoup d'entre elles n'étaient plus que des ombres enfermées dans leur rôle de mère, d'épouse revêche ou de veuve éplorée. À cet âge, nombre d'entre elles avaient déjà tourné le dos au monde, à la vie. Des femmes comme Mme de Berny ou comme la duchesse, généreuses, belles, vivantes, étaient de trop rares exceptions pour que le grand public pût adhérer à ses idées. Mais trente ans… La « femme de trente ans », il la magnifierait, lui rendrait grâce et ainsi reculerait sa vie amoureuse d'au moins dix ans.

Balzac entra, prit la lampe à huile posée dans le vestibule à son intention, et, sans bruit, monta les marches jusqu'à sa chambre tendue de toile de Jouy. Il défit son nœud de cravate et, tout habillé, s'étendit sur le lit.

Il était heureux et se sentait délicieusement amoureux.

– Ainsi, monsieur, vous avez dédaigné mon invitation !

Balzac se pencha au-dessus de la main qui lui avait été tendue. Quoique à distance, il sentit le parfum sensuel dont cette femme de caractère se vaporisait. Il aurait aimé appuyer ses lèvres sur la peau délicate et s'y attarder afin d'en éprouver la finesse du grain. En se redressant, il aperçut l'air fâché qu'arborait son interlocutrice. Afin de couper court aux remontrances, il s'exclama :

– De si jolies mains et une telle vélocité ! Je n'ai eu d'yeux que pour la pianiste. Quelles envolées, quelle pétulance, et cette aigrette rehaussée de diamants… vous étiez la reine de la fête !

Laure resta interdite.

– Si vous êtes venu, pourquoi ne pas m'avoir fait signe ?

Et, sans attendre la réponse, elle ajouta, non sans ironie :

– Vous aviez donc peur d'avoir à me faire danser ?

– Vous manifestiez un tel entrain, je m'en serais voulu de vous accaparer… et puis ne m'aviez-vous pas convié pour que j'assistasse à un bal en tant qu'écrivain ?

– Je vous avais invité pour que vous assistiez non pas à un bal mais à *ce* bal, sans doute le plus beau de la saison. Tout était admirable : les fleurs, les éclairages, les toilettes portées par les jeunes filles les plus huppées de Versailles.

– Rien n'était plus digne d'admiration que vous, madame.

Laure, encore fatiguée de sa prestation de la veille, jugea la remarque de mauvais goût.

– Dans la réussite de cette soirée, je n'étais qu'un élément parmi d'autres.

Trop fin pour ne pas s'apercevoir de l'impatience avec laquelle ces mots avaient été prononcés, Balzac précisa sa pensée :

– Si le spectateur fut ébloui, l'écrivain fut comblé, mais pas comme vous l'entendez, madame. L'auteur n'est jamais là où on l'attend. Un bal peut se décrire à l'intuition, il lui suffirait d'assister à un seul d'entre eux et son imagination ferait le reste. En revanche, ce qui ne s'invente pas sont les mouvements de l'âme, l'atmosphère, ces petits riens impalpables. Hier soir, tout était beau, lisse, léger, chatoyant. Tout était parfait et pourtant rien ne retenait l'œil…

Balzac s'inclina :

– À part vous, madame.

Et, avant que la duchesse ne se fâchât pour de bon, il reprit :

– Je vous ai regardée jouer, votre habileté de pianiste donnait de nouvelles couleurs à la femme que je connaissais. Je suis reparti comme un voleur. Un voleur d'images, s'entend. En vous regardant, j'ai beaucoup appris et c'est en marchant dans la nuit que je fis mon miel de ce que je venais de voir, ou plutôt de comprendre. Dans un éclair, il me parut comme une évidence qu'un jour prochain j'écrirais un livre sur la femme faite, la seule digne d'intérêt à mes yeux. Depuis, cette pensée ne me quitte plus.

– La femme, dit-elle avec la lenteur que donne la réflexion, ma foi ce serait un beau sujet. Mais un homme sera-t-il le mieux placé pour aborder un thème si sensible ?

– Justement un homme, coupa-t-il, seul un homme est capable de bien parler de la femme. Il faut beaucoup les aimer pour parler d'elles et je suis de ceux-là. J'ai déjà noirci quelques pages sur un sujet brûlant qui traite du mariage et de sa psychologie. J'ai aussi mon idée là-dessus.

Ne trouvant aucune trace de forfanterie dans cet aveu fait dans la plus grande innocence, cette fois Laure rendit les armes :

– Je suis certaine que vous aurez le talent, l'esprit pour traiter un tel sujet. J'ai foi en votre vocation, car il s'agit bien d'une vocation, n'est-ce pas ?

– Quel autre nom lui donner quand celle-ci vous vampirise, vous torture jour et nuit ? Vous ne savez pas par quel bout la prendre, comment l'apprivoiser. Vous hésitez, tâtonnez, et quand vous pensez avoir trouvé la façon de l'aborder, elle vous échappe. Tout est à recommencer. Ce projet, je devrai le porter, comme une femme porte un enfant. Durant ces mois de gestation, il s'étoffera, prendra forme jusqu'au moment ultime de l'enfantement. Il n'y aura plus alors qu'à accoucher dans la douleur.

– Mettez-vous au travail, faites vos gammes comme je m'astreins chaque jour à le faire assise à mon piano, et un jour l'œuvre se fera.

Balzac en fut bouleversé : non seulement la duchesse le comprenait, mais elle croyait en lui. Ne venait-elle pas de le lui dire ? Touché à l'âme, il lui fit cette promesse :

– Puisque ce livre aura été inspiré par vous, il vous sera dédié, madame.

Flattée, Laure sentit, à son tour, poindre l'émotion.

Chacun respectant la pensée de l'autre, tout redevint silence. Dans l'âtre, une bûche chantait d'un doux chuintement tout en bavant son trop-plein de résine. Balzac voulut y porter le regard. Ce faisant, il rencontra les pieds menus de la duchesse, chaussés du cuir le plus fin. Un moment il s'y complut, puis son regard remonta, tourna autour de la cheville gainée de bas de soie. Il s'enhardit à remonter le long de la robe qui cachait le galbe de la jambe, à errer sur le corsage vaporeux qui laissait deviner des seins pleins et lourds, à glisser le long du cou légèrement ployé en avant, à caresser le visage aux traits encore beaux, à suivre l'arête du nez un peu longue, à s'attarder sur les paupières baissées, sur les oreilles petites et bien ourlées, sur la chevelure brune sagement retenue dans une tresse qu'il rêvait de défaire.

L'examen terminé, il ne se demanda pas si la duchesse était jolie, car selon lui elle était mieux que cela. Elle possédait l'aisance, la distinction innée qui ne se trouvent que chez la femme du monde, l'art de se vêtir simplement mais avec goût et un charme qui l'avait, dès le premier regard, conquis. À cela, il fallait ajouter une manière de raconter, une vivacité, une finesse et un ton de voix un peu rauque qui étonnait chez une femme à l'apparence si fragile.

Après chaque visite, il revenait chez sa sœur avec tant de gaieté et d'entrain qu'elle finissait par le moquer. « Alors, la duchesse, mon cher Honoré ? » questionnait-elle en riant. Il lui répondait invariablement : « Petite péronnelle, cela ne te regarde pas ! Mais sache tout de même que c'est une grande dame et qu'elle est incomparable. » Et Laure Surville répétait : « Voyez-vous ça ! Incomparable ! Vraiment ? » Et, sans plus de façons, elle lui tendait sa fille en disant : « Tiens ! Occupe-toi de ta nièce, j'ai à faire », espérant ainsi ramener son rêveur de frère sur terre.

La petite dans les bras, Honoré marchait de long en large en lui tenant à peu près ce discours : « Plus tard, quand tu seras grande, tu seras fière d'être ma nièce, tu diras avec emphase : “mon oncle Honoré Balzac”... Ou plutôt, non, tu diras : “mon oncle Honoré *de* Balzac”. Cela sonne mieux ! Ne ris pas, petite, c'est sérieux. Je reprendrai la particule que mon père portait avant la Révolution. Je me dirai le descendant de la famille Balzac d'Entragues et, en même temps que j'en adopterai le blason, je me ferai fort de le redorer. Je serai alors un auteur à succès. Ma plume me permettra de vivre avec largesse ! Je serai généreux avec ma famille, avec mes amis. Je vivrai de ma passion et dans le luxe le plus effréné, rien que pour avoir le plaisir d'entendre ma mère, votre grand-mère, enfant, se récrier que je suis devenu fou ! Car si ma mère ne comprend rien à son fils, elle comprend encore moins l'argent. Elle en possède mais vit comme une petite boutiquière qui aurait peur de manquer ! »

L'oncle faisait sauter dans ses bras l'enfant, qui poussait des cris de joie. Puis, retrouvant son sérieux, il ajoutait :

« Le reste du temps je travaillerai, car vois-tu, petite, mon œuvre sera immense, impressionnante, en un mot mo-nu-men-tale », et il répétait ce mot sur tous les tons en détachant chaque syllabe, ce qui, à nouveau, provoquait l'hilarité de la fillette.

Le jeune homme réfléchissait et, comme souvent en ces moments d'introspection, il se sentait à l'étroit dans son corps. Tout comme l'âtre, un feu l'habitait. Certains jours il le consumait et tout son être était en proie aux flammes. Il se sentait alors une force colossale, jubilatoire, qui, un jour, servirait son œuvre. Dès qu'il se mettrait à la tâche, il deviendrait un forçat de la littérature. Jusqu'à ce jour il avait tâtonné, mais dès qu'il aurait trouvé le sujet de son premier roman, il étonnerait ses lecteurs par l'amplitude de son talent.

S'apercevant soudain que la duchesse le regardait, Balzac continua ses réflexions à haute voix :

– Vous suivre dans vos récits, madame, c'est voyager dans le temps ; c'est monter en cours de route dans une diligence qui m'emmènerait sous des cieux inconnus, à la rencontre de gens fabuleux. La nuit, je me réveille en proie à tous ces fantômes. Grâce à eux et à ces lieux hantés, mes héros prennent corps. Ils seront le fruit croisé de mon expérience et de mon imagination. Je me donne pour mission de vivre avec eux jusqu'à ce qu'ils soient de chair, jusqu'à ce qu'ils aient un caractère, une âme bien à eux. L'être humain est fait de milliers de pièces qui s'enchevêtrent, se croisent et se superposent. Et j'ai le projet de le décrire dans tous ses aspects. Ce sera une fresque immense, car tout est comédie dans ce bas monde. J'en serai le metteur en scène. Je ne m'érigerai pas en juge, mais en témoin. J'ai beaucoup observé, beaucoup écouté et quand, jeune étudiant, malheureux et sans le sou, je me promenais dans les rues de Paris, mon plaisir était de me fondre dans la foule. J'interceptais les conversations. En entendant ces gens, je pouvais épouser leur vie, je sentais leurs guenilles sur mon dos, je marchais dans leurs souliers percés : leurs désirs, leurs besoins, tout passait dans mon âme, ou mon âme passait dans la leur. Quitter ses habitudes, devenir un autre que moi par l'ivresse des facultés morales et jouer ce jeu à volonté, telle était ma distraction. À quoi dois-je ce don ? Est-ce une seconde vue ? Est-ce une de ces qualités dont l'abus mènerait à la folie ? Je n'ai jamais cherché les causes de cette puissance. Je la possède et je m'en sers, voilà tout.

– Mon ami, quand et comment ce don vous est-il venu ?

– Très jeune et sans que j'y prenne garde. Peut-être en ai-je pris conscience quand, pensionnaire chez les oratoriens, me sentant malheureux et contraint, je m'évadais grâce à mes lectures de cette sinistre prison. Ces moments d'extase m'épuisaient l'âme. Ils étaient rares et fugaces. Ils m'enivraient et me terrassaient tout à la fois.

» En d'autres moments moins euphoriques, je vivais par procuration, je me dépouillais de mes hardes de petit pensionnaire pour en revêtir d'autres, je me glissais dans la peau du héros, qu'il fût riche ou misérable, qu'il fût homme ou qu'il fût femme, pour en ressentir intensément le moindre chagrin, la plus petite joie. Et quand mes héros n'étaient pas au diapason, quand ils ne vibraient pas comme je l'entendais ou, plus exactement, comme je le ressentais, le soir, dans mes songes éveillés, je récrivais l'histoire, je modelais mes personnages et les faisais réagir selon mon cœur. Déjà, et sans le savoir, je faisais des romans à foison.

Balzac s'interrompit, puis reprit :

– Mais peut-être aussi que ce don était en moi dès la naissance. Lorsque ma mère me mit en nourrice, j'étais déjà sage et rêveur. Mon imaginaire me permit de rester en vie malgré toutes mes souffrances. Car voyez-vous, madame, je suis bien certain que, même à quelques mois, un enfant est capable de sentir si sa mère l'éloigne d'elle pour son bien ou par indifférence.

Le cœur remué, Laure regarda par la fenêtre le parc qu'un rayon de soleil venait d'éclairer. Elle se pencha vers son interlocuteur et, dans un élan de compassion, posa sa main sur son bras et proposa :

– Le temps se remet au beau, faisons quelques pas dans le jardin, nous deviserons ainsi plus légèrement.

Son hôte sembla redescendre sur terre.

– Vous avez raison, profitons de cette éclaircie. Mais d'ici une heure je devrai vous quitter, car je repars à Paris.

– Déjà ?

Ce « déjà » résonna agréablement à ses oreilles. Il se leva, offrit son bras. Ensemble ils franchirent le perron, descendirent les quelques marches qui les menèrent au jardin. Sur la terre trempée de pluie, Laure fit une halte.

– Sentez ces parfums, dit-elle, fermant les yeux pour respirer plus intensément.

De retour au salon, ils eurent le plaisir de trouver un bon feu et un plateau portant une boisson chaude pour la duchesse et une cafetière pleine pour Balzac, qui en accepta une première tasse, puis une deuxième.

– Ce n'est que la cinquième de la journée, dit-il comme pour s'excuser.

– Tout ce café ne vous excite pas les nerfs ?

– J'admets que c'est une drogue, mais je ne peux travailler qu'à cette condition. La nuit, il m'arrive de boire deux cafetières.

– Et quand donc dormez-vous ?

– Quand j'ai rendu ma copie ! C'est un vilain métier que celui de journaliste, mais en attendant de travailler à ma propre œuvre cela me fait vivre.

– Vous avez toujours voulu devenir écrivain ?

– Toujours !

– Et vos parents ?

– C'est une autre affaire.

– Dites.

– À mon adolescence, un événement survint qui allait avoir une grande influence sur ma destinée : toute la famille déménagea pour aller s'installer à Paris, au 40 de la rue du Temple. Mes parents m'inscrivirent dans une pension tenue par un certain M. Lepître. Quoique piètre élève, j'obtins le certificat de fin d'études, et en novembre 1816 je m'inscrivis en droit. Mais ce n'était pas sans mal que j'avais arraché à mon père la permission de poursuivre mes études. Il avait ses idées sur ma carrière, j'avais les miennes. On transigea : je pourrais suivre des cours en faculté si, en contrepartie, je faisais un stage chez un avoué et un autre chez un notaire. J'acceptai, sans savoir ce qui m'attendait.

– Vous, notaire !

– Comment faire autrement ? À partir de ce jour, ma mère m'astreignit à une discipline sévère. Elle me logea dans une chambre contiguë à la sienne. Je me couchais dès neuf heures du soir et me levais dès cinq heures du matin, elle voulait que je fisse mon droit en conscience. Ainsi, jusqu'à l'âge de vingt ans, ma mère ne me laissait pas dix francs à ma disposition. Mon père eut pitié de moi, il me conduisit aux Bouffes, à un concert, à un bal où j'aspirais à rencontrer une maîtresse. Mais, honteux et timide, ne sachant pas l'idiome des salons et n'y connaissant personne, j'en revenais comme toujours, aussi neuf et tout aussi gonflé de désirs.

Il reprit, rieur :

– La vérité est que mon entrée dans le monde ne fut guère brillante : dès le début, malgré les leçons d'un maître de danse, je m'étais laissé choir, malencontreusement, en plein milieu du bal, sous les yeux de la jolie femme à qui je m'étais promis de faire la cour…

– Voilà que je commence à comprendre !

– Ne vous moquez pas, madame, ce souvenir cuisant me laissa un tel goût amer que, depuis, j'ai décidé de renoncer à danser, et pour toujours. Tous ces regards faussement navrés tournés vers moi, tous ces sourires de femmes à demi masqués derrière leurs éventails ! Je mis des mois à oublier cette vexation. Je me jetai dans les études, me promettant de dominer la société autrement que par des grâces et des talents de salon.

Laure sourit.

– Ce sont des blessures dont on guérit.

– Devant ma gaucherie, j'aurais eu bien trop peur que vous ne me brocardiez !

– Moi ! se défendit Laure, faussement outrée.

– Napoléon ne vous avait-il pas traitée de petite peste ?

– Si fait ! Mais c'était pure prévention : Napoléon se méfiait des femmes qui lui tenaient tête et j'étais de celles-là. Cela ne fait pas de moi une moqueuse !

– Je restai dix-huit mois dans l'étude de la rue Coquillière et je puis dire aujourd'hui que j'y fus heureux.

– Heureux parmi les dossiers poussiéreux !

– Il se trouve que l'avoué était le plus indulgent des patrons. Il me prit en amitié. Grâce à lui, j'appris beaucoup sur l'âme humaine, mais aussi sur la puissance de l'intérêt, les ruses employées par certains, l'atrocité des luttes familiales. Derrière les piles de dossiers se cachait tout un monde. Dans la personne des plaignants, des justiciables et des magistrats se dévoilait la vie avec ses bassesses et ses grandeurs.

Du plat de la main, Balzac se frappa le front :

– Tout ce que j'appris alors sur la condition humaine est resté gravé là à jamais. Plus tard, je n'aurai qu'à puiser dans ma mémoire pour esquisser un personnage, trouver un sujet de roman. Les dix-huit mois écoulés, je rentrai comme scribe chez un avocat, maître Passez. Celui-ci vieillissait et mon père espérait bien qu'un jour je prendrais la direction de l'étude. Il me voyait richement marié, en un mot établi ! Et mes ambitions ? Et mes rêves ? Devais-je à tout jamais y renoncer ? Un beau jour, je me levai du tabouret de notaire, je laissai en plan les actes que j'avais commencés, je claquai la porte. C'était pour toujours.

» Pour mes parents, ce fut un premier coup de massue. Le deuxième vint quand je leur annonçai fièrement que je deviendrais écrivain. La mesure fut comble. Mon père ameuta toute la maison par ses éclats de voix, ma mère se tordit les doigts en prenant le ciel à témoin : « Sais-tu, malheureux, ce que c'est que la littérature ? Un métier de meurt-de-faim. Il y faut de la fortune, ou alors un grand nom. – Mais ce nom, je l'aurai. – Tu n'as ni appuis ni relations. – Je m'en ferai. – Et comment vivras-tu en attendant ? » J'avais réponse à tout. La discussion dura plusieurs jours. J'étais d'airain.

Balzac regarda la duchesse, qui fut frappée par l'expression de tristesse qu'elle lut dans ses yeux. À voix basse, il reprit :

– Un mystérieux instinct me disait que si je trouvais dans la société une place telle que mes parents l'espéraient, j'étais perdu. Je deviendrais une machine, un cheval de manège, qui fait ses trente à quarante tours, boit, et dort à ses heures. Je serais comme tout le monde, alors que je n'étais comme personne. Comment expliquer cela ? Je le sentais là, et là.

Tout en prononçant ces mots, Honoré toucha tour à tour son front, son cœur. Puis, comme éreinté, il se tut.

Laure sourit de compassion à cet homme dont le discours l'avait bouleversée. Toutes ces années où elle avait été « Mme la commandante de Paris », ainsi que Napoléon la nommait lui-même, toutes ces années où elle avait tenu un rôle à la cour impériale, elle en avait côtoyé du monde, elle en avait vu des figures, elle en avait connu des caractères. Ces expériences variées lui avaient permis de voir au-delà des apparences, de démêler le vrai du faux, de deviner les consciences, et elle comprenait en quoi, dès les premiers instants, son interlocuteur lui avait paru unique. Cette naïveté avec laquelle il se confiait, cette ardeur à dire la vérité au plus près, cette générosité qu'il mettait dans ses propos, tout cela montrait une âme pure, encore imprégnée de l'innocence de l'enfance ; en même temps, la puissance qui le portait, le souffle qui l'animait dénotaient une volonté de colosse. Il était un être à part, un être rare qu'un jour elle se flatterait d'avoir connu.

Un silence s'installa.

– Ma mère caresse le projet de se rendre en Touraine, finit par dire Balzac, du regret dans la voix. Une visite à des amis de la famille. Elle souhaite que je l'accompagne, aussi je ne sais, madame, quand je vous reverrai...

– En Touraine, dites-vous ? Chaque trimestre, je rends visite à mon fils Alfred, qui fait ses études à La Flèche.

– Mais alors, peut-être nous rencontrerons-nous sur les bords de la Loire ! s'exclama Balzac qui, à cette heureuse perspective, retrouva son entrain.

Mars 1825, départ pour Tours

Ce jour de mars, la duchesse se prépara aux aurores. Le soleil se levait sur une belle matinée de fin d'hiver froide et pure de tout nuage quand, de sa chambre, elle entendit le cabriolet pénétrer dans la cour.

Par une des fenêtres, Julie jeta un coup d'œil : elle n'aperçut que la silhouette du cocher emmitouflée dans une cape, le chapeau à grand bord, la croupe baie des chevaux et le voile de vapeur qui sortait de leurs naseaux. Elle prit les effets de la duchesse préparés la veille et rassemblés dans une petite malle de voyage, quelques manteaux et, les bras ainsi encombrés, gagna le vestibule afin de remettre le tout à Auguste. Enfin, elle remonta prévenir Mlle Joséphine qu'il était l'heure de partir. Dans sa précipitation, elle se heurta à la jeune fille qui s'apprêtait à descendre.

À chaque fois qu'elle partait rendre visite à son fils, Laure invitait un de ses enfants à l'accompagner. En temps normal c'eût été une fête pour Joséphine d'accompagner sa mère, si elle n'avait pas craint que celle-ci ne profite de ce tête-à-tête pour la faire parler. Et elle redoutait l'affrontement.

Au pas dans le mauvais chemin qui bordait son ermitage, au petit trot dans les rues de Versailles, les chevaux prirent une belle allure dès la sortie de la ville. À mi-chemin était prévue une halte dans un relais. À l'auberge, les voyageuses se restaurèrent avant de reprendre la route.

Le dos calé par des coussins, une couverture chaude sur les genoux, bercée par le bruit des sabots sur la chaussée, Laure admira les paysages, puis s'assoupit. À son réveil, son regard se porta sur sa fille qui s'était plongée dans la lecture. Elle en profita pour la détailler : cheveux blonds abondants, yeux bleus bordés de cils noirs, front haut, ovale parfait, bouche bien dessinée, jolie carnation. Elle ne se lassait pas d'admirer cette beauté qui ne laissait jamais insensibles ceux qui l'approchaient, mais qui ne semblait pas émouvoir celle qui avait la chance de la posséder. Fallait-il y voir de la hauteur ? de l'indifférence ?

Son caractère l'aurait portée vers des explications franches, mais au moindre mot un peu trop direct, elle savait que Joséphine se renfermerait dans sa coquille. Où étaient passés la confiance, les élans de tendresse, les mots d'amour que, petite fille, elle lui glissait à tout propos à l'oreille ? Où étaient passées sa légèreté, sa joie de vivre d'autrefois ?

Dans sa dernière lettre, sa tante Comnène, femme délicieuse connue pour être une des plus actives marieuses de la capitale, lui avait appris que Joséphine était courtisée : « C'est un jeune homme bien sous tous les rapports. Mais peut-être connaissez-vous sa famille, ma chère nièce ? Il s'agit du comte Gaspard de Pons. »

Gaspard de Pons, se répétait Laure pour la énième fois. Si elle ne le connaissait pas personnellement, elle le connaissait de réputation et savait qu'il fréquentait le milieu des lettres. Elle s'était remise à espérer. À plusieurs reprises, elle fut sur le point d'amorcer le sujet qui lui tenait à cœur mais, à chaque fois, de peur de faire un faux pas, jugeait que ce n'était pas le moment.

Joséphine, qui avait senti le regard de sa mère sur elle, posa le livre ouvert sur ses genoux.

– Vous voilà éveillée, maman ?

– J'ai cette faculté de m'endormir facilement, pas toi ?

– Je n'ai pas sommeil et j'avais envie de lire. Je pensais à Alfred, je suis si heureuse de le revoir.

Joséphine esquissa un sourire, le premier depuis leur départ. Mise en confiance, Laure se lança :

– Ta grand-tante m'a écrit un petit mot charmant. Cette année, la saison des bals doit se clore à la préfecture, elle propose de t'y accompagner avec Constance... Qu'en penses-tu ?

D'un coup sec, Joséphine ferma le roman. Consciente de marcher sur du sable mouvant, Laure n'en continua pas moins :

– Sais-tu, Trésor, qu'à chacune de tes apparitions tu fais tourner toutes les têtes ?

– Je ne crois pas, mère.

– Ta grand-tante Comnène m'écrit qu'un certain Gaspard de Pons te fait une cour assidue...

Le teint de Joséphine s'enflamma violemment.

– Vous savez bien qu'elle est une redoutable marieuse et qu'il ne faut pas accorder foi à ses propos.

– Tu as raison, mais cette fois c'est le jeune homme lui-même qui serait venu spontanément se confier à elle.

Joséphine jeta la tête en arrière et fit mine de fermer les yeux. Avec beaucoup de douceur, Laure poursuivit :

– Je ne ferai aucune démarche contraire à tes sentiments, je te demande seulement de te rendre à ce bal afin de revoir le comte Gaston de Pons. Tu es maîtresse de ton avenir et toi seule décideras de la suite à donner. Sache cependant qu'à ma demande, ton oncle Albert a pris ses renseignements. Gaston de Pons est un excellent parti, officier de carrière, il est aussi un homme de lettres distingué. Et je me suis laissé dire qu'un homme qui écrit des poèmes ne peut être qu'un être sensible, délicat. Réfléchis, il peut t'offrir une vie agréable, il est fils unique et sa famille est prospère.

– Je connais à peine M. de Pons et je n'ai pas d'avis arrêté sur sa personne.

Joséphine poussa un profond soupir avant d'ajouter :

– Pour vous être agréable, je me rendrai à ce bal, mais, en attendant, promettez-moi de ne plus me tourmenter et que notre conversation restera secrète.

– Je te le promets, dit Laure, soulagée.

Hostellerie du Château à Tours

À cinq heures de l'après-midi, la voiture s'arrêta devant l'Hostellerie du Château, où Laure avait ses habitudes. L'aubergiste la reçut avec empressement, donnant à tout bout de champ et d'une voix un peu trop sonore du « madame la duchesse », afin que les voyageurs de passage sachent que son hôtel était fréquenté par le grand monde. Ces manières par trop obséquieuses la faisaient sourire. Les premières formalités remplies et ses bagages montés, c'est non sans satisfaction que Laure gagna sa suite, toujours la même : en voyage, elle aimait se créer des rituels. Le salon spacieux était éclairé par deux fenêtres côté château, tandis que la chambre était située au calme sur une cour intérieure. L'ameublement était simple, mais un cabinet de toilette avait été aménagé dans un réduit protégé d'un paravent, de sorte qu'elle avait toutes les commodités à portée de main. Joséphine avait la chambre attenante, qu'une simple porte séparait du salon.

En attendant que le dîner fût servi, Laure lisait les nouvelles du jour au coin de l'âtre quand la servante, qui lui avait été allouée le temps de son séjour, lui porta un pli. La duchesse reconnut aussitôt l'écriture de Balzac. Elle décacheta.

Duchesse,

Ainsi que je vous l'ai dit dans ma dernière lettre, ma mère, mon frère et moi sommes installés chez des amis qui habitent non loin de Tours.

Vous revoir, continuer nos bonnes causeries nourrit tous mes espoirs. Donnez un mot au porteur de ce pli afin de me faire savoir quel moment vous conviendra le mieux.

Votre dévoué serviteur,

Honoré Balzac

Laure répondit aussitôt :

Venez demain en fin d'après-midi. Mon cher fils sera déjà reparti, mais ce sera l'occasion pour moi de vous présenter ma fille Joséphine.

Après une bonne nuit de sommeil, Laure ouvrit un œil et fut heureuse à la pensée que son fils était en route pour Tours.

L'aspirant officier n'avait la permission de sortir qu'une fois par trimestre, et seulement la journée du dimanche. C'était trop court pour renouer des liens, et, après son départ, à chaque fois la mélancolie la gagnait pour ne plus la quitter jusqu'à son retour à Versailles. Elle espérait que la visite de Balzac rendrait la séparation moins difficile.

Vers neuf heures, Joséphine et sa mère habillées et coiffées patientaient au salon tandis que la servante dressait la table pour le petit-déjeuner. Après quelques minutes d'attente, quelqu'un frappa à la porte. Laure consulta sa montre.

– C'est lui, dit-elle, joyeuse. Entre !

Le jeune homme de dix-sept ans parut dans l'encadrement. Brun, mince, les cheveux bouclés et sanglé dans un uniforme impeccable, sa mère le trouva magnifique. En intégrant le Prytanée, Alfred avait choisi de mettre ses pas dans ceux de son père et jamais il ne se plaignait de la discipline de fer. Son beau visage s'éclaira d'un grand sourire.

– Mère chérie, c'est si bon de vous revoir.

Après l'avoir embrassée avec effusion, Alfred se jeta dans les bras de sa sœur. L'œil maternel en profita pour évaluer la santé du garçon. L'établissement, réservé aux fils de soldats, tenait plus de la caserne que du pensionnat. La discipline voulue par Napoléon était sévère et les études poussées. La concurrence était rude, car les mieux notés intégreraient directement l'école de Saint-Cyr. Le regard infaillible nota qu'il avait encore grandi et qu'il était efflanqué comme un bâton.

– Apportez du chocolat chaud, des petits pains ! commanda la duchesse. Beaucoup de petits pains et aussi des confitures, du beurre.

Enfin, elle ajouta, tout heureuse :

– Et à table ! Je meurs de faim !

La matinée se passa en bavardages. Joséphine couvait son frère du regard. Dix ans les séparaient, et elle s'en était toujours occupée comme une seconde mère. À La Flèche, les sorties n'étaient accordées qu'au compte-gouttes et l'élève devait regagner son école avant six heures. Il n'y avait donc pas de temps à perdre. À l'heure du déjeuner, Laure emmena ses enfants dans un restaurant à la table réputée. Après une longue promenade, sa sœur et sa mère accompagnèrent Alfred jusqu'à la place où s'arrêtait le coucou qui le ramènerait à La Flèche. Malgré les protestations de son fils, Laure avait fait le plein de provisions de bouche afin que le pensionnaire ne manquât de rien.

– De quoi aurai-je l'air, en arrivant ainsi chargé ?

– L'air de ce que tu es, un pensionnaire affamé !

– Je vous assure que je me porte comme un charme, protesta-t-il.

– Eh bien, tu n'auras qu'à partager avec tes camarades, je suis certaine que tu feras des heureux !

Après un dernier baiser, un dernier signe, l'aspirant grimpa sur l'impériale pour s'asseoir près du cocher.

– Tu vas prendre froid, ne put s'empêcher de lui faire remarquer sa mère.

– À cet âge on n'a pas froid, intervint le cocher.

Après un dernier au revoir, la voiture s'éloigna en bringuebalant sur les pavés. Le cœur navré, Laure se consolait en pensant que la prochaine fois qu'elle le verrait ce serait aux vacances d'été pour un long séjour en famille.

Rentrée à l'hostellerie au bras de Joséphine, elle allait regagner son appartement quand on vint la prévenir qu'un monsieur l'attendait.

Laure n'eut pas à le chercher que déjà Honoré arrivait vers elle à grands pas, déjà il se penchait pour lui baiser la main, déjà il inclinait la tête à l'adresse de Joséphine.

– Mademoiselle.

– Monsieur.

Il se tourna vers la duchesse et ajouta, flatteur :

– Votre description, madame, était bien au-dessous du modèle.

Joséphine ayant obtenu de sa mère de regagner sa chambre, Laure sortit seule en compagnie de Balzac.

Depuis quelques minutes, ils allaient par les rues au hasard de leur promenade. L'un et l'autre se taisaient. La fin d'après-midi véhiculait un air léger qui annonçait le printemps. Les derniers rayons de soleil éclairaient les toits gris des maisons d'une lumière douce, et les quelques passants qu'ils croisaient semblaient, tout comme eux, apprécier ce moment de grâce.

Son fils reparti, Laure éprouvait du vague à l'âme et ce silence lui faisait du bien. Balzac, quant à lui, heureux d'avoir échappé à sa mère, goûtait pleinement le bonheur de mettre ses pas dans ceux de cette femme qu'il admirait.

– Allons par cette rue, suggéra-t-il, elle mène à un escalier qui nous permettra de rejoindre les berges de la Loire. Je connais un passage secret que j'empruntais autrefois.

La voix calme et apaisante la tira de ses pensées moroses.

– Vous paraissez bien connaître la ville ?

– J'y suis né et je ne me lasse pas de la beauté des paysages tourangeaux. Revenir au pays où j'ai grandi apaise mes doutes et donne une autre dimension à mes réflexions. Ici, les couchers de soleil sont plus majestueux qu'ailleurs, les arbres plus vigoureux, les chants des oiseaux plus mélodieux et les couleurs plus vibrantes. Pendant mes longues promenades j'aime découvrir, à un détour de chemin, un village, une église, un château. Par ici tout est douceur, poésie, et les gens y sont meilleurs. La vie s'écoule, lente, mesurée. Sentez comme l'air que nous respirons est pur.

– Et comment se passe votre séjour ?

– Bien, tant que je parviens à fuir le toit familial. Ma mère ne se montre jamais satisfaite, si je pars elle me houspille, si je reste elle me reproche de l'encombrer. Comme vous le voyez, elle ne change pas.

Laure cheminait, silencieuse, en se demandant comment Mme Balzac pouvait à ce point méconnaître son fils. Ne l'avait-elle jamais écouté ? jamais regardé ? Son front, ses yeux parlaient pour lui. Elle dit :

– Cela fait bientôt trois semaines que nous nous sommes vus pour la dernière fois, et pendant tout ce temps mon imagination a travaillé. Nous en étions restés au fameux soir où vous aviez avoué votre vocation à vos parents, et je me demande quelle a été leur réaction.

– À votre avis ?

– Plusieurs options me sont venues à l'esprit : la colère, le rejet et puis, peut-être enfin, la réflexion et l'approbation. Je suppose que devant une telle détermination, vos parents ont fini par accepter la situation.

– Le jour de cette altercation, ma mère s'en faisait davantage pour le qu'en-dira-t-on que pour son fils. Comme elle ne me croyait pas un quelconque talent d'écrivain, elle ne pensa qu'à une chose : sortir de toute cette affaire la tête haute. C'est ainsi qu'elle eut l'idée machiavélique de cacher le fils dissident.

– Vous êtes bien sévère !

– Je suis juste. Et la suite de mon récit vous le prouvera. Ma mère trouva à louer, rue Lesdiguières, une misérable mansarde, située au cinquième étage.

Balzac s'arrêta de marcher.

– Je ferme les yeux pour vous la décrire très exactement car jamais je ne l'oublierai. Il m'arrive encore d'en rêver. Un escalier sinistre, raide et malodorant conduisait à une porte faite de planches mal assemblées. Si on la poussait, on entrait en tâtonnant dans un réduit sombre, glacial en hiver, étouffant en été. Les murs jaunes, et sales, sentaient la misère. La toiture s'y abaissait régulièrement et les tuiles disjointes laissaient voir le ciel. Je vivais pauvrement. Je devais faire attention à tout et mon budget était si serré que je ne m'accordais aucun menu plaisir.

Le cœur navré, Laure écoutait le jeune homme qui avait repris sa marche, mais d'un pas lourd de souffrance.

Ils cheminaient le long des berges. Par endroits, les eaux claires de la Loire affleuraient. Elles semblaient se lover entre deux bandes herbeuses comme une couleuvre endormie. Face à eux, le soleil couchant lançait ses derniers feux et embrasait le paysage. Derrière eux, les ombres s'allongeaient à n'en plus finir.

– C'est beau, n'est-ce pas ?

– Votre chambre fut-elle au moins confortablement installée ?

– Je ne reçus de ma mère que le strict nécessaire. Pour tout mobilier, j'obtins un lit dur, une mauvaise table, deux chaises boiteuses, une armoire et une bibliothèque beaucoup trop petite pour contenir tous mes livres.

– Même si vous étiez porté par un élan créateur, dans cette mansarde le temps allait vous paraître bien long ?

– C'était très exactement ce que ma mère espérait. Elle avait choisi cette sordide mansarde avec l'intention de me détourner de ma vocation et de me ramener au plus vite sur le droit chemin. Elle me connaissait mal !

– Quel sujet aviez-vous décidé de traiter ?

À cette question, la duchesse vit le dos puissant de Balzac se voûter. Il lui répondit d'une voix sourde chargée de chagrin :

– Eh bien, madame, toute ma souffrance, ma vraie souffrance, venait de là. Je voulais devenir écrivain, mais je ne savais pas quel sujet traiter. J'avais lu surtout de la littérature classique. J'avais songé à un roman, à un récit du genre antique, à un volume de poésie, quand je me décidai enfin pour une tragédie : ce serait *Cromwell* !

» L'écriture de cette première œuvre fut une torture. Certains jours, je me croyais du génie. J'écrivais dans la fièvre et, après une nuit de lutte, me jetais sur mon lit tout habillé et, confiant, je me laissais gagner par le sommeil. Mais une fois éveillé, quand je relisais ma prose, je ne retrouvais pas le chef-d'œuvre imaginé et j'étais au désespoir. Je restais des heures prostré, le doute m'empoignait et rien n'était plus terrible. Ma vocation ne serait-elle qu'un leurre ? Il m'arrivait de songer au suicide.

Après un silence palpable, il murmura très bas, comme pour lui-même :

– Huit mois s'écoulèrent. Huit mois de travail acharné, de solitude, de privation, d'incertitude… Je finis par accoucher de ma première œuvre. Le verdict tomba : *Cromwell* n'était pas le chef-d'œuvre attendu ! *Cromwell* était tout juste bon pour les oubliettes ! En un mot, mon travail ne valait rien ! Je n'étais pas fait pour la tragédie.

– Mais à qui l'aviez-vous donné à lire ?

– Voilà, dit-il, en remontant par ici nous regagnerons le centre de la ville.

Ils quittèrent le fleuve murmurant et prirent une ruelle étroite. Il offrit son bras et entama la montée.

– La première lecture eut lieu parmi les miens. Jusqu'à la veille j'avais corrigé, raturé. Devant l'auditoire, je commençai la lecture ; au début, avec un certain enthousiasme. Au fur et à mesure, remarquant le peu d'impression que je produisais, mon ardeur se refroidit. Le dernier vers s'acheva dans un silence glacial. Ne pouvant me résoudre à un tel échec, je priai mon père de me choisir un arbitre, un homme versé dans les lettres et qui donnerait un avis éclairé. Surville proposa son ancien professeur de Polytechnique. On lui fit porter le manuscrit et le verdict tomba : « Que l'auteur de cette tragédie fasse quoi que ce soit, excepté de la littérature. »

» Je reçus la sentence en pleine poitrine. Ce fut comme un arrêt de mort, une lame plantée en plein cœur. Je n'avais plus à lutter, je deviendrais notaire comme ma famille le souhaitait et, à mes heures perdues, je me piquerais de littérature ! La solution était trouvée, mais que faisait-on de mon inspiration ? Que faisait-on de ma vocation ? Je n'étais pas comme tout le monde. Au plus profond de moi, je me sentais un destin, une mission.

Balzac se tenait debout au milieu de la rue, le regard perdu. Pantin chancelant, il reprit sa marche. La montée était rude et il avançait tel un cheval de trait, le pas uni, ne pensant plus qu'à trouver son souffle.

Le plat revint, les rues s'élargirent. Comme ils passaient devant l'église, sept coups sonnèrent. Laure sursauta.

– Ma fille va se demander ce que je suis devenue.

– Aussi est-il temps pour moi de vous laisser.

– Mais pourquoi ne pas rester souper avec nous ?

Dans la suite de la duchesse

La duchesse fit servir le repas dans sa suite, sur une des tables du salon et face au feu. Ce fut un moment agréable, presque léger. Au fur et à mesure de la conversation, Joséphine se dérida et bientôt fut sous le charme du jeune homme. Après un moment, elle demanda à sa mère la permission de se retirer.

– À quelle heure passe la dernière diligence ? s'enquit Laure une fois seule avec son invité.

– Je rentrerai à pied.

– À pied ? se récria-t-elle, mais vous n'y pensez pas, la nuit les chemins sont peu sûrs.

– Il fait beau, c'est la pleine lune et je connais des raccourcis qui ne sont jamais empruntés, affirma-t-il. La nuit est propice à la réflexion et le temps me paraîtra moins long si vos pensées m'accompagnent.

– Alors, monsieur, comptez sur moi pour vous mettre à la porte d'ici une heure, demain je reprends la route à l'aube.

– Dans quelques jours, je vais devoir regagner Paris pour un temps que je ne maîtrise pas. Je vous demande en grâce, madame, et comme cadeau d'adieu de me parler de vous.

– Vous voulez dire de l'Empereur ?

– Non, madame, de vous. Et si par bonheur votre chemin croisait celui de l'Empereur, je serais l'homme le plus heureux.

– Bravo, le compliment est bien tourné. Je ferai donc semblant de croire à ce mensonge.

Laure jeta un regard plein de malice vers son interlocuteur :

– Et si je vous révélais un secret connu de moi seule, cela vous conviendrait-il ?

Il s'avança vivement sur le bord de son fauteuil.

– C'est cela, un secret… dans votre position, il y en a eu certainement de savoureux.

– Il y en a un, en effet, qui faillit mettre mon mariage en péril car, à l'époque qui nous intéresse, j'étais jeune mariée et encore peu expérimentée quant aux codes de bonne conduite. Cela se passa à la Malmaison.

– Dites, je suis impatient.

– C'était l'été. Mme Bonaparte s'était rendue à Plombières prendre les eaux. Sa fille était demeurée à la Malmaison pour en faire les honneurs. C'était alors une maison simple, mais pleine de charme, la vie y était agréable. Un matin, je dormais profondément, quand je fus réveillée par un coup très violent frappé près de moi, et tout aussitôt, j'aperçus le Premier consul à proximité de mon lit ! Je crus rêver et me frottai les yeux. Il se mit à rire. « C'est bien moi, dit-il. Pourquoi cet air étonné ? »

Une minute avait suffi pour m'éveiller entièrement. Je pris ma montre : il n'était pas cinq heures. « Vraiment, fit-il quand je la lui présentai, il n'est que cette heure-là ? Eh bien, tant mieux, nous allons causer. » Et, prenant un fauteuil, il le plaça au pied de mon lit, s'y assit, croisa ses jambes et s'établit là comme il le faisait cinq ans avant dans la bergère du salon de ma mère. Il tenait à la main un énorme paquet de lettres sur lequel était écrit en gros caractères : *Au Premier consul ; à lui-même ; à lui seul en personne.*

» Il ouvrit tout son courrier. Il était enfin arrivé à la dernière enveloppe. Toutes celles qu'il avait enlevées sentaient l'essence de rose à n'y pas résister. J'avais attrapé une de ces enveloppes et je regardais l'écriture, qui était assez jolie, lorsque le Premier consul se mit à rire. C'était toujours assez extraordinaire chez lui. « C'est une déclaration, dit-il. C'est une belle dame qui m'aime. Si je veux la voir, je n'ai qu'à donner des ordres au factionnaire de la grille du côté de Bougival, pour qu'il laisse passer une femme vêtue de blanc, qui dira : Napoléon ! Et cela – il regarda la date –, ma foi, dès ce soir ! – Mon Dieu, m'écriai-je, vous n'irez pas faire une pareille imprudence ? – Je disais cela pour plaisanter ; croyez-vous donc que je sois assez simple, assez bête pour mordre à pareil appât ? Imaginez que tous les jours je reçois des lettres de ce genre-là, avec des rendez-vous indiqués tantôt ici, tantôt aux Tuileries, tantôt au Luxembourg. Mais la seule réponse que je fasse à ces belles missives, et la seule qu'elles méritent, c'est celle-ci. »

» Et, allant de nouveau à la table, il écrivit quelques mots. C'était un renvoi au ministre de la police. « Diable !

Voilà six heures, s'exclama-t-il en entendant sonner une pendule. Adieu, madame Junot. » Et, s'approchant de mon lit, il ramassa tous ses papiers, me pinça le pied à travers la couverture et, me souriant avec cette grâce qui éclairait toute sa figure, il s'en alla en chantant d'une voix fausse :

Non, non, z'il est impossible
D'avoir un plus bel enfant...

» C'était son air favori mais, chose particulière, dès le premier jour où il a chanté cette chanson, il a dit « z'il est impossible » et personne n'a pu lui en faire perdre l'habitude.

» Le lendemain matin, je fus réveillée comme la veille par le Premier consul. Après avoir parcouru quelques journaux et quelques lettres, il me pinça encore le pied à travers la couverture, me dit bonjour et descendit dans son cabinet en marmottant quelques fausses notes.

» J'étais bien déterminée à ce que ces visites du matin ne se renouvelassent pas. Si pour ma part je n'y voyais aucun mal, le monde m'était assez connu pour juger l'effet qu'elles pourraient produire. J'appelai ma femme de chambre. Je lui dis, sans aucune explication, que je lui défendais d'ouvrir lorsqu'on frapperait de si bonne heure chez moi.

» Vers six heures, j'entendis les pas du Premier consul dans le corridor. Il s'arrêta à la porte et frappa. Il attendit un moment, puis frappa encore... Lorsque le bruit de ses pas se perdit dans l'escalier qui menait à son cabinet, je respirai comme si le plus lourd des fardeaux avait été enlevé de ma poitrine, puis je me mis à pleurer. Je me recouchai et dormais profondément lorsque ma porte s'ouvrit avec assez de force sur le Premier consul. « Craignez-vous donc que l'on vous assassine ? me dit-il avec aigreur. C'est demain notre chasse au Butard, vous ne l'aviez pas oublié depuis hier soir, n'est-ce pas ? Nous partirons de bonne heure et, pour que vous soyez prête, je viendrai moi-même vous éveiller. Et comme vous n'êtes pas ici au milieu d'une horde de Tartares, ne vous barricadez pas comme vous l'avez fait. Au reste, vous voyez que votre précaution contre un vieil ami ne l'a pas empêché d'arriver jusqu'à vous. Adieu. »

» Et il s'en alla, mais cette fois sans chanter.

» Il était neuf heures, l'heure où toutes les femmes de chambre allaient et venaient dans la maison pour le service de leur maîtresse et il était impossible que l'une d'elles au moins ne l'eût pas vu entrer ou sortir, et c'en était assez pour que tout le château en fût informé.

» J'appelai ma femme de chambre afin de savoir par quel moyen il était entré dans ma chambre. Elle me dit que le Premier consul avait ouvert avec un passe-partout. Je retombai, anéantie. Je savais Junot jaloux et je craignais que ces visites matinales ne s'ébruitent. J'étais prise dans de profondes réflexions, quand je sentis deux bras me presser doucement et une voix bien connue me dire : « Qu'as-tu donc, ma Laure ? – Je veux m'en aller, dis-je à Junot. Je veux retourner à Paris, ce soir même ! – Ce soir même, mais tu n'y songes pas ! » Je n'insistai pas, mon plan était fait.

» Junot resta pour dîner, le Premier consul le lui ayant fait dire par l'aide de camp de service. Lorsqu'on se réunit dans la salle à manger, Napoléon était fort gai ; l'après-dîner se passa comme à l'ordinaire. On joua au billard. Je fis une partie d'échecs avec le Premier consul. Enfin, on se sépara, les uns pour aller se coucher, les autres pour retourner à Paris. Junot devait repartir avec Bessières mais, prétextant que j'avais une lettre à lui donner pour ma mère, je l'en empêchai. Nous regagnâmes ma chambre, et lorsque nous y fûmes, tous les moyens furent bons pour le garder près de moi. « Heureusement que je ne crains plus les arrêts. Mais tu me feras gronder », me dit-il, et il s'endormit.

» La demie de cinq heures venait de sonner lorsque j'entendis le bruit des pas du Premier consul retentir au bout de notre long corridor. Encore une minute, et il était à ma porte ! Elle s'ouvrit avec bruit. « Comment ! Encore endormie, madame Junot ! Un jour de chasse ! »

» Tout en parlant, le Premier consul s'était approché du lit, il avait soulevé le rideau et demeurait immobile à la vue de mon mari.

» De son côté, Junot, à peine éveillé, appuyé sur un de ses coudes, le regardait d'un air étonné. Il dit d'une humeur joyeuse : « Eh ! Mon Dieu, mon général, que venez-vous donc faire chez nos femmes à cette heure-ci ? » Après m'avoir lancé un long regard, Napoléon répondit : « Je venais réveiller Mme Junot pour la chasse. Mais je vois qu'elle a un réveille-matin beaucoup plus matinal encore que moi. Je pourrais gronder, car enfin, monsieur Junot, vous êtes ici en contrebande. – Mon général, répondit Junot, si jamais faute fut digne de pardon, c'est bien la mienne. Si vous aviez vu cette petite sirène-là, hier soir, employer toute sa magie pendant plus d'une heure pour me séduire, je crois que vous me pardonneriez. – Aussi, je t'absous, et entièrement. C'est Mme Junot qui sera punie. » Et il se mit à rire de ce rire qui ne rit pas. « Pour te prouver que je ne suis pas fâché, ajouta-t-il, je te permets de venir à la chasse avec nous. Es-tu à cheval ? – Non, mon général, je suis venu en voiture. – Eh bien, Jardin te donnera un cheval, et je te permets de me gronder tout à ton aise. »

– Et pourquoi Napoléon permettait-il à Junot de le gronder ?

– Parce que le Premier consul, comparé à Junot qui avait passé toute sa jeunesse en Bourgogne sur les terres familiales, était un bien piètre chasseur.

» Lorsque tout le monde fut prêt et réuni sur le pont de pierre, on fit venir plusieurs calèches et des chevaux de main. Une petite calèche à la Daumont s'avança, le Premier consul s'y plaça et, me faisant signe de la main : « Madame Junot, voulez-vous m'honorer de votre compagnie ? »

» Il y avait, dans le sourire qui accompagnait ces mots forts simples, une expression qui ne me plaisait pas. Je montai sans répondre. Lorsque nous fûmes à quelque distance du château, le Premier consul se tourna de mon côté et, croisant les bras, il me dit : « Vous vous croyez beaucoup d'esprit ? – Je ne me crois pas un esprit au-dessus de la portée ordinaire, mais je pense que je ne suis pas une imbécile. – Une imbécile, non, mais une sotte. » Je gardai le silence. « Pouvez-vous m'expliquer pour quelle raison vous avez fait rester votre mari ? Vous saviez que je l'avais défendu et vous savez aussi que mes ordres doivent être exécutés. – Ces ordres ne me regardent pas. Lorsque les consuls auront signifié leurs volontés pour le degré d'intimité qui doit régner entre deux personnes mariées ensemble, et le nombre de jours et d'heures qu'elles doivent accorder à leur entrevue, alors je verrai à m'y soumettre. Jusque-là, général, mon bon plaisir sera ma seule loi. »

– Madame, est-ce bien ainsi que vous vous adressiez à celui qui allait faire trembler le monde ?

– J'avais dix-sept ans et toute la fougue de mon jeune âge. Je me sentais dans mon bon droit… Il est vrai, je vous le concède, que je devenais impolie, mais j'étais en colère. Probablement que cette manière d'être de ma part lui donna de l'humeur aussi, car il répondit avec aigreur et une sorte d'ironie : « Vous n'avez pas eu d'autre raison que votre *amour* pour votre mari en le faisant rester ? – Non, mon général. – Vous en avez menti. – Général ! – Oui, vous en avez menti, reprit-il avec une voix altérée. J'ai deviné la raison qui a provoqué cette démarche. Vous avez eu de moi une méfiance… que vous ne devez pas avoir. Ah ! vous ne répondez pas, dit-il d'un air triomphant. – Et si j'avais eu en cela un autre motif que la méfiance dont vous parlez, général, si je m'étais aperçue que vos visites à une telle heure dans la chambre d'une jeune femme de mon âge pourraient me compromettre étrangement aux yeux des personnes qui habitent cette maison avec moi, et que j'eusse pris ce moyen pour les faire cesser ? »

» Jamais je n'oublierai l'expression de la physionomie de Napoléon à ce moment. Il y eut une rapide succession de sentiments, dont aucun n'était mauvais. « Si cela est vrai, dit-il enfin, pourquoi ne pas m'avoir parlé à moi-même de ce qui vous troublait ? Ne vous ai-je pas montré assez d'amitié, méchante enfant, pour que vous ayez confiance en moi ? – Voilà mon tort peut-être. J'aurais dû songer que vous m'avez connue petite fille, général, que mes parents vous aimaient, que vous étiez vous-même tendrement attaché à ma mère – il regarda de l'autre côté de la route – et que, surtout et avant tout, il y avait une raison, c'est que je suis la femme de Junot, de l'homme qui vous aime le plus au monde. – Qui vous parle d'affliger Junot ? Pourquoi ne m'avoir pas parlé à moi ? – Et le moyen de le faire ! Lorsque hier matin vous employiez un moyen qui serait appelé indigne pour entrer chez moi, après que ma manière d'agir a dû vous montrer, général, que les visites du matin que vous aviez la bonté de me faire étaient compromettantes… »

» Napoléon ne répondit rien et fit jouer ses doigts sur le bord de la calèche. Enfin, se tournant vers moi : « Vous ne voulez donc pas croire que je ne vous voulais aucun mal ? – Moi, général ! Je suis au contraire si convaincue que vous n'aviez aucune mauvaise intention que je puis vous assurer que mon attachement pour vous n'en éprouve nulle atteinte. Et voilà une main pour gage de mes paroles. »

Laure prit un air désolé :

– Je ne puis rendre, non, je ne puis expliquer ni exprimer son mouvement de front, son regard et son demi-sourire, secouant négativement la tête, en refusant ma main. Je fus blessée de ce refus. « Ainsi, lui dis-je, nous sommes brouillés. » Il demeura une minute les yeux attachés sur la route, puis, se tournant tout à coup vers moi, après l'avoir dégantée, il me tendit sa main qu'il avait belle et fort petite, mais je sentais bien de l'aigreur derrière toutes ses paroles.

– Cette anecdote souligne néanmoins un caractère où l'honnêteté est indéniable…

– L'honnêteté, mais aussi un entêtement hors de propos ! s'exclama Laure pour qui le souvenir de ce moment restait cuisant. Jamais, au grand jamais je n'ai eu de doute sur les intentions du Premier consul, je n'étais pas une sotte. Mais je n'avais que dix-sept ans, au château chacun épiait l'autre et je redoutais les mauvaises langues. Je me sentais seule, sans expérience… Mon unique regret est de n'avoir pas confié mon désarroi au Premier consul, et c'est bien cela qui l'a piqué.

– Quand l'avez-vous revu ?

– Un an après, je fus un jour dîner à la Malmaison. Au moment de partir, il éclata un orage tellement terrible que les arbres du parc rompaient sous la violence du vent. Mme Bonaparte me dit qu'elle ne voulait pas que je partisse par ce temps et qu'on allait me préparer ma chambre. Je la remerciai et lui dis que l'on m'attendait chez moi. « Je ne vous laisserai pas partir au milieu d'une telle tempête, madame Junot », assura Mme Bonaparte. Je l'arrêtai en lui donnant pour raison que je n'avais pas de linge, pas de femme de chambre. « On vous donnera un de mes bonnets de nuit, une de mes camisoles, vous aurez tout ce qui vous est nécessaire. Une de mes femmes sera à vos ordres. Allons, restez, c'est entendu, n'est-ce pas ? Comment, d'ailleurs, vous en iriez-vous à cette heure, seule, au milieu des bois ? Vous prendriez des risques. Savez-vous que ceux de Bougival ne sont pas sûrs ? – Je ne crains rien du tout, madame, j'ai quatre hommes avec moi, et je vous assure... » Pendant que je me débattais ainsi, le Premier consul était occupé à tourmenter un malheureux tison dans la cheminée et ne se mêlait pas du tout de la conversation. Seulement, de ma place, je le distinguais parfaitement, je le voyais sourire, sans aucune expression méchante. Enfin, sans se retourner il intervint : « Ne la tourmente pas davantage, Joséphine ; je la connais, elle ne restera pas. »

Cette fois, un franc sourire éclaira le visage de Laure :

– Il m'avait bien devinée !

– Et, ma foi, vous vous êtes adroitement sortie de toute cette affaire... Cela montre que le grand homme savait apprécier les femmes de caractère.

– Vous savez, ma mère était bien plus terrible que moi. Elle pouvait se montrer dans la vie la femme la plus douce comme la plus intransigeante au regard des principes. Elle aimait Napoléon comme un fils, et j'ai toujours pensé que sa demande l'avait froissée.

– Quelle demande ?

– Cela ne regarde que Napoléon, ma mère et moi, dit Laure non sans un brin de malignité.

La soirée s'était écoulée, douce et tranquille. Plus aucun bruit ne remontait du bas. Laure regarda sa montre.

– Bientôt onze heures ! Il serait temps, mon cher Honoré, que vous repreniez la route. Je n'aimerais pas qu'il vous arrive malheur.

– Les routes sont plus sûres au petit matin, quand tout le monde dort. Madame, faites-moi la grâce de me révéler ce dernier secret et je m'en irai, je vous le promets. Songez qu'il alimentera mes rêveries au clair de lune. Ainsi le chemin me paraîtra moins long.

– Vous êtes insatiable !

– Si vous êtes fatiguée je me retire sur-le-champ.

– Fatiguée, non point !

– Alors, madame, ce secret ?

– Un peu de patience, monsieur, les secrets se méritent. Et aborder ce sujet nous ramène fatalement à cette époque où Napoléon n'était pas encore le grand homme que nous connaîtrons plus tard. Ma mère fut longtemps inconsolable de la perte de son époux. Ces remarques sur les sentiments qu'elle portait à feu notre père auront leur importance pour ce qui va suivre.

» Un grand changement s'était opéré en Bonaparte. Le jeune général n'allait plus que dans un bel équipage, habitait une maison confortable, rue des Capucines. Enfin, il était devenu un personnage important, malgré cela il n'oubliait pas ses amis et venait tous les jours nous voir avec la même amitié, le même naturel.

» La famine régnait à Paris, plus que partout ailleurs. La misère était affreuse. Bonaparte nous fut alors d'un grand secours. Il nous envoyait tous les jours de beaux pains de munition.

» La maison que nous habitions alors était située rue de la Chaussée-d'Antin, c'était le petit hôtel d'un ancien fermier général. Malgré ma jeunesse, mon frère me parla d'une chose qu'il fallait enfin aborder. C'était notre position : notre père n'avait rien laissé ! Et des placements en Angleterre, il n'existait aucun papier, aucune trace, rien.

» Nous décidâmes de cacher à ma mère, du moins pour quelque temps, le malheur affreux qui bouleversait notre existence. « Bonaparte nous aime, me dit mon frère, il me fera avoir une place. Tout ce que je gagnerai sera pour notre mère et pour toi. Mais à présent, cachons à notre mère ce qui est arrivé, elle n'a pas besoin de nouvelles peines. »

– Votre frère vous a toujours protégée.

– Toute sa vie, il a fait en sorte de m'aider. Je lui dois beaucoup, et je ne l'oublie pas. Le deuil de ma mère était profond. Sa santé était en danger. Le docteur lui dit que, sans aller dans le monde, il fallait qu'elle prît de la distraction. En conséquence, elle loua une loge à Feydeau. Elle allait y passer une ou deux heures tous les soirs. Bonaparte ne manquait jamais d'y venir, et c'est alors qu'il eut avec ma mère un entretien bien étrange, si étrange même que moi-même je ne puis aujourd'hui m'empêcher de sourire en y pensant.

Balzac, comprenant qu'il allait percer un secret, se pencha un peu plus avant afin de ne pas perdre un mot des confidences.

– Encore un peu, monsieur, et on se croirait au confessionnal.

Voyant le ridicule de la situation, Balzac se redressa et éclata de son gros rire.

– Madame, je vous en prie, ne vous interrompez pas.

– Bonaparte dit à ma mère qu'il voulait faire un mariage qui unirait les deux familles. « C'est ajouta-t-il, celui de ma sœur Paulette et de votre fils Albert. Permon a quelque fortune. (Personne, à part mon frère et moi, ne savait que nous n'avions rien trouvé à la mort de mon père.) Ma sœur n'a rien, mais je suis en position de beaucoup obtenir pour les miens, et je puis faire avoir une belle place à son mari. Cette alliance me rendrait heureux. Vous savez combien ma sœur est jolie ! Ma mère est votre amie. Allons, dites oui et ce sera une affaire arrangée. » Prudente, ma mère répondit que mon frère était parfaitement le maître de sa destinée et que tout dépendait de lui. Napoléon ajouta à cette demande le projet de doubler l'alliance et de me marier avec Louis ou Jérôme. « Jérôme est plus jeune que Laurette, fit remarquer ma mère en riant. En vérité, mon cher Napoléon, vous faites le grand prêtre aujourd'hui ; vous mariez tout le monde, même les enfants. » Bonaparte souriait, mais d'un air embarrassé. Il convint que le matin, en se levant, il avait soufflé sur lui un vent de mariage et, pour le prouver, il ajouta, en baisant la main de ma mère…

La duchesse marqua un temps en vue de produire son effet. Elle vit, non sans déplaisir, que Balzac était pendu à ses lèvres, alors elle lâcha les mots un à un comme des perles qu'elle aurait à enfiler :

– Il ajouta qu'il avait décidé de lui demander de commencer l'union des deux familles… par un mariage entre lui et elle, aussitôt que les convenances de deuil le permettraient. »

Stupéfait, Balzac regardait la duchesse sans paraître comprendre. Il murmura, incrédule :

– Ai-je bien compris ? Cette déclaration était une demande en mariage de Napoléon à Mme veuve Permon, votre mère ?

– Vous avez bien entendu.

Balzac se leva.

– C'est extraordinaire ! Prodigieux ! Si cela avait été, vous seriez aujourd'hui la belle-fille de l'Empereur. Et c'est parce que votre mère lui a refusé sa main qu'elle s'est brouillée avec lui ?

– À cette demande pour le moins inattendue, ma mère regarda Bonaparte pendant quelques secondes, avec un étonnement proche de la stupéfaction ; puis elle se mit à rire avec un tel abandon que nous l'entendions de la pièce voisine, où j'étais avec mon frère.

Bonaparte fut très choqué de la réaction de ma mère. « Mon cher Napoléon, lui dit-elle lorsqu'elle reprit son sérieux, vous croyez connaître mon âge ? Eh bien ! Vous ne le connaissez pas. Je ne vous le dirai pas, parce que c'est ma petite faiblesse. » Bonaparte lui dit que l'âge de la femme qu'il épouserait lui était indifférent, et il ajouta : « Je veux me marier. On veut me donner une femme charmante, bonne, agréable, et qui tient au faubourg Saint-Germain. Mes amis de Paris veulent ce mariage. Nos anciens amis m'en éloignent. Moi, je veux me marier, et ce que je vous propose me convient sous beaucoup de rapports. Réfléchissez. »

– Était-ce déjà de Mme de Beauharnais dont il s'agissait ?

Laure se contenta de sourire.

– Bonaparte était comme un deuxième fils pour ma mère, et elle ne prit pas cette conversation au sérieux. Elle répliqua, d'un ton léger, que ses réflexions étaient toutes faites ; qu'au surplus, pour ce qui regardait mon frère, elle lui en parlerait. Elle lui tendit la main, lui répéta sur le même ton que, bien qu'elle eût des prétentions, elle n'irait pas jusqu'à conquérir un cœur de vingt-six ans, et qu'elle espérait que leur bonne amitié ne serait pas troublée par cette petite affaire. « Mais réfléchissez, au moins ! dit Bonaparte. – Eh bien, je réfléchirai », répondit ma mère en riant de plus belle.

– Quel homme ne serait pas vexé par un refus si catégorique ?

– Nous fûmes plusieurs jours sans voir Napoléon ; puis il vint un soir où il savait que nous étions au spectacle ; enfin il ne vint plus du tout. Nous apprîmes un peu plus tard par son oncle Fesch qu'il allait épouser Mme de Beauharnais et, bientôt après, qu'il était nommé au commandement en chef de l'armée d'Italie.

– Vous ne le revîtes plus, risqua Balzac.

– Nous le revîmes une fois, avant son départ.

– Et votre frère, dans tout cela ?

– Albert, pour des raisons personnelles, avait décliné l'offre de s'unir à Pauline.

– Alors, il est aisé d'imaginer que ces refus de mariage froissèrent Bonaparte.

– Assurément, mais il n'y eut pas que cela. Le mariage était une affaire qui s'était traitée à huis clos entre ma mère et lui, il aurait oublié avec le temps. Ma mère, dont le sang était vif, avait commis la faute impardonnable de froisser l'orgueil de Napoléon en le traitant comme un écolier devant des officiers qu'il connaissait à peine. Là était pleinement l'erreur, ma mère ne le comprit qu'après coup.

– Cependant, vous avez dit, duchesse, que vous aviez revu Napoléon avant son départ pour l'Italie.

– Dans une fatale circonstance.

Laure sembla chercher ses mots, elle prit une longue respiration et se lança :

– Durant notre séjour à Toulouse, ma sœur Cécile avait épousé M. de Geouffre, un militaire promis à un bel avenir. Peu après la mort de mon père, nous apprîmes que ma sœur était heureusement accouchée d'un beau garçon, et quelques jours plus tard que ma pauvre sœur était morte. Dès le lendemain du jour où il apprit la nouvelle, Bonaparte vint voir ma mère. Il lui parla avec l'accent de la plus sincère amitié. Ma mère était si profondément accablée qu'à peine put-elle prendre sur elle pour le recevoir. Il partit ensuite. Il était déjà marié avec Mme de Beauharnais.

Laure se tut, une ombre douloureuse voila son regard. Balzac se pencha. Il prit la main abandonnée sur les genoux et la pressa entre les siennes.

– Pardonnez ma maladresse.

– Il faut avoir perdu, d'une manière aussi inattendue, des êtres qu'on chérissait pour comprendre notre désespoir. Rien ne saurait le décrire ni l'exprimer. Aujourd'hui encore, plusieurs dizaines d'années plus tard…

Laure sourit et, avec une lenteur calculée, fit glisser sa main de dessous celle du jeune homme. Puis elle joua ostensiblement avec ses doigts.

– Monsieur, mes mains, quoique encore belles, sont celles d'une femme de quarante ans qui a vu bien des malheurs, mais qui a aussi vécu des moments hors du commun ; elles ont été admirées et baisées par des hommes célèbres dans l'Europe entière. Les vôtres, mon cher, sont remarquables. Elles sont celles d'un intellectuel, mais d'un homme encore jeune qui a encore beaucoup à apprendre de la vie. Nous ne sommes pas de la même génération, tout nous sépare…

– Tout nous rapproche, au contraire ! Depuis que je vous connais, je ne cesse de vous admirer. Sous vos airs de grande dame, je sens votre cœur encore capable de s'émouvoir. Vous aimez la vie, plus que Mlle Joséphine dont je subodore un déchirement intérieur.

Laure sursauta.

– Comment avez-vous deviné ?

– Les jeunes filles se ressemblent toutes, elles rêvent leur vie et fuient la réalité.

– À ce propos, j'aurais une question à vous poser, si vous me promettez de garder le secret.

– Vous pouvez compter sur ma discrétion.

Laure posa son doigt sur ses lèvres et du regard montra la porte de la chambre où reposait Joséphine.

– Gaspard de Pons, ce nom vous dit-il quelque chose ? chuchota-t-elle.

Imitant la maîtresse des lieux, Balzac baissa le ton :

– Cet officier de carrière écrit des vers fort bien tournés et il aiguise sa plume dans certains journaux. Il est l'ami d'enfance de M. Hugo et de M. de Vigny… Si je ne le connais pas intimement, il m'est arrivé cependant de le rencontrer.

– Et l'homme, comment présente-t-il ? questionna Laure, qui brûlait d'en savoir plus.

– Il est, ma foi, fort bien de sa personne. Y aurait-il des projets de mariage ?

– Oh, des bruits, juste des bruits ! Rien de vraiment sérieux.

Comme une lueur d'intérêt venait d'éclairer le regard de Balzac, Laure supplia :

– Mon ami, je vous en prie, ne dites mot de cette conversation, elle doit rester secrète. Moi-même, je n'en sais pas plus, et ce que vous venez de me dire me rassure.

Si seulement cet homme pouvait éviter à ma fille de faire une folie !

– Une folie ?

– Je vous en ai déjà trop dit, promettez-moi le silence le plus absolu.

– Le plus absolu, c'est juré !

Balzac se leva, se pencha pour baiser la main que cette fois la duchesse lui avait tendue de bonne grâce. Il prit congé, descendit l'escalier de l'auberge.

En bas, il s'empara de ses effets et, d'un pas rapide, disparut dans la nuit.

– Mère ! Mère, vous êtes ici ?

Une voix fraîche appelait du hall d'entrée.

– Constance, c'est toi ? Je suis dans le salon…

La porte s'ouvrit.

– Pardonnez-moi, mère, j'ignorais que vous étiez en compagnie… Monsieur, dit-elle confuse, en faisant un gracieux signe de tête à l'adresse de l'invité de sa mère.

– Puisque te voilà, demande que l'on serve le goûter et commande du bois, le feu se meurt. Ensuite, viens, que je te présente !

Laure avait retrouvé toute sa légèreté.

– Je vais vous présenter ma deuxième fille, annonça-t-elle dans un large sourire.

Constance traversa le salon d'un pas alerte, les cheveux châtain foncé, le teint clair, la taille fine et légèrement plus élevée que ne l'avait la duchesse, elle alla embrasser sa mère, puis elle fit une révérence à l'invité.

Balzac répondit par un salut de la tête, et son œil expert remarqua que si Constance était moins jolie que

Joséphine, elle avait plus de piquant dans les manières et de vivacité dans le regard.

– Monsieur, je suis heureuse de vous rencontrer. Ma sœur m'a dit qu'elle avait fait votre connaissance lors de son déplacement à Tours, et j'étais impatiente de vous connaître.

Julie entra et disposa sur une table d'appoint une nappe, des tasses de la plus belle porcelaine, ainsi qu'une très belle argenterie, tandis qu'Auguste chargeait l'âtre de bûches.

– Mère, j'ai fait mettre une tasse de plus pour Joséphine, qui ne devrait pas tarder à nous rejoindre.

En effet, quelques minutes plus tard la blonde et réservée jeune fille se présenta à la porte du salon.

– Mademoiselle, dit Balzac, je suis heureux d'avoir l'occasion de vous féliciter, la duchesse d'Abrantès m'a fait part de vos fiançailles et de votre mariage en juillet prochain. Le comte de Pons est un homme fort respecté dans le milieu des lettres, et je serai heureux d'être de ses amis.

Pour toute réponse elle sourit, fit une révérence marquée à l'adresse de l'invité, puis alla aider sa sœur à faire le service.

– Monsieur Balzac est écrivain.

– Écrivain… en vrai ! s'exclama Constance.

– Il a besoin pour ses travaux à venir de mon témoignage sur Napoléon, sur la famille Bonaparte, mais aussi sur les dessous politiques d'une époque où j'ai tenu, avec votre père, un rôle important dans la société.

– Maman, si vous en profitiez pour parler de notre père, dit Constance qui, aussitôt, se reprochant son intervention, s'en excusa : Mais certainement avez-vous, monsieur, d'autres sujets…

– Au contraire, mademoiselle, cela me serait très agréable. Le duc d'Abrantès est une haute figure de l'époque napoléonienne et je nourris une admiration sans bornes pour ces hommes qui ont combattu au côté de l'Empereur. Leur bravoure restera à jamais gravée au fronton de l'histoire. C'est un sujet que nous n'avons pas encore abordé.

– Alors, mère chérie, parlez-nous de notre père, renchérit Joséphine.

– Soit ! Trois contre un, dit gaiement Laure, je rends les armes !

» La première fois que Mme de Permon aperçut celui qui allait devenir son gendre fut à l'occasion d'une présentation que fit Bonaparte. Parmi les jeunes officiers que le général Bonaparte avait présentés à ma mère, elle en avait distingué un, tant à cause de ses manières franches sans rudesse et de son air ouvert qu'en raison de l'extrême attachement qu'il témoignait envers son général. Cet attachement tenait de la passion.

– Et c'était bien sûr mon père, le général Junot ! intervint Constance avec un orgueil non dissimulé.

La duchesse, reprenant sa pose préférée, appuya les coudes sur les accoudoirs et joua avec ses doigts.

– Ses qualités firent que votre grand-mère lui voua dès ce moment la plus sincère amitié. J'étais bien enfant alors, et je ne me doutais pas que ce beau soldat reviendrait, trois ans plus tard, demander la main de cette petite fille à laquelle il faisait à peine attention. Ses parents étaient des bourgeois originaires de la Côte-d'Or ; sa famille avait de l'aisance. Junot se destinait au barreau. Il étudia pour être avocat et fit ce qu'on appelait alors de bonnes études. Au collège de Châtillon-sur-Seine, il connut Marmont. C'est là qu'ils se lièrent d'une amitié que rien n'altéra jamais. Junot avait une belle âme ; il ignorait le mensonge et était doué de générosité et de noblesse de caractère. Il avait à peine vingt ans quand il entra dans ce fameux bataillon des volontaires de la Côte-d'Or. Après la reddition de Longwy, le bataillon fut dirigé sur Toulon, qu'il s'agissait de reprendre aux Anglais. Et c'est là que l'histoire commence. Étant un jour au poste de la batterie des sans-culottes, un commandant d'artillerie, venu de Paris pour diriger les opérations du siège, demande à l'officier un homme qui eût en même temps audace et intelligence. Le lieutenant appelle aussitôt la Tempête, et Junot, que l'on surnommait ainsi, se présente. Le commandant fixe sur lui cet œil qui semblait déjà connaître les hommes. « Tu vas quitter ton habit et tu iras là porter cet ordre. – Je ne suis pas un espion, cherchez un autre que moi pour exécuter votre ordre. – Tu refuses d'obéir ? lui dit l'officier supérieur d'un ton sévère ; sais-tu bien à quoi tu t'exposes ? – Je suis prêt à obéir, rétorque Junot, mais j'irai là où vous m'envoyez avec mon uniforme, ou je n'irai pas. C'est encore bien de l'honneur pour ces... Anglais. » Le commandant sourit en le regardant attentivement. « Mais ils te tueront ! – Que vous importe ? Vous ne me connaissez pas assez pour que cela vous fasse de la peine, et quant à moi, ça m'est égal... Allons, je pars comme je suis, n'est-ce pas ? » Et il partit en chantant. « Comment s'appelle ce jeune homme ? demanda l'officier supérieur après son départ. – Junot. – Eh bien, il fera son chemin. » Alors le commandant inscrivit son nom sur ses tablettes.

– Et le commandant d'artillerie n'était autre que Napoléon, intervint Balzac, songeur. C'est donc ainsi que se passa leur première rencontre.

– La deuxième eut lieu peu de jours après. Bonaparte demanda quelqu'un qui eût une belle écriture. Junot sortit des rangs et se présenta. Bonaparte le reconnut et lui dit de se placer pour écrire une lettre sous sa dictée. Junot se mit sur l'épaulement même de la batterie. À peine avait-il terminé sa lettre qu'une bombe lancée par les Anglais éclata à dix pas et le couvrit de terre, ainsi que la lettre. « Bien ! dit en riant Junot, nous n'avions pas de sable pour sécher l'encre. » Bonaparte arrêta son regard sur le jeune sergent. Il était calme et n'avait pas même tressailli. Cette circonstance décida de sa fortune. Il demeura près du commandant d'artillerie et ne retourna plus à son corps. Enfin, lorsque la ville fut prise et que Bonaparte fut nommé général, comme récompense Junot demanda à être son aide de camp.

» Junot avait une âme de feu et le plus noble cœur. Il s'attacha bientôt à son général avec un dévouement qui confinait au culte. Sans avoir la mesure du géant qui était devant lui, son esprit pénétrant avait jugé que Bonaparte était un grand homme. M. Junot père, alarmé de voir son fils quitter son bataillon, lui demanda quelques renseignements sur l'homme dont il suivait la fortune. « Vous me demandez ce que c'est que ce général Bonaparte ? dit Junot à son père, je pourrais répondre : pour savoir ce qu'il est, il faut être lui-même ! J'ajouterai toutefois que, autant que j'ai pu le juger, c'est un de ces hommes dont la nature est avare et qu'elle ne jette sur le globe que de siècle en siècle. »

– Belle perspicacité ! intervint Balzac.

– Pendant toute la durée des campagnes d'Italie, Junot suivit Bonaparte, et son sang ne fut pas épargné. Au combat de Lonato, il reçut la belle blessure que l'on voyait à sa tempe gauche, mais la plus affreuse de ses blessures était un coup de feu reçu en Allemagne, lorsqu'il y était simple volontaire. La cicatrice seule faisait frémir. À travers elle, on sentait le battement du cerveau, et jamais un peigne ne pouvait la toucher. Elle se rouvrait d'une manière aussi singulière qu'effrayante et, le sang circulant avec une violente rapidité, Junot courait chaque fois le risque d'une hémorragie.

– Toutes ces cicatrices nous prouvaient combien il était brave, remarqua Joséphine.

Laure sourit à ses filles.

– Celle-là, en particulier, était terrible à voir et je n'ai jamais oublié cette anecdote que des camarades de Junot me rapportèrent. Un jour, à Milan, Napoléon qui n'était encore que général sortit de son cabinet sans être vu et entendu de Junot qui jouait au vingt-et-un. Il fit signe de ne rien dire et, s'avançant doucement, il mit sa main dans cette belle chevelure blonde qu'avait alors le jeune aide de camp et lui tira fortement les cheveux. Junot ne put retenir un cri, tant la douleur fut violente. Il sourit, mais son visage était devenu pâle comme celui d'un mort, puis d'une rougeur effrayante. Le général retira sa main : elle était pleine de sang !

» Votre père, dit la duchesse en regardant tour à tour ses filles, joignait à une imagination brillante et créatrice un esprit fin. Il apprenait tout avec une rapidité incroyable. Il faisait de jolis vers très facilement, jouait la comédie avec un talent tout à fait remarquable et écrivait à merveille. On pourrait dire de lui, en voyant ses lettres, que son cœur avait de l'esprit. Je l'ai déjà dit, il était vif et même emporté. Mais jamais il ne fut ni grossier ni brutal et, dans les treize années qu'a duré notre union, je n'ai pas été une seule fois témoin de scènes pareilles à ce dont on parle dans le *Mémorial de Sainte-Hélène.*

– Le *Mémorial de Sainte-Hélène* ne serait donc pas digne de foi ? questionna Balzac, surpris.

– Le *Mémorial* compte d'autres erreurs que j'ai relevées et que je pourrais dénoncer sans difficulté.

Laure soupira :

– Aussi, quand je lis les derniers Mémoires parus, je suis exaspérée d'y découvrir tant de contrevérités. Les auteurs parlent de ce qu'ils ignorent. Des ouï-dire, de simple ouï-dire deviennent des faits !

– Alors, écrivez, madame. Oui, écrivez. Tout ce que vous m'avez dit m'a passionné, et en passionnera beaucoup d'autres.

– Mais je n'ai pas le talent nécessaire pour cela !

– Vous êtes une conteuse, duchesse. Si un jour vous deviez prendre la plume, restez vous-même. Gardez cette propension que vous avez à vous réjouir, à vous fâcher, à dire les choses avec votre cœur, à laisser vibrer votre âme. Laissez parler votre tempérament. Le trait est vif, le portrait saisissant, les souvenirs vivants et servis par une mémoire prodigieuse, tout cela parce que vous avez vécu les événements avec une sensibilité qui vous est propre ! Croyez-moi, il n'en faut pas plus pour devenir un bon écrivain. Après, ce n'est qu'une affaire de style. Je connais des écrivains qui ont un style parfait mais qui sont illisibles parce qu'ils ennuient. Le style s'apprend, pas le cœur.

– Écrire mes souvenirs ? Vous vous moquez !

– Nullement, madame, et, à bien y regarder, je vais même vous supplier de réfléchir à ma suggestion : écrire vos Mémoires serait un don inestimable pour les générations futures, et l'histoire vous serait à jamais redevable.

– Au sujet de Napoléon, on a dit tout et son contraire. Aussi que de faussetés je relève…

– Eh bien, précisément, dites tout, et le contraire des autres quand il le faudra, si le contraire est la vérité, ce dont je ne doute pas. Personne n'a connu Bonaparte dans l'intimité comme votre famille l'a connu et surtout, si vous permettez, comme la petite Laure de Permon l'a connu, aucune femme n'a approché Bonaparte et sa famille comme Mme Junot l'a fait, aucune dame de la cour impériale n'a tenu tête à l'Empereur comme la duchesse d'Abrantès. Que de scènes, que de détails inconnus ! Songez à ce que vos écrits auraient de précieux.

– Mère, intervint Joséphine, M. Balzac a raison, vos Mémoires passionneraient bien des gens. Chacun sait quelle était votre position dans le monde. Vous pourriez au moins faire un premier essai. Constance et moi vous aiderons à mettre de l'ordre dans vos papiers.

– Encore faudrait-il avoir du talent !

– M. Balzac se propose de mettre vos idées au clair, reprit Constance avec conviction.

– Madame, si vous le permettez, je me ferai votre très humble correcteur. Lancez-vous, relisez vos notes ; les documents que vous avez gardés, triez-les, et jetez vos premières idées sur le papier. Le reste suivra. Surtout ne vous bridez pas, dites ce que vous avez à dire, avec la même simplicité avec laquelle vous me parlez. Enfin, n'oubliez jamais d'être vous-même. Laissez votre cœur et votre âme s'exprimer. Ces souvenirs vous appartiennent en propre aussi sûrement que je m'appelle Balzac. Ce n'est pas un récit d'historien qui vous est demandé mais un regard, votre regard, sur cette époque captivante. À ce jour, vous avez assez de recul pour que, au-delà des passions, la vérité, votre vérité, surgisse. Que derrière chaque ligne on sente votre cœur de femme battre. Pour ce que j'ai pu en voir, votre mémoire, madame, est étonnante, faites-en présent aux générations futures. Et si par hasard venait une défaillance, vos proches sauraient peut-être…

– Mon frère, le comte de Permon, tenait un journal où il consignait au jour le jour chaque fait marquant.

– À la bonne heure ! s'exclama Balzac, faites-lui part de ce projet, allez à la bibliothèque de Versailles, les derniers Mémoires publiés y sont en bonne place, faites-vous leur censeur, fâchez-vous, contrez-les et, comme par magie, tout ressuscitera. Vous verrez, la colère a du bon.

– Évoquer ceux que vous avez aimés, parler de toutes vos belles années vous apporterait la sérénité, insista Constance.

– Ou peut-être raviverait mes chagrins, enfant que vous êtes ! rétorqua un peu vivement Laure à l'adresse de sa fille. Mais c'est entendu, j'y réfléchirai. Maintenant, où en étais-je ?

– À père, dit Joséphine.

– Et à son admiration pour Bonaparte, ajouta Constance.

– À vingt-sept ans, Junot fut nommé général en Égypte. Mais alors ce n'était pas la faveur qui produisait nos généraux. Ce n'était que par une action d'éclat, une blessure, une manœuvre habile qu'on avançait. L'Empereur était admirable en cela comme presque en tout.

– Et c'est à son retour d'Égypte que vous vous êtes fiancés, reprit Joséphine.

– Très exactement. Mais M. Balzac connaît déjà l'histoire en partie et…

– Nous aimerions tant que vous nous contiez votre mariage, réclama Constance.

– Une autre fois, c'est entendu.

Le jour commençait à se fondre dans la nuit quand Balzac se souvint que sa sœur, Mme de Surville, lui avait recommandé de ne pas rentrer trop tard. Il jeta un coup d'œil à la pendule.

– Madame, le temps a fui avec une rapidité surprenante, à vous écouter les heures passent comme des minutes et c'est avec regret que je dois prendre congé. Demain je regagne Paris, des affaires m'y appellent et je ne sais quand je serai de retour.

La duchesse se leva, aussitôt imitée par ses filles, et ce fut soudain comme des fleurs qui se déployaient. Suivit un froufroutement de robes.

– En passant devant l'office, faites savoir à Julie qu'elle peut desservir.

– Bien, mère.

Les deux jeunes filles sortirent.

– Je vous accompagne jusqu'au porche, dit Laure à son invité, cela me fera faire quelques pas, par ces frimas je sors si peu.

Elle tira le cordon de sonnette. Aussitôt apparut le valet.

– Le paletot et la canne de M. Balzac, ainsi que ma pèlerine, commanda-t-elle.

Auguste ouvrit la porte d'entrée, Laure passa, un froid sec la saisit. C'était la première fois qu'elle le raccompagnait et Balzac fut sensible à ce geste.

– Me permettrez-vous, cher ami, de vous faire parvenir quelques notes, une interprétation personnelle sur une nouvelle nommée *Casti et Inès* ?

Balzac se retourna vivement vers son interlocutrice emmitouflée dans sa cape bordée d'hermine.

– Ainsi donc je ne me suis pas trompé, vous taquinez la muse.

– Oh ! Juste une nouvelle, une traduction de l'espagnol.

– Je serai très honoré… Cependant, aurai-je la liberté d'exprimer ma vraie pensée, et non pas celle de convenance ?

– La vraie pensée, il va de soi. N'est-ce pas celle qu'on est en droit d'attendre d'un ami ?

Juin 1825, en son ermitage

Assise à l'ombre du marronnier en fleur, un chapeau de fine paille d'Italie sur la tête, silencieuse et méditative, Laure profitait des beaux jours.

Un soleil piquant se faufilait entre les feuilles. La saison s'annonçait belle. Pourtant, tous ces mois d'été ne sauraient jamais être assez nombreux, jamais assez brûlants pour la réchauffer des longs et pénibles moments qu'elle venait de passer.

Elle regarda la pelouse rase, les massifs abondamment fleuris et bien ordonnés. Elle écoutait d'une oreille distraite les roucoulements de ses colombes et aussi de ses tourterelles à plumage isabelle. Ce printemps, elles avaient niché pour la première fois et bientôt ce serait toute une colonie ailée qui s'égaillerait autour de la maison. Elle aimait les entendre, les regarder s'envoler, se poursuivre, se poser. C'était, au-dessus de sa tête, un ballet continuel. Mais rien, pas même les oiseaux, pas même ses fleurs, pas même la présence prochaine de ses fils, n'eût pu la tirer de la mélancolie dans laquelle elle était plongée.

Joséphine et Constance étaient parties au village de Montreuil faire leurs charités, ce qui lui laissait une bonne heure de tranquillité dont elle ne savait que faire. Lire lui était impossible, pas un mot n'imprimait son esprit. Réfléchir, elle ne faisait que cela depuis des semaines, et cela ne lui servait qu'à ressasser.

Une fois de plus, elle sentit la colère l'envahir. Elle baissa les paupières et laissa les images, les mêmes qui tournaient en rond dans son esprit depuis des mois, reprendre leur danse infernale. Elle voyait le jour des fiançailles de Joséphine, elle voyait sa fille sourire à Gaspard de Pons et celui-ci la couver du regard. Elle se voyait préparer le trousseau de la future mariée. Certes, elle n'avait pas les moyens de la combler comme elle-même l'avait été par sa mère, mais elle avait décidé de vendre quelques tableaux et objets de valeur pour que Joséphine ait une corbeille de mariée digne de ce nom. Albert, toujours ce bon Albert, avait décidé de lui offrir sa robe de mariée et de réunir une certaine somme pour que sa nièce n'arrivât pas les mains vides devant l'autel. Elle se voyait courir avec Joséphine la capitale pour faire les emplettes indispensables. Elle se voyait écrire les invitations. C'étaient des moments éprouvants, mais heureux… jusqu'à ce que Joséphine décidât de rompre ses fiançailles !

Elle revoyait sa fille en proie à une crise de nerfs, elle revoyait M. de Pons les traits défaits montant sur son alezan et s'enfuyant au galop de chez elle pour ne plus y revenir.

Comment en étaient-ils arrivés là ?

DEUXIÈME PARTIE

Août 1825, en son ermitage

Cela faisait trois nuits que Laure n'avait pas fermé l'œil. Elle ne dormait plus depuis que sa fille était revenue à cette idée folle : entrer en religion…

Le couvent ! Mais Joséphine savait-elle seulement ce qu'était la vie de ces femmes enfermées entre quatre murs ? Gaspard de Pons était un homme agréable, sensible, il lui aurait offert une existence heureuse. Elle aurait eu un foyer, de beaux enfants, et, à côté d'une vie confortable et mondaine, elle aurait eu tout loisir de se consacrer à ses charités ! Mais sa fille ne voulut en faire qu'à sa tête. Au début du printemps, à quelques semaines du mariage prévu le 2 juillet, elle rompit avec Gaspard de Pons.

À ce jour, elle serait mariée, elle aurait peut-être même l'espoir d'un enfant. Mais elle s'était volontairement fermée à toutes ces joies.

La duchesse ne décolérait pas : Joséphine avait sa beauté pour elle mais, sans dot, elle ne pourrait plus espérer une proposition aussi avantageuse. Une telle rebuffade découragerait les prétendants. Laure devait se faire à l'idée qu'elle resterait à sa charge et qu'elle terminerait vieille fille… Vieille fille, le Trésor de sa vie ? Si cette seule pensée lui soulevait le cœur, il y en avait une autre bien plus terrible qu'elle ne pouvait entrevoir sans que son instinct de mère ne se révolte : jamais elle n'accepterait que sa fille se fasse nonne ! Comment sauver une enfant qui se noie et dédaigne la main tendue ? Comment faire le bonheur de ceux qu'on aime malgré eux ? Comment ? Comment ?

Excédée de souffrance, Laure resta un long moment à l'écoute de ses émotions. Enfin, lasse de se torturer, elle tira de son corsage la dernière lettre que Balzac lui avait écrite. Elle sauta quelques paragraphes et lut :

Laissez-moi croire que les agitations terribles de votre vie ne vous ont été mesurées que sur la force de caractère ; que cette force vous donne de hautes et de belles pensées sur le changeant spectacle au milieu duquel vous vous êtes trouvée, que dans ce moment la retraite au sein de laquelle vous vivez n'est pour vous qu'une nouvelle nuit qui attend son jour. En effet, plus j'ai réfléchi à votre destinée et à la nature de votre esprit et plus j'ai été poursuivi de cette idée, que vous étiez un de ces génies de femme qui peuvent prolonger leur règne plus loin que ne le veulent les lois ordinaires, que vous pouviez faire sur une époque plus brillante ce que Mme Roland n'a qu'essayé sur un temps de douleur et de gloire. Je ne sais si, souvent, vous n'avez ressenti de ces mouvements impétueux qui sortent du fond du cœur et vous maîtrisent, à l'aspect de la multiplicité des scènes, des figures héroïques, des grands caractères, mais j'aime à le croire, car il me semble que la nature vous a marquée d'un sceau choisi (...). Voilà madame ce que je pensais et ce que je n'avais pas eu le loisir de vous exprimer (...). Il y a chez moi une franchise étourdie qui ressemble beaucoup à celle de mademoiselle Joséphine ; j'ai trop d'insouciance pour prévoir, trop de vivacité pour mentir.

Honoré prenait Joséphine pour une étourdie, si seulement c'était vrai. Par définition, les étourdies n'ont pas de suite dans les idées.

Levant la tête, Laure suivit le vol des tourterelles. La tension se relâcha. Elle ne pensa plus à sa fille, mais à Balzac. Qu'avait-il donc de plus que les autres, pour que son souvenir fût à ce point présent à sa mémoire ? Une corpulence épaisse, une démarche de canard, une façon voyante de s'habiller n'étaient pas faits pour attirer. Cependant, son regard d'émerillon, son front large, son franc sourire. Cependant, son hilarité, son entrain, sa faconde. Sous un dehors un peu brutal, une enveloppe mal équarrie, le jeune homme cachait une âme de velours, un cœur délicat. Cohabitaient de façon chaotique et peut-être même anarchique truculence et finesse. Sa pensée puissante, souvent démesurée, pouvait aussi bien s'exprimer en une fine mosaïque et ses sentiments s'harmoniser en une palette aux tons rares et délicats.

Laure cherchait à définir cet homme hors du commun, mais les mots lui manquaient car Balzac ne ressemblait à personne. Cette différence faisait qu'elle croyait en ses talents d'écrivain et qu'elle déplorait qu'il se fût lancé dans les affaires. Dans sa dernière lettre, elle lui avait offert son amitié. Il lui avait répondu :

L'amitié que vous daignez m'offrir, madame, est une chimère, que je poursuis toujours malgré les fréquents désappointements qui me sont échus. Depuis le jeune âge au collège, j'ai cherché non pas des amis, mais un ami. Je suis de l'avis de La Fontaine et je n'ai point encore trouvé ce qu'une imagination romanesque et exigeante me montre sous de brillantes couleurs. Le phénomène de l'amitié s'explique toujours à mes yeux par une comparaison physique ; il faut en quelque sorte que deux êtres aient le temps de s'attacher l'un à l'autre par des accidents d'âme comme ces insectes qui ne tendent leurs toiles qu'après avoir été sonder chaque fois le terrain pour chaque fil qu'ils posent et encore y reviennent-ils à plusieurs reprises, mais il y a aussi, j'aime à le croire, certaines âmes qui se sentent et s'apprécient d'un seul jet. Votre proposition, madame, est si belle, si flatteuse, que je n'ai garde de retirer ma main…

Laure replia la lettre. Elle la cacha dans son corsage et reprit sa rêverie.

Quelques semaines plus tard, une deuxième lettre lui parvint.

Versailles, 11 août, 9 heures

Les souffrances de ma pauvre sœur Laurence sont finies. Un exprès arrive à l'instant ; je pars sans pouvoir déterminer le temps que je resterai remplissant d'aussi tristes devoirs. Je reviendrai aussitôt à Versailles. Ayez un peu de compassion pour moi à défaut de tout autre sentiment et ne m'accablez pas au moment où toutes les douleurs semblent fondre sur moi. Adieu, conservez-moi je vous en supplie votre amitié. Elle me soutiendra dans ces épreuves nouvelles.

Ma sœur ne sait rien de cela. Gardez le secret sur cette fatale mort. Je pars avec Surville. Adieu, adieu.

De Versailles à la barrière de Montreuil

Depuis un bon quart d'heure, canne et gants à la main, chapeau haut de forme sur la tête, Balzac s'acheminait à travers les rues de Versailles. Sous la chaleur suffocante, il marchait à l'ombre. Il avait quitté le quartier chic de Notre-Dame où habitaient les Surville pour se rendre à la barrière de Montreuil.

Petit à petit, il laissait derrière lui le vacarme de la ville. S'il entendait encore les hennissements des chevaux, le martèlement des sabots, les vociférations des cochers, c'était dans le lointain. Il lui restait un croisement à passer, à prendre sur sa droite et à longer les hauts murs couverts de chèvrefeuille. Il s'arrêta pour s'épousseter : quand il faisait chaud et sec, la poussière s'élevait dans l'atmosphère, s'incrustait partout. Bien que vêtu de noir de la tête aux pieds, sa mise était recherchée car, malgré le deuil, il voulait paraître à son avantage.

Depuis qu'il s'était lancé dans les affaires, il tenait à montrer son ascension sociale. Il tira de son gousset une montre dont la chaîne en or dépassait. Il y lut cinq heures trente. Quoique en nage, il reprit sa marche. Deux jeunes filles le dépassèrent, trottinant menu ; bientôt il n'entendit plus que les oiseaux qui chahutaient dans les arbres dont les frondaisons ombrageaient agréablement les quelques mètres qui lui restaient à parcourir. À peu près au milieu de la rue étroite et mal pavée, il passa le porche, traversa la cour intérieure et gagna l'entrée. Parti la veille de Tours, il n'avait pas pu prévenir la duchesse d'Abrantès de son arrivée et il espérait qu'elle ne lui tiendrait pas rigueur de sa visite impromptue.

Il frappa. Auguste ouvrit et, imperturbable, demanda si monsieur était attendu. Comme il ne l'était pas, il dit, avec le même air cérémonieux, qu'il allait prévenir la duchesse qui était dans le jardin. Mais Balzac ne voulut pas attendre ; lui emboîtant le pas, il traversa le salon et, de loin, embrassa le charmant trio que formaient la duchesse et ses filles. Elles portaient des chapeaux de paille d'Italie dont les rubans bleus, roses et lilas étaient assortis à la couleur de leurs robes.

Il s'arrêta sur le perron, suivit le valet du regard. Et, alors que celui-ci annonçait sa visite, c'est avec un certain plaisir qu'il vit la maîtresse de maison tressaillir, se retourner et faire, à son adresse, un signe de la main. Alors, sans attendre, il dévala les quelques marches qui le séparaient du jardin. À mi-chemin, il croisa Auguste auquel il confia son chapeau, ses gants, sa canne.

La duchesse avança à sa rencontre, souriante, tenant au bras un panier rempli de roses.

– Alors, mon ami, enfin de retour ?

– Madame, si le temps me parut long, votre aimable accueil en efface le souvenir.

Ils s'examinèrent, comme de vieux amis.

– Avoir fait tout ce chemin par cette chaleur… Venez vous asseoir à l'ombre du marronnier, on y est si bien.

Laure posa son panier sur la table de jardin et caressa amoureusement les têtes soyeuses.

– Voyez ces merveilles, dit-elle, je me réserve le plaisir de les arranger moi-même.

– Vous aimez les fleurs ?

– À la folie !

– Savez-vous qu'elles révèlent la femme ? Dites-moi quelles fleurs vous aimez et je vous dirai qui vous êtes !

La duchesse s'étonnait d'être si heureuse de revoir Balzac, et Balzac s'étonnait de trouver la duchesse encore plus belle que dans ses souvenirs.

Les deux filles de la maison s'approchèrent.

– Mademoiselle Joséphine, mademoiselle Constance, dit-il en les saluant d'un signe de la tête.

Toutes deux répondirent par une révérence.

– Pensez-vous, mère, que nous en avons assez cueilli ?

– Surtout que nous devons en offrir, vous vous souvenez que ce soir nous sommes invitées, ajouta Constance.

D'un coup d'œil expert, Laure en évalua le nombre.

– En ajoutant celles que j'ai dans mon panier ce sera suffisant, mais ne tardez pas à les placer dans un seau d'eau, il fait encore chaud en cette fin d'après-midi.

Les jeunes filles parties, Laure se tourna vers son hôte. Le regardant, elle dit avec de la compassion dans la voix :

– Votre deuil doit être encore plus pénible à supporter par des temps pareils, ce soleil, ces fleurs ne sont-ils pas une injure à votre souffrance ?

– Ma sœur Laurence a été emportée par la tuberculose. Elle a montré une telle force d'âme jusqu'aux derniers instants qu'elle a fait mon admiration. J'en veux à son mari. Armand de Montzaigle était un hâbleur, un homme sans honneur, joueur, criblé de dettes, sans situation stable, qui chaque soir, après s'être adonné à son vice, rentrait à point d'heure. Par son attitude inqualifiable, il creusa la tombe de ma pauvre sœur.

– Comment se fait-il que personne dans votre famille ne se soit douté de ses turpitudes ?

– Nous ne savions de sa vie que ce qu'il voulait bien nous en dire. Mes parents ont été légers dans cette affaire, ils ont donné leur fille à un homme déshonnête ! Moi le premier, je n'ai rien discerné. Nous crûmes Montzaigle sur parole. Sa famille nous était connue, il présentait bien… Quatre années, quatre petites années de mariage, suffirent pour que notre chère Laurence fût emportée par le chagrin. Car c'est bien de cela que ma sœur est morte !

Balzac sortit son mouchoir et s'en tamponna le front. Il continua, bouleversé :

– Si vous saviez, madame, combien je me sens responsable de m'être laissé ainsi berner… dans quels tréfonds se cachait alors mon âme de romancier ? N'est-il donc pas possible à un écrivain de rester clairvoyant quand sa propre vie, ses propres affections sont liées à un événement ? Les sentiments annihileraient-ils toute raison ?

– Le cœur a ses mystères. Moi-même je n'ai rien vu venir quant au drame qui couvait, pourtant mon mari portait déjà les stigmates de la mort sur lui.

Balzac hocha la tête et revint au sujet qui l'occupait :

– Trop d'unions se révèlent désastreuses, et tout cela au nom d'un code révolu. Dans mes romans, je dénoncerai les abus. La société tout entière porte la responsabilité de cette hypocrisie. Le mariage, cette vieille institution, serait à dépoussiérer. Combien de femmes victimes, combien de femmes sacrifiées ? Je traiterai le sujet sans concession, vous pouvez m'en croire.

Balzac se tut. L'émotion était à ce point palpable que Laure laissa un long silence se glisser entre eux.

Une brise se leva qui annonçait la fin de la journée, elle véhiculait les parfums capiteux, mélange de fleurs et d'herbe et, par moments, bousculait le feuillage environnant.

– Enfin, fit-elle, la fin d'après-midi s'annonce. Une fraîcheur toute relative va s'installer.

Elle lança un regard circulaire :

– Pas un nuage à l'horizon, la pluie n'est pas encore à l'ordre du jour.

Au-dessus d'eux s'égosillaient des moineaux que l'approche du soir excitait.

– Et Mlle Joséphine ? s'enquit Balzac.

Le propos était si sensible que Laure se sentit défaillir. Dans un effort, elle répondit :

– Son cœur reste fermé… une pierre… Que me cache-t-elle ?

La duchesse secoua doucement la tête, des larmes retenues brillaient dans ses yeux :

– Malgré tous mes efforts, je ne puis admettre de la voir détruire sa vie. Le couvent… Je donnerais dix ans de la mienne pour lui enlever cette idée de l'esprit.

– Avez-vous essayé de la raisonner ?

– Je me heurte à un mur. Si seulement son père était encore de ce monde, il aurait trouvé les mots pour atteindre son cœur. Elle lui vouait un culte idolâtre. Elle croit en sa vocation, mais ma sensibilité de mère me dit le contraire. L'orgueil la mène : voilà la vérité toute crue, monsieur.

– Si je comprends bien, madame, nous avons l'un est l'autre un deuil à faire, sauf que pour vous il reste un espoir : Mlle Joséphine est vivante et bien vivante, n'est-ce pas ce qui compte ?

– Vous avez raison, Honoré, pardonnez-moi. Je vous importune avec mes soucis alors que votre chagrin est sans retour. Je manque à tous mes devoirs.

– Ce soir, vous m'avez ouvert votre cœur et je vous en sais gré. J'étais heureux à l'idée de vous revoir et je serais comblé si, grâce à ma présence, votre chagrin vous paraissait moins lourd. Au moins aurais-je été utile à quelque chose.

Au même instant, dans le soir qui tombait, les filles de la duchesse se montrèrent en haut du perron. Elles en descendirent les marches et, d'une démarche légère, gagnèrent, sous les ramures fleuries de grappes mauves, les fauteuils où se tenaient leur mère et son hôte.

– Mère, le fiacre est arrivé. Nous partons.

Elles embrassèrent la duchesse, saluèrent Balzac et s'en allèrent.

Le silence retomba.

– Tant que Mlle Joséphine va dans le monde, rien n'est perdu.

– Ma fille donne le change, mais je la connais, le cœur n'y est pas. Elle maigrit, son sourire est contraint. Je la sais malheureuse et je ne peux rien pour elle.

Comme tous les soirs depuis plusieurs semaines, à l'approche de la nuit Laure se sentait désemparée, mélancolique. Elle soupira et, dans un élan soudain, proposa :

– Si vous n'avez pas d'obligations peut-être accepterez-vous de souper en ma compagnie ?

Balzac goûtait de tout, reprenait de tout. Jamais invité n'avait honoré sa table avec un tel appétit et Laure, amusée, le regardait engloutir les mets. Au dessert, elle vit ses yeux s'éclairer devant la coupe de fruits. Munies d'un couteau, ses mains tranchaient avec une joie non feinte dans la pulpe juteuse. Il riait, buvait, mangeait et mangeait encore. Il avait un appétit d'ogre qui, au fur et à mesure du repas, s'accompagnait d'une verve de plus en plus exubérante et magnifique.

Il y avait des semaines que Laure ne s'était pas autant amusée. Au salon, ils s'assirent dans deux fauteuils placés devant les portes-fenêtres laissées grandes ouvertes sur le perron. Un candélabre posé sur le guéridon les éclairait d'une lumière douce. L'air encore chaud embaumait du parfum des roses.

– À notre dernière rencontre, Mme de Surville m'a fait comprendre, à demi-mot, que vous vous étiez lancé dans des affaires. Est-ce possible, moi qui vous croyais accaparé par vos écrits ?

– J'espérais obtenir une indépendance financière grâce à mes feuilletons, grâce à mes romans signés Horace de Saint-Aubin, grâce aux articles publiés dans les journaux, mais tout cela est mal payé et pour gagner ma vie il me faudrait écrire des deux mains en même temps. J'ai eu l'opportunité de prendre une participation pour la publication d'un volume de La Fontaine pour commencer, et plus tard d'un Molière. J'ai tout de suite été séduit par l'idée de réunir ces œuvres en un seul livre. J'ai conclu mon premier contrat en avril dernier. Nous étions au départ quatre associés, un médecin, un officier en retraite, le libraire et moi-même, qui désirions investir la somme dérisoire de 1 500 francs. Mais voilà que début mai, après une explication des plus véhémentes, les trois autres associés se sont retirés de l'affaire. Ils n'étaient tous que des frileux, des gagne-petit ! Je reste seul à la tête de ce projet que je continue à croire juteux. J'ai l'intention d'écrire les préfaces et d'orner les volumes de belles vignettes. Voyez-vous, fabriquer des livres ou en écrire n'est pas si éloigné. Je reste dans la littérature et je suis bien certain que La Fontaine se vendra mieux qu'Horace de Saint-Aubin ! Jusqu'à ce jour je gagnais peu d'argent en fournissant beaucoup de travail, avec un peu de chance je vais enfin gagner beaucoup d'argent en travaillant moins.

– Cependant, mon cher, n'y a-t-il pas péril à rester seul en lice ? risqua la duchesse que les dures réalités de l'argent rappelaient à l'ordre chaque jour.

– Foi de Balzac, je ferai fortune ou je ne m'y connais point ! dit-il dans un éclat de rire. L'affaire faite, je pourrai enfin m'atteler à mon œuvre sans me préoccuper de problèmes bassement matériels. J'ai réuni 14 000 francs pour cette entreprise !

– 14 000 francs ! Mais c'est une grosse somme.

– Il est prévu de sortir d'emblée mille exemplaires. Ah, madame, si vous saviez comme je suis impatient de tenir dans ma main le premier volume sorti des presses !

Sa bonne humeur, son exaltation étaient si communicatives que Laure, gagnée à la cause de son jeune ami, se mit à son tour à rêver :

– Si je n'avais pas mes enfants à charge, je me serais risquée à vous prêter de l'argent, même si ma situation financière est précaire. Chaque jour je dois faire face à des créanciers de plus en plus avides, je vis d'expédients. Mon personnel me fait confiance, mais pour combien de temps encore ? Quand mes fils seront pourvus d'un poste, quand mes filles seront mariées…

Laure ne termina pas sa phrase et une sombre expression voila son regard.

Honoré vola à son secours :

– Chassez ce chagrin, je vous en prie, parlons d'autre chose, parlons de ces moments heureux où tout vous souriait. Le bonheur ne saurait être constant, mais le malheur non plus.

Il se leva, offrit son bras à la duchesse et l'invita à faire quelques pas dans le jardin.

Le ciel était rempli d'étoiles et une lune plaine éclairait le parc d'une lumière blanche. Balzac dit avec une certaine émotion :

– Retenons cette nuit, elle est si belle, évitons de l'attrister. Je vais devoir repartir dès demain à Paris et je ne sais pas quand je reviendrai. Il s'écoulera peut-être plusieurs mois…

« Plusieurs mois », pensa Laure douloureusement.

– Vous avez raison, mon cher, n'attristons pas ce moment, personne ne sait de quoi est fait le lendemain.

D'une voix lasse, elle ajouta :

– Vous avez pour vous l'avenir, j'ai pour moi mon passé.

– Mais vous avez aussi un avenir, et un bel avenir, s'empressa-t-il de la rassurer.

– Cependant, la nouvelle *Casti et Inès* que je vous avais confiée ne vous a pas plu.

– Je l'ai lue avec attention. Le sujet est romanesque, mais l'intérêt n'est pas tout. Si vous espérez quelque succès de librairie, il vous faut obtenir la faveur du public, et pour cela vous avez la chance inestimable d'avoir vécu sous l'Empire, d'avoir…

– … connu intimement Napoléon ! coupa-t-elle, et là vous faites allusion à l'écriture de mes Mémoires.

– Oui, madame, et si vous suivez mes conseils, je vous fais le serment que je m'occuperai de vous faire publier.

– Mais il faut beaucoup vendre pour espérer gagner un peu.

– Vous vendrez, madame, vous vendrez même très bien. Vos Mémoires vous rendront célèbre, alors les romans suivront.

– Célèbre, vraiment ?

Elle guetta un sourire amusé, ou même moqueur, mais il n'en fut rien.

– Alors, fit-elle, piquée au jeu, je vais y penser sérieusement.

– À la bonne heure !

Une brise légère se leva, les flammes des bougies se couchèrent comme les oreilles d'un chat en colère.

– Où en étions-nous ?

– Là où il vous plaira, madame, répondit galamment Balzac.

– L'époque que je vais aborder est certainement l'une des plus heureuses. Au bras de mon mari, je commençais une vie à laquelle la petite orpheline n'aurait même pas osé rêver quelques mois plus tôt. Mais il en est ainsi de l'existence : elle vous donne au moment où vous y attendez le moins et reprend quand il lui chante. Dès son retour d'Égypte, Junot avait été nommé commandant de Paris, et comme tel il n'avait pu participer à la campagne de Marengo. Aussi que de fois, cette année de mon mariage, n'ai-je pas vu le dîner se prolonger jusqu'à neuf heures, parce que Bessières, Lannes, Eugène, Duroc ou Berthier expliquaient à Junot cette bataille. Alors la table devenait la plaine de Marengo, un des groupes du surtout figurait le village, les candélabres de bout de table Tortone et Alexandrie, les poires, les noix et les grappes de raisin les phalanges autrichiennes et hongroises et nos braves phalanges françaises.

– Comme j'aurais aimé être parmi eux, s'exclama Balzac, le regard brillant.

– Ces moments tenaient de la magie, nous étions tous jeunes, tous pleins d'espoir et tous vains de gloire.

– Murat ne faisait pas partie de vos intimes ?

– Le mariage de Caroline Bonaparte avait eu lieu quelques mois avant le mien. Elle était devenue une fort jolie jeune fille, ne pouvant nullement soutenir la comparaison de beauté, quant à la régularité des traits, avec sa sœur Pauline, mais peut-être plus plaisante par l'expression de son visage et l'éclat éblouissant de son teint. Sa tête a toujours été disproportionnée par rapport à son corps. Mais ses pieds, ses mains et ses bras pouvaient servir de modèle. Ses dents étaient charmantes, comme toutes celles des Bonaparte. Elle s'est mariée avec une réputation aussi pure, aussi fraîche, que son teint et le rose de ses joues. J'espère qu'on ne m'accusera pas de partialité envers elle. Mais je dois être juste et dire la vérité. Je le puis dire avec d'autant plus d'assurance que, à l'époque de son mariage et pendant les années précédentes, notre liaison entre elle et moi était fort intime.

– Et plus tard ? questionna-t-il avec la gourmandise d'un enfant à qui l'on a promis des friandises.

Elle lui dédia un sourire malicieux.

– Après ? Eh bien, mon cher, vous verrez quand nous y serons. Feriez-vous partie de ces lecteurs qui, trop impatients de connaître la fin d'un roman, feuillettent les dernières pages pour connaître avant l'heure le dénouement de l'intrigue ?

– Si fait, madame, un reste d'enfance teinte mon caractère et je brûle de savoir.

– Il vous faudra pourtant patienter. Chacun sait que Caroline Bonaparte avec les années perdit de sa fraîcheur d'âme et qu'elle devint une femme sans scrupule, prête à tout pour garder le pouvoir. J'en fis les frais et de meilleure amie elle devint en quelques jours ma pire ennemie. Je n'en dirai pas plus.

– J'attendrai donc, madame, mais connaissant l'âme humaine comme je la connais, je suis certain que Mme Murat était une personne trop intéressée pour être agréable. Pourtant, à l'époque de son mariage, il est de notoriété qu'elle était réellement éprise du beau Murat.

La duchesse sursauta.

– Murat, beau ! C'est un point très discutable. Je n'admets pas qu'un homme soit beau parce qu'il est grand, et qu'il s'habille en mardi gras. Il n'avait pas de jolis traits et j'ajouterai même que, en le regardant dégagé de ses cheveux frisés, de ses panaches, de ses broderies, il était laid.

« Voilà un joli portrait, se dit Balzac, quand une femme attaque un homme avec une telle véhémence, c'est qu'elle a de bonnes raisons. »

– L'hiver de 1800 fut très brillant, reprit-elle. La confiance revenait. Tout le monde voyait le général Bonaparte avec les mêmes yeux. Combien on l'aimait, alors ! J'étais heureuse, toutes ces premières années de mariage. « Ma petite sirène, tu me rends fou », disait Junot, en me serrant dans ses bras à me briser les os ! Je riais. J'avais seize ans et une grande naïveté devant les choses de la vie. Je n'avais pas imaginé que mon mari pût être volage. Le jour où j'appris qu'il me trompait, mon chagrin fut à la mesure de mon amour.

Dans la nuit qui l'entourait, si Laure entendit au loin une chouette hululer, elle n'y prêta pas attention. À l'écoute de ses émotions les plus intérieures, elle s'étonnait de ne rencontrer que légèreté, indulgence et sérénité. « Comme la vie est bien faite, se dit-elle, puisque le temps a effacé toute rugosité pour ne plus laisser que le souvenir des moments heureux. »

Balzac aussi se taisait. Enivré des parfums du soir, vapeurs d'un jour évanoui, il pensait à son premier baiser, à ses premiers émois, à ses premiers désirs. Il pensait à la Dilecta qui, avec douceur et abnégation, avait dégrossi le garçon ardent et maladroit qu'il était alors. Si ses leçons avaient porté ses fruits, avec le temps l'habitude avait pris le pas sur la passion et, depuis qu'il avait fait la connaissance de la duchesse, il espérait revivre l'exaltation d'une liaison. Mais la femme qu'il convoitait paraissait si calme face à lui, si inaccessible, si lointaine.

Dans la pénombre, il la regarda. Il vit sa poitrine se soulever sous le châle, et le sentiment qu'il éprouva alors était si fort qu'il se sentit anéanti.

25 octobre 1825, huit heures du matin, en son ermitage

– Madame la duchesse, c'est l'heure.

– Merci, Julie, répondit Laure d'une voix ensommeillée.

Après ce court échange, d'habitude Julie se faufilait hors de la chambre afin d'aller quérir le plateau du petit-déjeuner, mais ce matin, elle restait là, toute droite, comme embarrassée.

Intriguée, Laure questionna :

– Que se passe-t-il ?

– C'est que M. le comte de Permon vous attend dans le salon…

– Mon frère ici ! Vous êtes certaine ?

– Tout à fait, madame, il était devant moi comme je vous vois.

La duchesse repoussa vivement ses draps. Julie s'empara prestement du peignoir pour le présenter à sa maîtresse :

– C'est que monsieur le comte ne voulait pas que je vous prévienne, mais j'ai pensé…

– Tu as très bien fait, je descends.

Elle enfila ses mules et, son bonnet de nuit encore sur la tête, s'élança dans l'escalier. Son frère entendit ses pas précipités et se rendit aussitôt à sa rencontre.

– Albert ! fit-elle dans un cri d'angoisse, en se jetant dans ses bras.

– Tout va bien, ma chère sœur, dit-il avec un sourire qu'il s'efforçait de rendre le plus naturel possible.

– Mes fils ?

– Tes fils se portent à merveille, ainsi que toute notre parenté. Il n'y a pas mort d'homme, rien de ce genre, je t'assure.

– Alors ?

– Alors, ma sœur, j'ai quitté Paris à l'aube et j'ai une faim de loup ! Fais-moi servir un bon petit-déjeuner et après je te dirai les raisons de ma venue.

Laure soutint le regard de son frère. Elle le connaissait bien, s'il avait eu quelque chose de désagréable à lui apprendre, elle l'aurait lu dans ses yeux, or rien dans ses traits, dans son sourire ne laissait présager une mauvaise nouvelle. Elle ordonna de dresser deux couverts à la salle à manger, puis revint à son sujet :

– Serait-ce alors une question… disons politique, qui t'amènerait ici ?

– Politique ? Ma foi cela pourrait bien s'y apparenter.

– Décidément, je n'aime pas les cachotteries et je ne suis pas faite pour les devinettes. Le thé va être servi, passons dans la salle à manger. Tu prends bien toujours du thé ?

– Avec un nuage de lait.

Laure fit asseoir Albert et le servit elle-même. Elle picora en attendant qu'il fût rassasié, puis elle se leva pour aller tirer le cordon de sonnette.

– Je vais demander que l'on éveille tes nièces afin de les prévenir de ta venue, elles sont rentrées tard cette nuit et…

– N'en fais rien ! se récria Albert, qui aussitôt s'en voulut de sa vivacité.

Retrouvant promptement la maîtrise de soi, il ajouta :

– Ce que j'ai à dire ne souffrirait pas une présence autre que la tienne.

– Dans ce cas, allons dans la bibliothèque.

Laure referma la porte derrière elle, invita son frère à s'asseoir. Et, plus intriguée qu'inquiète, elle dit avec cette impatience qu'elle avait héritée de sa mère :

– Vas-tu me dire enfin ?

– C'est de ta fille Joséphine que je veux t'entretenir.

Laure leva les yeux au ciel.

– Joséphine ? Encore elle !

– La semaine dernière nous avons eu une longue conversation.

– Elle ne me l'a pas dit !

– Elle m'avait demandé de garder le secret jusqu'à ce matin : c'est la raison de ma venue.

– Mais qu'avait-elle donc à te confier qu'elle ne pouvait me dire ?

Albert regarda sa sœur de ce regard sombre et doux qu'il prenait dans les moments sérieux. De dix ans plus âgé, il éprouvait pour elle un tendre attachement, et depuis une semaine, depuis qu'il savait, il souffrait de la peine qu'il lui ferait ce matin du 25 octobre.

– Laurette, dit-il, la voix remplie d'émotion, Joséphine est partie. Elle s'est réfugiée à l'hospice de Versailles.

– Joséphine ! Mais, mon ami, elle est dans son lit ! Je te disais à l'instant que, hier soir, elle était sortie avec Constance… Je les ai entendues rentrer aux environs de minuit.

– Non, Laurette, elle est partie s'enfermer au couvent et elle m'a chargé de te prévenir de sa décision.

Sans vouloir en entendre davantage, Laure se leva. Elle courut à l'étage, s'engouffra dans le corridor qui desservait les chambres de ses filles, poussa la porte de celle de Joséphine : le lit n'était pas défait.

Alors, tel un ouragan, elle alla ouvrir la porte de la chambre de Constance qui, à la survenue de sa mère, émergea de ses oreillers.

– Mère ?

– Où est Joséphine ?

– Mais dans son lit, sûrement !

– Hier soir, tu étais bien avec elle ?

– Évidemment, mère ! Que se passe-t-il ?

À ce moment, Albert, qui avait suivi sa sœur, apparut dans l'embrasure de la porte.

– Tu vois bien qu'elles étaient ensemble, lui lança Laure.

– Oncle Albert ? s'exclama Constance, ahurie.

Il alla embrasser sa nièce et dit à l'adresse de sa sœur :

– Elle avait projeté de partir au petit matin, avant que la domesticité ne s'éveille.

– Et à pied peut-être !

– Une calèche l'attendait… Elle a laissé ses effets dans une malle qui doit être cachée sous son lit.

– C'est un roman ! s'écria la duchesse, qui refusait désespérément de se rendre à la raison. Allons voir !

Laure repartit en courant. Arrivée devant la porte, son pas ralentit, se fit presque pesant dans les derniers mètres, comme si elle craignait de se trouver face à l'évidence. Elle ouvrit avec précaution la porte qu'elle avait claquée quelques minutes plus tôt, regarda à nouveau le lit non défait, fit le tour de la pièce qui était encore imprégnée du parfum de sa fille, marqua un temps avant de s'agenouiller. Enfin, elle se pencha, tâtonna sous le lit, tira la malle, qu'elle fit glisser sur le parquet ; elle l'ouvrit, reconnut les effets et objets qu'elle savait lui appartenir.

Vaincue, elle se laissa submerger par les sanglots.

Le lendemain, elle reçut un mot de Joséphine qui lui disait :

Mère chérie, si j'avais vu vos larmes, si j'avais entendu votre voix, je n'aurais jamais eu le courage de vous quitter. Mais Dieu m'appelle : je dois me consacrer à lui.

Laure ne put retenir ses sanglots. Le Trésor de sa vie avait quitté le domicile familial pour se retirer parmi la congrégation des sœurs de Saint-Vincent-de-Paul, et cette pensée même lui était insupportable. L'imaginer abîmée dans la prière, chantant des cantiques, dormant dans une cellule, le corps enfoui sous des robes à l'étoffe rugueuse, ses beaux cheveux blonds, dont elle était si vaine autrefois, cachés sous un voile, lui tirait des larmes de sang. L'espoir que Joséphine se rende compte qu'elle se trompait sur sa vocation était ce qui la tenait debout.

Elle lui fit parvenir la malle, y ajouta des portraits de famille, mais n'eut pas le courage d'aller la voir.

Sa révolte des premiers jours s'était transformée en un chagrin lancinant. Quand, pendant quelques secondes, Laure oubliait sa peine, celle-ci revenait plus forte, plus torturante, pour ne plus la lâcher. La nuit, elle ne dormait plus. Elle s'épuisait à essayer de comprendre l'incompréhensible. Des larmes brûlantes tombaient sur ses joues lorsqu'elle contemplait le portrait de Joséphine peint par Girodet. Lorsque sa fille avait posé pour le célèbre portraitiste, elle n'était encore qu'une enfant jolie, au caractère égal. Quand elle croyait la connaître, tout savoir d'elle, elle devait se rendre à l'évidence qu'elle ignorait l'essentiel.

La duchesse cherchait désespérément à comprendre à quel moment sa fille avait changé. Était-ce à la mort de son père ? Était-ce quand elle avait pris conscience que son train de vie ne serait plus aussi brillant ? Étaient-ce ses fiançailles rompues avec Gaspard de Pons et sa peur d'être désormais une charge pour sa famille qui avaient entraîné sa fuite ? Car c'était bien cela qu'elle lui reprochait, elle avait fui et n'avait pas tenu ses engagements.

***

Les jours s'enfonçaient dans l'automne.

Un après-midi, alors que la duchesse s'était installée frileusement devant la cheminée du salon, Constance entra et, la mine réjouie, annonça :

– Mère, j'ai fouillé le grenier et j'ai retrouvé ce que je cherchais !

Elle alla vers sa mère et tendrement l'embrassa. Depuis que Joséphine était partie, elle faisait de son mieux pour la consoler et la distraire de son chagrin.

Auguste parut, les bras chargés. À la vue de la petite malle en cuir de Russie que Junot emportait en campagne, Laure sentit l'émotion la gagner.

– Merci, Auguste, déposez-la devant la cheminée, ordonna Constance.

Elle alla s'asseoir à même le tapis, l'ouvrit et choisit quelques dessins posés sur le dessus.

– Regardez, mère, des dessins que mon père a faits dans sa jeunesse.

Piquée par la curiosité, Laure voulut les voir et c'est ainsi que la mère et la fille passèrent l'après-midi à fouiller dans la malle aux trésors. Elles découvrirent les carnets de Junot annotés de sa belle écriture, le plus souvent le soir sur les champs de bataille. À cela s'ajoutaient les lettres reçues et parfois le double de celles envoyées, les factures, les comptes, des menus, des invitations, un certain nombre de souvenirs comme des mèches de cheveux de ses enfants, des miniatures représentant les portraits de famille qu'il emportait partout avec lui, quelques livres qu'il avait aimés, des articles de journaux.

Lorsqu'elle avait déménagé de son hôtel des Champs-Élysées, elle avait jeté tout cela pêle-mêle, se promettant d'y mettre de l'ordre un jour. C'était peu après le départ de l'Empereur pour l'île d'Elbe. En premier lieu, elle s'était réfugiée près d'Orgeval, avant de s'installer dans une semi-retraite à Versailles. Depuis, elle n'avait plus pensé à la malle.

Mais voilà que Balzac, en l'invitant à parler de son passé, avait remué bon nombre de souvenirs qu'elle avait cru à jamais enfouis. Mais voilà que sa fille cadette s'était mis en tête de lui faire écrire ses Mémoires (jour après jour, elle était revenue à la charge, avec une persévérance dont elle ne l'aurait pas crue capable). Mais voilà que des pans d'une existence passée s'étalaient en désordre sur le tapis du salon.

Toutefois, les documents importants comme les lettres écrites par Napoléon à Junot, ceux qui avaient trait à son rôle de commandant de Paris, les papiers personnels sur les voyages ou les campagnes, étaient placés en lieu sûr dans un tiroir secret de son bureau. Elle les tenait à portée de main, et pourtant elle n'avait pas eu le courage de les relire, de peur de raviver sa douleur.

Les joues en feu, Constance posait mille questions, s'émerveillait devant un portrait, la tournure d'une lettre, les décorations de son père. Plongeant à pleines mains dans la malle comme elle irait à la pêche, elle s'efforçait de reconstituer la mosaïque de sa petite enfance. Elle rêvait à ce père trop tôt disparu, au beau couple que formaient ses parents, à cette vie brillante perdue à jamais.

– Maman, si vous avez confiance en moi, je trierai les documents que vous voudrez bien me confier.

Laure hocha la tête et, se prenant au jeu, tira quelques lettres dont elle reconnut le papier à en-tête.

– Des factures du couturier Leroy ? Je ne me souvenais pas les avoir gardées ! dit-elle, surprise.

Elle en prit une, lut tout haut le montant qui, avec le recul, lui parut faramineux. Elle en choisit une autre, qui était de Cop, son chausseur attitré.

– Leroy, je le connais de réputation, n'était-il pas le couturier de l'Impératrice ? Mais Cop… Qui était-ce ? questionna Constance.

– Cop était un de ces personnages en vogue et plutôt ridicules qui ne s'oublient pas. Les souliers qu'il me confectionnait sur mesure étaient d'une telle finesse qu'ils étaient plus faits pour être admirés que pour marcher. Un jour que je lui en avais commandé pour la campagne, ils se déchirent le temps d'une promenade d'un quart d'heure dans le parc. De retour à Paris, je fais appeler Cop qui les regarde, les retourne et finit par me dire, après avoir remarqué du sable humide sur la semelle : « Ah ! Je vois ce que c'est… Madame aura marché ! »

Ce souvenir déclencha le rire de Laure, auquel sa fille se joignit de bon cœur.

« Peut-être un jour écrirai-je mes Mémoires ? » se dit Laure le soir dans le calme de son cabinet de travail. Avant, elle devrait s'assurer du soutien de Balzac. Le savoir proche, à portée de main, prêt à intervenir si elle le lui demandait, lui donnerait le courage d'entreprendre ce travail. En son for intérieur, elle savait que ses souvenirs seraient une œuvre de longue haleine. Elle aurait besoin d'un regard avisé. Mais pouvait-elle seulement compter sur lui ? Cela faisait des semaines qu'elle n'avait plus de nouvelles et qu'il ne daignait même pas répondre à ses lettres. Qu'advenait-il de ses projets d'édition ? Quelle était sa vie ? Quelles étaient ses amitiés ? Quelles étaient ses amours ? Étaient-ce de petites grisettes de passage ? des filles de théâtre ? Non, se dit-elle, ce ne pouvait être des filles de théâtre, celles-ci ne se laissaient courtiser que par des hommes fortunés. Alors, avait-il une liaison avec une femme mariée ? Compte tenu de sa situation financière, ce serait plus probable.

Si Honoré parlait volontiers de lui, jamais l'homme d'honneur n'avait fait la plus petite allusion à sa vie privée. Cet hiver, elle n'avait pas eu la force de se rendre dans le monde, et aucune nouvelle, aucun écho, n'avait passé les murs de son ermitage.

Elle poussa un premier soupir : il faisait aussi froid en son âme que dehors. Assise à son bureau, elle souleva quelques lettres, dont des papiers timbrés de mise en demeure de paiement. Tous ces chiffres à aligner, tous ces comptes à refaire chaque mois, lui donnaient la nausée. Comme chaque fois, elle parerait au plus pressé, de façon à éviter les poursuites. Calculer, combiner et jouer aux chaises musicales, voilà tout ce qu'elle pouvait face à un passif démesuré. Napoléon n'avait pas cessé de répéter à son proche entourage : « Vivez fastueusement : en même temps que vous ferez marcher l'industrie française, vous ferez honneur à l'empire. » Et Junot l'avait écouté. Il s'était lancé dans de folles dépenses sans penser au lendemain, il avait une telle confiance en l'Empereur.

Un second soupir, plus profond, plus long que le premier, souleva sa poitrine. Elle ne voyait qu'une seule solution : travailler. Écrire, nuit et jour.

Mais comment faire, sans le concours de Balzac ?

Paris, salon de Mme Gay

Venez, ma chère, venez nous divertir avec vos souvenirs dont nous sommes friands. Vous nous manquez, on vous attend !

La « grosse commère Gay », comme certains l'appelaient, tenait un salon réputé à Paris. Du temps où son fils aîné était en pension au collège Henri-IV, en attendant l'heure du parloir, il n'était pas rare qu'elle grimpât l'escalier de bois du modeste appartement. Elle appréciait l'accueil qui lui était réservé, la liberté de parole qui y régnait, ainsi que ceux qui le fréquentaient. Beaucoup de gens de lettres et d'artistes s'y pressaient. Elle y retrouvait toujours des amis, tout en faisant la connaissance des célébrités montantes.

Le premier mouvement de Laure fut de répondre par la négative. À quoi bon ? Mais à la réflexion, elle se dit qu'en se rendant à cette invitation elle aurait quelque chance d'apprendre ce que devenait Balzac.

Rue Gaillon, elle retrouva, entre autres connaissances, Albert de Jouy, le poète Arnault, Benjamin Constant, Sainte-Beuve, Gavarni le dessinateur aux débuts prometteurs, enfin Émile Girardin, épris de la jolie Delphine, qui venait de publier un roman autobiographique. Enfin elle revit, avec un plaisir non dissimulé, Virginie Ancelot, elle-même femme de lettres, qui tenait un cercle littéraire réputé.

La maîtresse de maison fêta l'arrivée de la duchesse. Afin de marquer sa satisfaction, elle lui octroya la place d'honneur en la faisant asseoir près d'elle sur le sofa. Dans ce cénacle, peu de femmes et beaucoup d'hommes. Chacun prenait la parole à tour de rôle et la conversation allait tambour battant. Hors la politique, tous les sujets étaient admis, pourvu qu'ils fussent abordés avec esprit et légèreté. Les nouveaux arrivants s'entassaient debout en attendant de prendre la place de ceux qui partaient. Plus il y avait de monde, plus on étouffait, et plus la soirée était réussie. C'était un va-et-vient continuel et bon enfant où chacun pouvait à tout moment intervenir.

Sophie Gay passait pour avoir la dent dure et ne résistait pas au plaisir de décocher un mot piquant contre ceux dont elle percevait l'hostilité. Ainsi, à un auteur qui venait d'éreinter devant elle Lamartine, elle répliqua : « Allons, vous allez en faire le dernier des poètes, mais, grâce à Dieu, la place est prise ! »

Ses bons mots se répétaient dans Paris. À propos d'un académicien qui lui avait préféré une femme très riche, elle avait lancé cette boutade : « Il est aimable, mais il est cher. »

Veuve et sans fortune, elle aimait à évoquer son passé heureux sous le Directoire et l'Empire, quand son mari était receveur général des finances. Et qui mieux que la duchesse d'Abrantès, dont la réputation de femme d'esprit n'était plus à faire, savait évoquer ces temps bénis ? La maîtresse de céans, qui avait le trait facile et la langue bien pendue, lança le débat sur les petits événements littéraires de la semaine, puis aborda la rubrique mondaine. Faisant assaut de spiritualité, chacun y ajoutait son grain de sel, pourvu que le trait fût amusant. Avec tact et adresse, elle commença par demander l'avis de la duchesse. Les deux femmes, qui s'estimaient sans pour autant s'aimer, échangèrent leurs points de vue, puis la conversation prit un tour plus intime.

– À votre mariage, duchesse, c'était un monde nouveau qui s'ouvrait à vous. N'éprouviez-vous pas de l'appréhension ?

Laure sourit :

– Quand une femme épouse un homme de dix ans plus âgé qu'elle, celle-ci doit s'attendre aussi à épouser ses amitiés, ses habitudes de vie. Junot et ses camarades, tous fêtés comme des héros depuis leur retour d'Italie, étaient alors inséparables.

– Quand et comment fîtes-vous leur connaissance ?

– Dès le lendemain de notre mariage ! Junot ne voulut pas attendre un jour de plus pour me présenter à eux. Ce fut l'occasion d'une scène mémorable entre ma mère et lui. Mme de Permon, qui était issue de l'Ancien Régime et qui voulait toujours lui faire suivre la route de ce qu'elle appelait « la bonne manière », lui remontra vainement que ce n'était point l'usage, que « cela aurait l'air d'un garçon menuisier faisant le lendemain de noce à la courtille » !

Cette expression fut prononcée avec une telle drôlerie que l'assistance tout entière s'esclaffa. Laure ne bouda pas son plaisir et reprit :

– Malgré les remontrances, Junot tint bon et ma mère fut obligée, pour tout accorder, d'inviter les amis dont il lui donna les noms. C'est ainsi que des invitations furent envoyées à Duroc, Bessières, Lannes, Eugène de Beauharnais, Rapp et quelques autres.

Devant la liste prestigieuse citée, un murmure d'admiration s'éleva, surtout parmi les plus jeunes, qui n'avaient pas connu cette glorieuse époque. Chacun se pressa autour du sofa où avait pris place la duchesse afin de ne pas perdre un mot.

– À partir de cette première rencontre, presque tous devinrent des amis, Duroc surtout, que je devais bientôt considérer comme un frère.

– Auriez-vous à nous conter, madame, quelque anecdote qui se passa dans l'intimité de Napoléon ?

– Par exemple, pourriez-vous nous dire, madame la duchesse, quelle était alors la vie que l'on menait à la Malmaison ? renchérit un jeune homme blond, aux traits réguliers et à l'allure distinguée qui la salua avec déférence.

Sophie Gay se pencha vers son invitée pour lui glisser le nom du poète à l'oreille. Laure sourit d'un air entendu :

– Monsieur Hugo, j'ai pour livre de chevet votre dernier recueil et je dois dire que vos vers m'ont été d'un grand secours à un moment difficile de ma vie. J'ai fort apprécié l'œuvre et je suis heureuse aujourd'hui de rencontrer le poète.

Après un gracieux signe de tête, elle reprit sa narration :

– La vie que l'on menait à la Malmaison, à l'époque de mon mariage, ressemblait à la vie que l'on mène dans tous les châteaux, lorsque l'on rassemble beaucoup de monde chez soi à la campagne. Nos appartements étaient composés d'une chambre, d'un cabinet et d'une petite pièce dévolue à la femme de chambre. Les meubles en étaient fort simples et l'appartement d'Hortense, la fille de la maison, qui touchait au mien, n'en différait que par deux battants. Encore n'eut-elle, je crois, cet appartement qu'après son mariage. Les chambres donnaient toutes sur un long corridor auquel on montait par une marche, laissant à droite l'appartement de Mme Bonaparte et le petit salon dans lequel on déjeunait.

» Le matin, on se levait à l'heure que l'on voulait. À onze heures, on se réunissait dans un petit salon très bas de plafond, donnant sur la cour, situé au premier, dans l'aile droite. Il n'y avait jamais d'homme, ainsi que dans les déjeuners de Paris, à moins que ce ne fût Joseph ou Louis, enfin quelqu'un de la famille la plus proche, mais c'était une exception. Après le déjeuner, on causait, on lisait les journaux. Il arrivait toujours quelqu'un de Paris pour avoir une audience, car malgré la volonté prononcée du Premier consul pour que Mme Bonaparte ne fît rien qui pût blesser en quoi que ce fût l'opinion générale, elle accordait déjà des audiences, apostillait des pétitions.

» Mme Bonaparte, quoiqu'elle fût parfaitement bonne et excellente, n'était pas toujours une personne sur laquelle on devait faire reposer une confiance entière pour la réussite d'une affaire. Elle était bienveillante, avait le désir en effet d'obliger, mais ce désir cédait à la moindre crainte de mécontenter le Premier consul. Et puis la dernière personne venue avait toujours raison avec elle sur la même affaire. J'ai vu de graves inconvénients de cette faiblesse. Elle désolait Napoléon.

– Comme je le comprends ! intervint la jeune fille de la maison, mais cette versatilité n'est pas l'apanage des femmes, bien des hommes changent d'avis au premier coup de vent, n'est-ce pas d'ailleurs la force des politiques ?

La duchesse, trouvant la réflexion pertinente, acquiesça d'un sourire et reprit :

– La toilette était une des parties de la vie de Mme Bonaparte bien autrement importante que celle qui regardait le soin de sa vie. Elle n'aurait pas vécu si, le matin, le travail des trois toilettes n'avait pas été fait. Au reste, il n'y avait rien à dire sur cette occupation à propos d'une personne qui est assise auprès de la suprême puissance.

» Quel que fût le jour, on ne voyait jamais le Premier consul avant le dîner. Il descendait à cinq ou six heures du matin dans son cabinet particulier. Il travaillait avec Bourrienne ou avec les ministres, les généraux, les conseillers d'État, et ce travail durait jusqu'à l'heure du dîner, qui avait toujours lieu à six heures. Lorsqu'il faisait beau, le Premier consul ordonnait que l'on servît dans le parc. On était peu de temps à table. Le Premier consul trouvait que le dîner était long lorsqu'on y restait une demi-heure.

– Madame, comment était Napoléon dans l'intimité ? questionna un jeune homme.

– Quand il était de bonne humeur, que le temps était beau et qu'il avait à sa disposition quelques minutes dérobées à ce travail constant qui le tuait alors, il jouait aux barres avec nous. Il trichait de façon éhontée et ces tricheries provoquaient des rires de bienheureux. Dans ces occasions-là, Napoléon mettait habit bas et courait comme un lièvre.

» Il me revient en mémoire un événement qui alors me marqua et que je m'en vais vous conter. Cela se passait à la Malmaison, un jour, après le dîner. C'était l'été, il faisait beau, le Premier consul dit : « Jouons aux barres ! » Et voilà l'habit par terre et le conquérant du monde courant comme un écolier.

» Le parc de la Malmaison n'était pas alors fait comme aujourd'hui. Un saut-de-loup longeait le champ, qui plus tard fut acheté pour la grande plantation de platanes et de tulipiers. Les curieux pouvaient aisément, en entrant dans ce champ, voir ce qui se passait dans le parc. Mme Bonaparte, qui ne jouait pas aux barres, était avec Mme de La Valette ; elles se tenaient contre une balustrade placée sur le côté du château, quand elles furent effrayées à la vue de deux hommes mal vêtus qui parlaient bas en regardant le Premier consul. Je ne jouais plus, et dans ce moment j'arrivai près de Mme Bonaparte. Elle prit mon bras et dit à Mme de La Valette d'aller quérir son mari ou bien Eugène, mais surtout de prendre garde que le Premier consul ne la vît car il détestait les précautions de ce genre.

« Cherchez-vous quelque chose, citoyens ? leur demanda-t-elle d'une voix tremblante. – Oh ! mon Dieu, non, citoyenne. Nous regardons. – Si fait, si fait ! s'empressa-t-elle de répondre, mais… – Ah ! Parce que nous regardons le Premier consul ? C'est que c'est une chose étonnante, comme je le disais à mon frère, de voir le premier magistrat s'amuser là comme le Français le plus pauvre de la République. »

» Rapp arriva sur ce fait : « Qu'est-ce que vous faites ici ? demanda-t-il d'une voix de tonnerre à cet homme. – Ah, ça ! Il me paraît que ça se gâte, mon colonel. Depuis quand donc ne peut-on plus regarder notre général ? Est-ce que c'est lui qui a dit qu'on le cache à ses vieux soldats ? Oh, que non ! Je suis bien sûr que non, moi… – Êtes-vous militaire ? leur demanda Rapp, commençant à s'adoucir. – Tiens ! Si nous sommes militaires, cette question ! Ah ! en voilà un qui ne nous mettra pas à la porte, dit-il en voyant Eugène arriver. – Eh ! C'est toi ! dit Eugène à l'homme qui avait un bras en moins. – Oui, mon commandant. – Mais que fais-tu là ? – Je venais vous parler, mon commandant ; je venais vous dire que le boulet autrichien qui m'a emporté un bras ne m'en a pas rendu un autre pour servir mon pays : je suis donc à la retraite, mais non à l'aumône ; j'ai une jolie pension, raison de plus pour être reconnaissant. J'ai donc pris mon frère que voilà, beau garçon de trente ans, bien portant et brave. Je réclame pour lui, mon commandant, un cheval, une carabine et vous verrez, en cas de besoin, ce qu'il sait faire. »

» Le Premier consul, avec ses yeux qui voient sans regarder et ses oreilles qui entendent sans écouter, avait depuis le premier mot eut la clef de l'histoire ; car il avait reconnu l'homme qui, à Montebello ou Marengo, avait eu le bras emporté d'un boulet de canon, en défendant un officier supérieur de son corps. « Oh ! Oh ! Voilà les invalides en route… Bonjour, garçon ! Eh bien ! Tu es donc venu me voir ? Allons, fais le tour. Viens encore une fois à l'ordre de ton général. Conduis-le, Eugène. » Et, passant son bras autour de la taille de Joséphine, il se dirigea vers l'entrée du château. Le vieux guide présenta son frère au Premier consul : « C'est un engagement volontaire, mon général, et vous êtes son capitaine de recrutement. » Le brave homme se trouvait si heureux ! Il trépignait, ses yeux étaient pleins de grosses larmes, et son moignon s'agitait dans sa manche comme si ses deux mains avaient voulu se frotter l'une contre l'autre. « Puisque je suis le capitaine de recrutement, dit le Premier consul, il faut que le conscrit boive à la santé de la République et à la mienne. » Le vieux guide regarda aller le Premier consul et il fondit en larmes. « Allons, allons, mon vieux camarade ! lui dit Eugène, un peu plus de force sur vous-même. Eh ! Que diable ! Vous êtes comme une femme. – Ah ! mon Dieu ! En parlant de femme, dit le manchot, j'ai fait de la bonne besogne, vraiment ! – Quoi donc ? – Eh ! pardieu ! J'ai parlé à la *général consule* comme je l'aurais fait à Toinon Margoton ; elle a tout de même l'air bien bonne, cette brave citoyenne-là… – C'est ma mère, dit Eugène. – Votre mère, mon commandant… c'est pas possible ! À quel âge qu'elle vous aurait fait ? Et puis, le général, il n'est pas votre aîné de beaucoup… Vous vous moquez de moi. »

» Eugène lui expliqua le lien de parenté qui l'unissait au général Bonaparte. Le vieux guide dit alors à son frère : « Garçon, rappelle-toi que la citoyenne au chapeau jaune c'est la mère du commandant. Je ne te dis que ça. »

L'assistance applaudit à tout rompre. Soudain, un rire tonitruant se fit entendre du fond du salon.

– Ah ! Ah ! Oh ! Oh ! s'écriait Balzac, ce récit est plus vrai que nature ! C'est à en mourir ! Ma foi, madame la duchesse, vous êtes douée pour jouer la comédie, les intonations que vous prenez, les paroles de ces deux hommes sonnent la vérité, le vécu. Il n'y a plus qu'à fermer les yeux et à se laisser emporter !

– Je vois, duchesse, que vous connaissez M. Balzac, dit Mme Gay, la bouche en cœur et quelque peu vexée d'avoir été devancée.

Balzac, qui était un des rares à être resté à l'écart, écoutait la duchesse depuis déjà un bon moment. Il avait été surpris de la voir en ces lieux. Aux dernières nouvelles, elle lui avait écrit qu'au départ de sa fille pour le couvent son chagrin était tel qu'elle n'avait plus le courage de quitter sa retraite. Et cet après-midi, elle était là, trônant comme une déesse au milieu de ce salon parisien, belle et altière, la verve intacte.

La duchesse profita du mouvement qui se fit dans le salon pour se lever. Cette première sortie l'avait épuisée. Elle salua Mme Lancelot et lui promit de venir à ses causeries du mardi, glissa au passage quelques mots à M. Hugo. Enfin, elle promit à son hôtesse de se faire moins rare et s'en alla sans faire de bruit.

Elle descendait l'escalier avec prudence quand, derrière elle, elle entendit des pas. Elle se retourna.

– Monsieur Balzac ! fit-elle, feignant la surprise.

– Madame, quel plaisir de vous revoir et, ma foi, en bonne santé !

Son premier mouvement fut de presser le pas, mais il la rattrapa.

– Vous m'évitez ?

Elle fit volte-face et lança avec un certain dédain :

– Je ne savais pas que vous aviez le temps de fréquenter les salons. Je vous croyais même trop débordé de travail pour répondre aux lettres d'une amie dans l'affliction.

Ignorant la réflexion, il la regardait sans cesser de sourire.

– Je suis sincèrement heureux de vous voir rétablie.

– C'est très aimable à vous, mais je dois me hâter de trouver un fiacre, je suis en retard…

Il l'accompagna dans la rue jusqu'à ce qu'une voiture de louage les croise. Honoré arrêta le fiacre et l'aida à s'y installer. Avant même qu'il n'eût le temps de prendre congé, elle ordonna :

– Passez par les quais, je suis pressée !

Le fiacre s'éloigna, laissant Balzac seul au milieu de la rue. Déconcerté par l'adieu glacial, il regarda la voiture prendre sur sa droite et disparaître. C'était la première fois que la duchesse lui montrait de l'humeur et il en était fort marri. Il hésita à regagner le salon de Sophie Gay mais, trop contrarié pour se lancer dans de vains bavardages, il préféra déambuler dans les rues de la capitale. Puisque le temps était clément, il s'acheminerait jusqu'aux Grands Boulevards, il s'arrêterait prendre un café chez Frascati à l'angle de la rue Richelieu et du boulevard des Italiens où, quelle que fût l'heure, il était assuré de rencontrer des connaissances. Il comptait sur sa flânerie nocturne pour démêler l'écheveau de ses pensées.

Dans les rues étroites il allait tranquillement, se laissant bercer par le seul bruit de ses pas qui se répercutait entre les façades éteintes. Il réfléchissait à cette soirée. Il avait apprécié l'esprit d'à-propos de la duchesse quand la commère Gay l'avait mise sur la sellette. Il avait éprouvé une pointe de jalousie quand il avait vu les regards masculins se tourner vers elle, une vraie fierté quand toute l'assistance l'avait écoutée avec une attention soutenue.

La duchesse l'avait battu froid et ce n'était pas pour lui déplaire, il aimait que les femmes eussent du caractère, et, pour être franc, plus elles se montraient distantes, plus il les désirait. Ce soir, ses sentiments étaient d'une rare violence. Ah ! cette femme, cette femme ! La faire plier, la tenir dans ses bras, l'enflammer…

Il lui fallait la revoir. Et vite.

En son ermitage

L'hôtel résonnait de belles envolées quand on frappa à la porte.

– Entrez, dit distraitement la duchesse sans cesser de jouer du piano.

Le valet se présenta, portant une brassée de roses rouges. Surprise, elle fit sonner un dernier accord avant de refermer le couvercle d'un coup sec.

– Laissez-le sur la table, je m'en occupe.

Auguste parti, elle se précipita sur le bouquet qu'elle tourna en tous sens, espérant trouver une carte de visite, mais aucun mot n'accompagnait les fleurs. Elle sonna.

– Je n'ai pas trouvé de carte.

– Madame la duchesse pense bien que je l'ai cherchée, mais le bouquet n'était accompagné d'aucun mot.

– Mais qui l'aurait déposé chez moi ?

– Un enfant, madame la duchesse, qui est reparti si vite que je n'ai pu l'interroger.

Le parfum subtil embaumait déjà l'atmosphère. Le rouge incarnat traduisait la passion. Laure pensa immédiatement à Balzac, qu'elle avait quitté en froid. Sa première réaction fut celle d'une femme offensée : Honoré n'était pour elle qu'un enfant, génial il est vrai, mais un enfant néanmoins. Lui, un amant… ? Son amant ! De quoi aurait-elle l'air ? Plus elle réfléchissait, plus sa mauvaise humeur montait. S'il se présentait à son hôtel, elle le renverrait comme on renvoie un domestique, et sa porte lui resterait fermée. Au moins pour un temps.

Contrariée, elle demanda qu'on lui apportât un vase, prit les roses une à une et les arrangea avec précaution. Enfin, elle se retourna, hésita à le poser sur la table de trictrac, sur la commode Empire ou encore… Mais son œil expert revint sur le piano. C'est là qu'il serait le plus à son avantage. Elle le plaça, le tourna, s'éloigna, admira son œuvre comme un peintre sa toile.

Laure poussa un soupir : que dirait-elle à sa fille ? Des roses rouges ! On n'avait pas idée ! À nouveau, elle sonna.

– Emportez le vase à l'office, ordonna-t-elle.

La duchesse faisait les cent pas. « Ces fleurs ! Ces fleurs ! » se répétait-elle, exaspérée, quand elle entendit des pas.

– Mère, quel magnifique bouquet, et quel parfum ! s'exclama Constance.

– En effet. Seulement voilà, aucune carte de visite ne l'accompagnait.

Constance ouvrit de grands yeux.

– Auguste a-t-il au moins pu se renseigner auprès du livreur ?

– Le livreur était un enfant qui s'est échappé avant qu'on ait pu tirer de lui le premier mot.

– Mais alors ?

– Alors, ce ne peut être qu'une méprise. À moins que tu n'aies une autre idée… ?

Depuis quelques semaines, Laure avait remarqué les airs rêveurs de sa fille, ses longs silences. Elle était convaincue que Constance était amoureuse, mais de qui, mon Dieu ? De qui ?

Comprenant que sa mère la soupçonnait, elle rougit violemment.

– Des roses rouges ! Mère, je ne connais personne qui aurait le mauvais goût de faire pareille déclaration à une jeune fille ! s'offusqua-t-elle.

– C'est bien ce que je pensais, aussi laissons cela. Tout à l'heure, tu prendras le bouquet et tu l'apporteras à monsieur le curé.

– Mais que lui dirai-je ?

Laure réfléchit.

– Eh bien, le mieux, c'est que tu ne lui dises rien. Et s'il venait à poser des questions, tu couperas court en lui disant que ces fleurs viennent de notre roseraie. Ce ne sera jamais qu'un pieux mensonge.

Le lendemain de ce jour, Laure reçut un mot de Balzac, griffonné à la hâte, qui annonçait sa venue sans autre précision. Laure le jeta au feu. « Des roses rouges ! Quel manque de tact ! » ruminait-elle tout en regardant le papier à lettres se faire dévorer par les flammes.

Les heures s'égrenèrent, et point de Balzac.

Constance avait gagné sa chambre et la duchesse allait en faire autant quand Auguste lui annonça que M. Balzac attendait dans le vestibule. Son premier mouvement fut de lui fermer sa porte, mais sa curiosité étant la plus forte, elle céda.

– Faites entrez, dit-elle.

Elle rectifia le tombé de sa robe vert émeraude qui flattait la couleur de ses yeux, chercha à prendre un maintien sévère, mais fut décontenancé par le franc sourire de son visiteur.

– Cette nuit, Mme Surville a accouché de son deuxième enfant !

– Je féliciterai la mère dès que les visites seront permises, répondit-elle d'un ton neutre.

– C'est une belle petite fille, prénommée Laure-Valentine !

Laure attendit que Julie apportât une cafetière pleine, ainsi qu'une infusion de verveine. La porte refermée, elle attaqua :

– Et pour les roses, sans doute espérez-vous des remerciements !

– C'était dans l'espoir de faire excuser ma maladresse.

– Et vous avez cru bon d'en ajouter une nouvelle ! Ne vous êtes-vous pas demandé dans quel embarras vous me jetiez en m'envoyant un tel bouquet ! Des roses rouges ! Est-ce que dans mon attitude, monsieur, le moindre mot, le plus petit geste vous a laissé croire un instant…

– Non, madame, non ! se défendit-il tout en admirant la duchesse qui, dressée sur ses ergots, lui paraissait plus magnifique que jamais.

Il remarqua la couleur de sa robe, le regard sombre, le maintien hautain. À cet instant, elle lui parut sublime.

– Ces dernières semaines, je vous ai écrit à plusieurs reprises et vous n'avez pas daigné répondre à une amie qui était souffrante. Vous aviez peut-être pensé que dans mon état, je ne vous serais d'aucune utilité.

Alors qu'elle parlait sur un ton vif, Balzac, sourd à toute attaque, ne cherchait qu'à retenir en sa mémoire ce beau portrait de femme en colère.

– Vous voilà bien silencieux tout d'un coup, mon cher ! Qu'avez-vous donc à dire pour votre défense ?

– Que vous êtes belle, madame, et que je vous aime.

D'abord interloquée, Laure, reprenant ses esprits, répliqua :

– Lors de mon passage à Tours, je vous ai offert mon amitié !

– Et moi, madame, je vous offre mon amour.

La main sur le cœur, il s'inclina et, sans lui laisser le temps de répondre, s'en fut.

La déclaration d'amour directe, presque brutale, l'avait flattée. Mais, une fois de plus, Laure se dit que, chez un homme aussi jeune, tout cela n'était que fantaisie sans lendemain. Elle s'enfonça dans de profondes réflexions et l'aube la trouva le cœur navré d'avoir perdu une amitié à laquelle elle tenait.

En ce matin maussade, un vent fort s'était levé. Il soufflait par rafales et faisait trembler les vitres. L'après-midi, contrairement à ce qui était prévu, elle n'eut pas le courage d'accompagner Constance à un goûter d'anniversaire. Aller dans le monde était au-dessus de ses forces. Elle écrivit un mot d'excuse à l'intention de la baronne de Brasy, à qui elle confia sa fille. Puis, prétextant un fort mal de tête, se réfugia dans son cabinet de travail avec l'interdiction formelle de la déranger.

Le jour commençait à décliner quand elle entendit du bruit provenant du hall d'entrée. Assoupie, elle sursauta, tendit l'oreille : des éclats de voix lui parvinrent. Comme elle crut reconnaître les intonations sonores, elle alla aussitôt tirer le cordon de sonnette :

– Qu'est-ce ?

– M. Balzac, je lui ai dit que madame la duchesse ne recevait pas…

– Faites entrer !

– Mais monsieur est reparti !

– Eh bien, il ne doit pas être loin, courez le chercher !

Quelques minutes plus tard, Auguste réapparut :

– M. Balzac, annonça-t-il, imperturbable.

Laure regarda le jeune homme entrer d'un pas hésitant. Elle lui décocha son plus beau sourire, lui tendit la main et l'invita à s'asseoir. Quoique surpris, il s'exécuta sans mot dire.

– L'enfant et la mère se portent-ils bien ? questionna-t-elle, reprenant la conversation là où ils l'avaient laissée.

– Bien qu'ils espérassent un garçon, ma sœur et mon beau-frère sont des parents heureux.

– Comment vont vos affaires ?

– Mal !

La réponse fusa, directe, sans ambages.

– Mais, il y a quelques mois, vous paraissiez si confiant.

– Je le suis encore, sinon il ne me resterait plus qu'à me pendre !

– À la bonne heure, je préfère vous entendre parler ainsi.

– Deux possibilités s'offraient à moi : soit je capitulais et je perdais ma mise, soit j'allais de l'avant avec le ferme espoir non seulement de regagner ce que j'ai dépensé, mais de faire enfin des bénéfices.

– Et vous avez choisi la deuxième solution.

– Avais-je vraiment le choix ? J'ai contracté des dettes envers mes parents, mais aussi auprès d'amis qui me sont chers.

– N'aurait-il pas été plus prudent d'attendre le succès du La Fontaine avant de vous lancer dans la publication du Molière ?

– Je pensais qu'il serait plus facile de placer deux livres qu'un seul, et je le pense encore.

– Et vous avez vendu combien d'exemplaires ?

Balzac sortit un mouchoir de sa poche et se tamponna le front, où brillaient quelques gouttes de sueur.

– Au total, vingt malheureux exemplaires. Pendant que les neuf cent trente volumes restants dormaient dans les cartons. En attendant, il me fallait payer comptant le libraire, le typographe, l'imprimeur, le papier, et que sais-je encore !

Laure lui offrit une tasse de café, qu'il but d'un trait.

– Je mis le volume en vente à 12 francs, un cadeau ! Et je vous le donne en mille, personne n'en voulut ! Personne… Il fallait pourtant que l'argent rentre. J'écoulai mon stock à un prix dérisoire, si dérisoire que je n'oserais même pas l'avouer. Après un travail acharné, ce fut une lutte désespérée. Tous ces efforts pour terminer avec 15 000 francs de dettes. Voilà, madame, où j'en suis.

Il y a des confidences auxquelles seul le silence peut répondre. Laure sentit qu'une simple exclamation eût été de trop. Elle en était là de ses réflexions quand, soudain, elle vit le regard de son interlocuteur s'animer, le front redevenir lisse, le coin de la lèvre, un moment marqué par un pli désabusé, s'étirer dans un sourire.

– Qu'est-ce donc ? questionna-t-elle, déroutée.

– Eh bien, madame, de mon échec je tirerai profit ! Tout autre que moi aurait capitulé, mais 15 000 francs de dettes vous obligent soit à abandonner, soit à avancer. Ma famille a toujours mis en doute mes aptitudes, je me dois de relever le défi.

– Comment comptez-vous vous y prendre ?

– Cela fait des semaines que j'y pense et il n'y a qu'un moyen : jeter dans le gouffre de l'argent frais ! Croyez-moi, j'ai tourné et retourné le problème, j'ai refait tous mes calculs. À force, j'ai trouvé l'erreur : être éditeur ne suffit pas, pour réussir dans ce métier, il faut fabriquer soi-même ses livres.

– Fabriquer ?

– C'est-à-dire être son propre imprimeur. C'est la seule solution que j'ai trouvée pour ne pas être volé, pour tirer les prix et surtout les tenir. J'ai pris la résolution de racheter une imprimerie.

– Mais…

– C'est fait ! Oui, madame, tel que vous me voyez devant vous, je suis devenu l'heureux propriétaire d'une imprimerie ! dit-il, rayonnant. Elle est située dans la rue des Marais-Saint-Germain, juste à côté de la maison où mourut Jean Racine. N'est-ce pas là une marque du destin pour un homme qui désire fabriquer, mais aussi écrire des livres ? Ne connaissant rien à la typographie, je me suis associé avec André Barbier, un expert qui était prêt à me suivre dans l'aventure.

– C'est un beau projet, mais sans doute onéreux ?

– Ma mère a touché un bel héritage à la mort de grand-mère Sallambier et mes parents ne semblent pas dédaigner ce métier. C'est toujours mieux que celui d'écrivain, pour lequel ma mère nourrit une vraie répugnance. Des écrivains faméliques elle peut en citer à la pelle, des imprimeurs qui ont fait faillite elle n'en connaît pas. Une imprimerie peut toujours se revendre, tandis qu'une plume d'oie ! Qui se risquerait à vendre une plume d'oie usagée ?

– Et cette imprimerie, vous l'avez visitée ?

– L'atelier occupe tout le rez-de-chaussée et l'appartement est à l'étage. Il n'a rien de luxueux : vestibule, cuisine, salle à manger et une pièce avec alcôve. Une fois que tout cela sera rafraîchi et correctement meublé, je m'en satisferai. Enfin voilà, madame, la raison de mon silence, et si je vous ai froissée d'une quelconque façon, je vous prie instamment de pardonner ma maladresse.

– Soit, monsieur, rien ne sert de ressasser, n'en parlons plus.

Le jeune homme faisait les cent pas, il gesticulait tandis que sa voix enflait. À lui seul, il comblait tout l'espace. Il était vivant, si vivant que sa seule présence lui redonnait goût à l'existence. Elle se dit qu'elle ne voulait pas perdre son amitié et décida de jouer la franchise.

– Monsieur, ces derniers mois j'ai beaucoup réfléchi. Ma fille partie, ma vie me parut vide de sens. Constance est le seul enfant qui me reste, mais pour combien de temps encore ? Mes embarras d'argent ne cessant d'augmenter, j'ai repensé à votre suggestion d'écrire mes Mémoires.

Voyant Balzac sur le point d'intervenir, la duchesse l'arrêta d'un geste impérieux.

– Mais cela ne peut se faire sans votre concours, reprit-elle. Votre amitié me sera précieuse et vous comprendrez que, dans ces conditions, je ne puis me fâcher avec vous ! Aussi, je vous propose un marché : je continue à vous entretenir de l'Empereur, et en contrepartie, vous me guidez dans mon entreprise. Cela vous convient-il ?

– Marché conclu ! s'écria Balzac.

Sept heures sonnèrent à la pendule, et Laure ajouta dans un élan soudain :

– Ne serait-ce pas l'heure du souper ? Mais peut-être devez-vous rentrer ?

– Non point, madame, je suis libre de mon temps.

– Alors peut-être accepterez-vous une collation ?

– Je ne voudrais pas abuser.

Laure se leva pour commander un repas froid. Lui laissant à peine le temps de reprendre sa place, Balzac attaqua :

– Laissez-moi deviner comment la petite Permon, devenue Mme Junot, fit ses premiers pas à la Cour.

– Mais, mon cher, ne rentrait pas à la Cour qui voulait ! Avant, il était d'usage de subir une présentation en bonne et due forme.

– Je me passerai de collation, si c'est le prix à payer pour savoir !

– Eh bien, ce sera mon jour de bonté : non seulement vous aurez droit à une collation, mais je ferai monter de la cave une bonne bouteille de vin blanc !

Laure leva les yeux au plafond et se lança :

– Dès le surlendemain de mon mariage, je fus présentée à Mme Bonaparte et au Premier consul. Ce soir-là, il fut entendu qu'à la sortie de l'Opéra, Junot et moi nous nous rendrions aux Tuileries. Le cœur me battait violemment. Je redoutais l'accueil du Premier consul, devant une foule de personnes que je ne connaissais pas. J'arrivai donc fort agitée. Comme nous montions les cinq ou six marches qui mènent aux appartements du rez-de-chaussée, la porte battante de l'appartement de Mme Bonaparte s'ouvrit, et quelqu'un descendit rapidement. C'était Eugène de Beauharnais, qui venait à notre rencontre. Il me donna la main et nous entrâmes enfin dans ce grand salon qui était à l'époque meublé de jaune.

– Vous paraissez très émue encore aujourd'hui.

– C'est un des souvenirs de ma vie les plus profondément gravés dans mon esprit. En entrant dans ce vaste salon, je ne vis personne, d'abord par l'effet de mon émotion, ensuite parce que la pièce était seulement éclairée par deux faisceaux de bougies placés sur la cheminée. Mme Bonaparte était assise devant un métier à tapisserie. De l'autre côté de la cheminée se tenait Hortense de Beauharnais, aimable, bienveillante, et puis si agréable avec sa taille de nymphe, ses beaux cheveux blonds, ses gracieuses manières, sa douce parole. Le Premier consul était debout devant la cheminée, les mains derrière lui, se dandinant comme il en avait déjà pris l'habitude. Les yeux braqués sur moi, il inspectait chacun de mes mouvements avec une attention scrupuleuse qui ne contribua pas à me rassurer. Mais j'avais pris mon parti et, dès ce même soir, je résolus de ne pas me laisser dominer ; sinon, avec un tel homme, j'étais perdue. Mme Bonaparte se leva, vint à moi, me prit les deux mains, m'embrassa et me dit que je pouvais compter sur l'amitié qu'elle me promettait : « Je suis depuis trop longtemps l'amie de Junot, poursuivit-elle, pour que sa femme ne trouve pas en moi les mêmes sentiments, surtout lorsqu'elle est comme celle qu'il a choisie. – Oh ! Oh ! Joséphine, fit le Premier consul, comme tu vas vite en besogne ! Et sais-tu si ce petit lutin-là vaut assez pour qu'on l'aime ? Eh bien, mam'selle Loulou – vous voyez que je n'oublie pas le nom de mes anciennes amies –, est-ce que vous n'avez pas une bonne parole pour moi ? » Il avait pris ma main et, m'attirant à lui, il me regardait avec une attention qui me fit baisser les yeux. Mais, comme je l'ai dit, mon parti était arrêté. « Général, lui répondis-je en souriant, ce n'est pas à moi de parler la première. » Le froncement de sourcils aurait été imperceptible pour tout autre que moi, mais depuis longtemps je connaissais ce visage. Il sourit presque aussitôt et dit : « Bien, très bien riposté… Oh ! La tête de la mère… À propos, et comment se porte-t-elle, Mme de Permon ? – Mal, général, elle est fort souffrante. Depuis deux ans, sa santé est même dérangée assez sérieusement pour nous donner de vives inquiétudes. – Ah ! Vraiment, c'est à ce point ? J'en suis fâché, très fâché… Vous lui ferez mes amitiés. C'est une mauvaise tête, une tête du diable ! Mais elle a du cœur et une âme généreuse. »

– Il a dit une « tête du diable » ?

– Ce sont ses mots. J'essaye le plus possible de conserver la tournure de ses phrases. Jamais il ne perdit cette manière, pour le moins originale, de s'exprimer.

» Je retirai ma main, qu'il avait retenue pendant tout ce temps-là, et j'allai m'asseoir près de Mme Bonaparte.

La conversation devint générale ; Duroc entra, et ce fut à dater de cette soirée que je pris de lui cette opinion qui a été le fond de l'amitié que je lui ai toujours conservée. Mme Bonaparte parlait peu de ce qu'elle ne savait pas, ce qui empêchait de s'apercevoir de la faiblesse de son esprit. Et puis, sa fille était là, elle soutenait la conversation sur des sujets agréables à tout le monde. D'ailleurs, les événements, à cette époque, se pressaient en foule et suffisaient seuls à l'entretien ; après un moment, Bonaparte se retourna vers moi pour me dire : « J'espère que nous nous verrons souvent, madame Junot. Mon intention est de former autour de moi une nombreuse famille, composée de mes généraux et de leurs jeunes femmes. Elles seront les amies de la mienne et d'Hortense, comme leurs maris sont mes amis. Cela vous convient-il ? »

– Jusque-là, Napoléon se montra courtois, fit remarquer Balzac.

– En effet, mais Napoléon faisait partie de ces êtres qui n'oublient jamais. Il avait du ressentiment et il le montra. Son beau discours continua ainsi : « Je vous avertis que vous aurez peut-être des mécomptes si vous croyez trouver ici tous vos beaux amis du faubourg Saint-Germain. Je ne les aime pas. Ils sont mes ennemis et me le prouvent bien, car ils me déchirent. Au surplus, dites-leur, puisque votre mère vit au milieu d'eux, dites-leur que je ne les crains pas. Je n'ai pas plus peur d'eux que des autres. »

» Cette phrase, dite avec aigreur, me fit de la peine, à plus d'un titre. D'abord, elle fut désobligeante tout à la fois pour Junot et pour moi. Il semblait que le Premier consul lui reprochât d'avoir été prendre une femme dans un monde ennemi et que j'arrivais près de lui armée de dispositions hostiles. « Général, répondis-je d'une façon un peu vive, permettez-moi de ne porter, de votre part, à mes amis, que des paroles de paix et d'union. Je sais que ceux que je vois ne désirent pas autre chose. »

– Et cela était vrai ?

– Et cela était tout à fait vrai quant à la société que ma mère recevait chez elle. En contractant mariage avec Junot, j'étais passée dans l'« autre camp » avec la bénédiction de ma mère qui, je le rappelle, malgré sa brouille avec Napoléon, n'avait jamais cessé de recevoir la famille Bonaparte. Elle était une femme libre qui n'acceptait pas qu'on lui dictât sa conduite. Et toute ma vie, j'ai fait de même, conclut-elle fièrement.

– Le Premier consul était blessé dans son amour-propre. Ces reproches déguisés étaient une manière détournée de vous le faire sentir... Il supputait que vous répéteriez mot pour mot cette conversation.

– Je n'en dis rien à ma mère, cela l'aurait chagrinée.

– Vous fûtes plus fine, duchesse, que Bonaparte ne l'avait espéré. D'une façon générale, il ne prêtait guère d'esprit aux femmes et ce fut un tort.

Julie parut, les mains chargées d'un plateau en argent. Il comportait de la vaisselle de Sèvres, des verres dont le cristal était aussi fin que de la dentelle, des couverts en argent, le tout frappé aux armes de la famille.

Ce luxe laissa Balzac rêveur. Chez ses parents, le confort demeurait bourgeois avec ce je-ne-sais-quoi de mesquin qu'il attribuait au caractère étroit de sa mère. On y trouvait toujours le nécessaire, jamais le superflu ; et lui, Balzac, aimait le faste, l'abondance… Il pensa alors à son imprimerie et espéra que bientôt il pourrait lui aussi s'offrir au moins quelques pièces d'argenterie, de beaux candélabres. Il avait hâte de sortir de cette vie étriquée qui l'entravait dans ses désirs et aussi dans ses rêves.

Laure versa un verre de vin à son hôte qui trempa ses lèvres une première, puis une seconde fois avant de prononcer son verdict :

– Excellent !

– Un petit vin de Loire que le duc d'Abrantès appréciait. Il ne me reste que quelques bouteilles.

Bien qu'elle ne bût jamais d'alcool, Laure se servit un fond de verre afin d'accompagner son invité. Elle allait sonner Auguste pour nourrir le feu qui se mourait, quand Balzac intervint.

– N'en faites rien ! Personne mieux que moi ne sait faire partir une belle flambée !

Sans plus de manières il se leva, prit quelques bûches, les posa en les croisant sur les chenets.

– Il faut de l'air entre elles pour ne pas étouffer les flammes, expliqua-t-il.

Il recula pour admirer son œuvre, donna encore quelques coups de tison avec la pique et se releva :

– Il n'y a plus qu'à attendre, dit-il, satisfait. La flamme est une gourmande à qui il faut laisser du temps, de l'espace et de la liberté. Voyez comme elle est magnifique et féroce, elle aime lécher ses proies avant de les dévorer !

Laure écoutait les commentaires de Balzac, qui avait l'art de mettre de la poésie en toute chose. Mais c'était comme une deuxième nature chez le romancier qui s'épousseta, se rassit et sans transition questionna :

– Comment se présentaient les Tuileries à l'époque de votre mariage ?

– Mme Bonaparte occupait toute la partie du rez-de-chaussée. Ses appartements étaient meublés avec goût, quoique sans aucun luxe. Il n'y avait d'or nulle part. Les autres pièces ne présentaient pas plus de richesses dans leur décoration ; tout était frais et élégant, voilà tout. Au reste, ses appartements n'étaient destinés qu'aux réunions particulières et aux visites qu'elle recevait le matin. Elle aimait s'entourer de chiens et quand vous alliez la voir, d'affreux carlins vous accueillaient en aboyant et en vous mordant les chevilles. Les grandes réceptions avaient lieu en haut. Il n'y avait encore ni chambellan, ni préfet du palais. L'époque du consulat est l'une des plus remarquablement intéressantes de la vie de Napoléon. Par le souvenir, j'aime à m'y promener, c'étaient des moments heureux où seul l'espoir nous portait.

» Ce n'est qu'après le 18 brumaire que le gouvernement quitta le petit Luxembourg pour aller aux Tuileries. Depuis, je me suis imaginé que quelqu'un qui aurait vu passer le cortège du 19 février 1800 se rendant aux Tuileries et se serait endormi au son de nos musiques militaires pour ensuite ne se réveiller qu'au grondement du canon annonçant que Napoléon allait se faire sacrer empereur à Notre-Dame, celui-là aurait trouvé une curieuse différence entre les deux cortèges. Que de gloire ! Que de pompe !

» Le jour de son installation aux Tuileries, à peine le Premier consul fut-il arrivé qu'il monta à cheval et passa sur-le-champ une revue dans la cour du palais. Il prenait plaisir à ces revues et y consacrait quelquefois cinq heures de suite, sans prendre un instant de repos.

» Après avoir parcouru les rangs sur son cheval blanc – le Désiré –, il descendait et parlait avec les officiers, les soldats. Il s'occupait des soins les plus minutieux. C'était la nourriture, l'habillement, la manœuvre, enfin tout ce qui pouvait être utile à l'homme et nécessaire au soldat. Il les encourageait à parler sans crainte : « Ne me cachez aucun de vos besoins, leur disait-il, ne me taisez aucun des reproches que vous pourriez avoir à adresser à quelqu'un de ceux qui sont au-dessus de vous. Je suis là pour rendre la justice à tous, et le plus faible doit surtout être protégé par moi. »

– Voilà de belles paroles !

– À l'époque du consulat, l'homme était admirable… Vraiment admirable.

Dans le salon, on n'entendait plus que le bruit du bois qui se consumait et celui du vent qui, par à-coups, ébranlait les chambranles des portes, grondant comme un chien enragé.

Les pensées de Balzac s'assombrirent : demain il prendrait la Gondole, qui le ramènerait à Paris. Il devrait refaire ses comptes, répondre à ses fournisseurs, jongler avec les chiffres…

– Quand repartez-vous ? questionna Laure, qui avait deviné les réflexions qui agitaient son hôte.

– Demain à la première heure… Les affaires, madame.

– Je comprends, dit Laure, cachant sa déconvenue. Mais cette fois je ne saurais trop vous engager à me donner de vos nouvelles. Les vrais amis sont rares, et si on veut les garder il faut savoir leur consacrer un peu de temps. Songez-y !

– J'y songerai et mettrai vos paroles à profit. Mais où en étions-nous ?

– À cette époque prodigieuse où nous assistions à une véritable renaissance de la prospérité publique. Chaque jour on apprenait l'arrestation d'une nouvelle bande de brigands, de dévaliseurs de diligences, ou de faux-monnayeurs ; ces derniers étaient nombreux. Le préfet de police, Dubois, mettait un zèle infini à découvrir les coupables.

– Cette époque bénie fut cependant celle de l'attentat de la rue Nicaise ?

– Ce fameux soir, je ne l'ai pas oublié, cependant je vous le relaterai comme je le vécus et non comme l'histoire le retint.

– C'est bien ce que j'espère.

– Il était sept heures lorsque ma mère et moi arrivâmes à l'Opéra. Les femmes étaient fort parées et la salle très éclairée. Le coup d'œil était vraiment admirable. Les trente premières mesures de l'oratorio étaient à peine jouées qu'une forte explosion, comme un coup de canon, se fit entendre. « C'est étrange ! Comment aurait-on tiré le canon à cette heure ? » dit Junot.

» Dans ce moment la porte de la loge du Premier consul s'ouvrit et lui-même parut avec le général Lannes, Lauriston, Berthier et Duroc. Il salua en souriant cette foule immense qui mêlait presque des cris d'amour à ses applaudissements. Mme Bonaparte le suivait à quelques secondes de distance. Elle était avec le colonel Rapp,

Mme Murat, qui était grosse de près de neuf mois, et Mlle de Beauharnais.

» Duroc se présenta à nous avec une physionomie fort troublée et l'air presque égaré : « Le Premier consul vient d'échapper à la mort, dit-il rapidement à Junot. Descends auprès de lui, il veut te parler, mais sans affectation. Il est impossible que la chose ne soit pas sue d'ici à un quart d'heure. Viens avec moi et laisse-moi prendre ton bras pour m'appuyer, car je suis tremblant. Ma première bataille m'a causé moins d'émotion. »

» La musique continuait, mais je n'écoutais pas et restais inquiète. Un bruit sourd commença à se répandre du parterre à l'orchestre, à l'amphithéâtre, puis aux loges : « Le Premier consul vient d'être attaqué dans la rue Nicaise », disait-on.

– J'imagine que la réaction dut être foudroyante ?

– À l'instant même, et comme par un coup électrique, une même acclamation se fit entendre. Le Premier consul était calme. Mme Bonaparte était bouleversée et sa fille était aussi fort troublée. Quant à Mme Murat, le caractère de la famille paraissait en elle : malgré son état, elle était parfaitement maîtresse d'elle-même.

– Vous semblez l'admirer.

– À cette époque, Caroline Murat et moi étions amies, et je relate ici mes sentiments du moment.

– Cela vous honore, duchesse, cependant vous avez dit : « À cette époque », ce qui suggère qu'à d'autres… ?

– Vous êtes impitoyable, mon cher Balzac ! Il fut d'autres moments où, en effet, nous ne fûmes plus du tout amies et même tout à fait ennemies

– Cela ne m'étonne pas, j'ai toujours entendu dire que Mme Murat avait une tête d'homme sur un corps de femme. D'elle il y avait tout à craindre, et vous ne vous êtes pas assez méfiée.

– Décidément vous devinez bien, mais revenons à ce moment cruel. Les auteurs de ce crime infâme n'ayant pas été arrêtés, nous pouvions craindre qu'au moment de la sortie du Premier consul un autre coup ne soit préparé. Après cette rumeur, comme un homme faisait mine de s'en aller, ma mère me dit : « Ce monsieur a parfaitement raison. Donne-moi mon châle, mets le tien et partons. » Devant mon hésitation, elle insista : « Allons, allons, Laurette, ton châle et partons ! Il peut arriver un malheur, c'est une chose plus que probable. En l'honneur de quoi serions-nous des victimes de plus dans le sacrifice ? Tu vois bien que ton hésitation n'a pas de sens. »

Laure regarda Balzac avec hauteur :

– Vous ne me crûtes point objective quand je parlai de Mme de Permon et je vais vous montrer par les réflexions qui vont venir qu'il n'en est rien. Ma mère, depuis mon mariage et même dans beaucoup de circonstances antérieures, m'avait toujours reproché ma partialité envers Bonaparte, et surtout cette passion pour sa gloire qui me faisait sentir aussi vivement ses triomphes que s'il eût été mon frère. Aussi, bien souvent avais-je de petits différends avec elle.

– Vous avez connu Napoléon si jeune qu'il était normal que vous le considériez comme un frère…

– Un frère ! Détrompez-vous, monsieur, seul le sang compte ! À ses débuts, Bonaparte aurait pu être un frère, il était encore parmi les hommes. Mais Napoléon, du haut de sa gloire ! Ah ! non, monsieur, ce qu'il acceptait de ses sœurs, à moi il ne me l'aurait jamais pardonné ! Après la mort de Junot qui l'avait si bien servi et surtout tant aimé, il ne fit rien pour sa veuve et ses orphelins. Si j'ai pardonné, je n'ai point oublié.

Nerveuse, Laure se leva, offrit une tranche de pâté à son hôte et lui versa du vin. Enfin elle se rassit et s'efforça de retrouver son calme :

– Dans le moment où ma mère me parlait, tout à coup la porte de la loge s'ouvrit et Junot avança la tête pour me dire de partir et de le rejoindre un peu plus tard aux Tuileries.

» Quand enfin j'atteignis les Tuileries, le Premier consul était revenu de l'Opéra et tout paraissait calme. Mais dans le salon, c'était autre chose. Le Premier consul, qui jusqu'alors avait montré une sorte d'indifférence pour tout ce qui avait été tenté contre lui, fut cette fois sans indulgence.

– Mais qu'est-ce qui fit qu'il en réchappa ?

– On a dit que la vitesse de la course de la voiture l'avait sauvé ; sans doute la rapidité n'y a pas nui, mais voici la vraie cause et elle est de pur hasard. Le piquet de chasseurs à cheval servant d'escorte au Premier consul précédait et suivait sa voiture. L'un des guides qui était en avant, apercevant cette méchante charrette qui obstruait la route, cria au conducteur de se ranger. Ne voyant personne, le chasseur donna un coup violent du plat de son sabre sur le dos de la pauvre jument, qui se rangea et avança de trois ou quatre pas, ce qu'il fallait pour déranger la ficelle qui devait faire partir la soupape destinée à donner l'air et à faire explosion. Ce temps infime fut suffisant pour que le Premier consul eût le temps de tourner dans la rue de Malte, et là dans la rue de Richelieu.

– Cependant la voiture emmenant M. Bonaparte suivait celle du Premier consul !

– Ici l'explication relève de l'extraordinaire. Joséphine allait monter en voiture, lorsque Rapp fit l'observation que le châle que portait Mme Bonaparte n'allait pas avec sa robe, ou avec ses bijoux.

– Rapp, dont vous me disiez son peu de goût pour la toilette et le monde en général ?

– Oui, Rapp, aussi extraordinaire que cela paraisse, fit cette remarque à Mme Bonaparte, dont on sait comme elle était élégante dans l'arrangement de la toilette. Elle remonta les huit ou dix marches de l'escalier de Flore pour réparer sa faute. Elle fut à peine trois minutes, mais ce temps fut suffisant pour que la voiture se trouvât séparée de celle du Premier consul, et ce délai la sauva ; l'explosion eut lieu comme la voiture de Mme Bonaparte arrivait sur le carrousel. Jamais Napoléon ne fut peut-être plus intéressant à observer que dans les heures qui suivirent cette catastrophe. Il était admirable de sang-froid et de détermination.

– Comme beaucoup de grands hommes, c'est dans l'adversité que Napoléon montrait pleinement sa valeur. Mais je vous prie de continuer, je suis dans l'impatience de connaître la suite.

– Le lendemain, 4 nivôse, l'agitation fut grande dans Paris. L'indignation était générale.

Dans les jours qui suivirent l'explosion de la machine infernale, ma mère m'engagea à me rendre auprès de Napoléon. « Tu auras grand soin, me dit-elle, de bien exprimer au général Bonaparte tout le mal que m'a fait cette terrible affaire. »

» Lorsque je m'acquittai de cette mission, le Premier consul arrêta sur moi ce regard plein de feu et de plomb, puis il me fit répéter ce que je lui disais de la part de ma mère. « J'ai eu l'honneur de vous exprimer au nom de ma mère, général, le vif intérêt qu'elle a pris à ce qui s'est passé l'autre jour. Elle espère que vous n'en doutez pas et, moi, j'ajoute qu'elle peut y compter, n'est-il pas vrai ? – Cependant elle s'en est allée, ainsi que vous, avant la fin de l'oratorio. »

– Décidément rien ne lui échappait ! s'exclama Balzac.

– Je ne répondis pas, mais je le dévisageai avec une expression qu'il traduisit fort bien, car il ajouta en cessant de me regarder et en allant vers la fenêtre, quoiqu'il fît nuit et qu'il ne pût rien voir dans la cour du château à cette heure : « Au fait, il n'en serait rien résulté pour ma sûreté quand une victime de plus se serait exposée, dans le cas où il y aurait eu du péril pour moi. – Il faut dire, général, qu'aux yeux de ma mère, c'était sa fille qui était exposée, et aux miens, c'était ma mère. – Eh oui, sans doute, oui, sans doute, répondit-il, avec une inflexion de voix que je ne puis rendre, c'est moi qui suis un homme tout à fait ridicule d'avoir dit ce mot d'exigence, car vous allez l'appeler comme cela. »

» Tout allait bien jusque-là, dit Laure, mais il ne put s'empêcher d'ajouter : « Je sais que dans la société de votre mère on cherche à recueillir tout ce qui peut me faire paraître sous un jour peu favorable. »

– Comment un colosse peut-il ressasser des pensées si mesquines, je ne me l'explique pas.

– Je pris l'accent de la vérité, le seul qu'il n'est pas possible feindre : « J'ai l'honneur de vous dire, citoyen consul, que jamais il ne s'est prononcé dans le salon de ma mère une phrase injurieuse contre vous, sans que ma mère n'imposât silence à ces personnes ! – Ah ! Vous convenez donc que dans le salon de votre mère on reçoit des gens qui ne m'aiment pas ! – Je vous ai parlé avec franchise, général, je continuerai de même. Sans doute, parmi les connaissances de ma mère, il en est qui n'aiment pas le gouvernement actuel ; je ne puis ni les blâmer ni les absoudre. Je sais qu'ils souffrent des suites d'un long exil, que leurs biens sont confisqués, que la plupart sont dans la misère… Mais tout ce mal n'a pas été fait par vous. Ils seraient donc absurdement injustes s'ils vous en voulaient de ce qu'ils souffrent. Mais d'un autre côté, je crois aussi… » Je m'arrêtai. Il continua ma phrase : « Que je serais injuste à mon tour si je les obligeais à crier : Vive la République ! N'est-ce pas cela que vous voulez dire, madame Junot ? Mais s'ils n'aiment pas ce nom-là, pourquoi rentrent-ils en France ? Qui les rappelle ? On n'a besoin d'eux dans aucune des branches de l'administration. – Mais, général, répliquai-je, le sol de la patrie n'est-il pas le bien de tous ses enfants ? Un Français ne peut-il rentrer dans son pays que pour avoir une place ? N'existe-t-il pas un attrait bien plus puissant ? Mon oncle, M. de Comnène, n'est rentré en France que pour vivre en paix. Et, certes, ce n'était pas la confiance en votre générosité qui lui manquait… – Il ne m'aime pas, votre oncle, et je puis dire qu'il n'aime pas la République. Ensuite il a émigré et je regarde tout émigré comme un enfant parricide. »

Balzac se leva :

– Ces mots tombaient comme un couperet ! Sans doute que le souvenir de votre oncle lui rappelait l'époque où il devait ronger son frein !

– Cette sécheresse de parole m'avait glacée. Cependant je me gardai de répondre car je savais que la haine qu'il avait pour tout ce qui tenait au faubourg Saint-Germain venait, en effet, de ces années passées à Brienne.

Paris, imprimerie de Balzac

Dans les trois pièces situées au-dessus de l'imprimerie et qui formeraient désormais son appartement, il plaçait les derniers livres sur les étagères du salon. Mme de Berny avait voué son dimanche à aider Honoré à aménager son appartement et elle pouvait enfin en admirer le résultat.

– À présent tout est en ordre, minet chéri, déclara-t-elle, satisfaite.

D'un coup d'œil averti, elle admira la percale bleue à effet de soie qui avait été tendue aux murs, les deux fauteuils, les trois chaises et la table : les meubles, bien que de provenances diverses, formaient un ensemble qu'elle jugea plutôt réussi.

Heureuse d'en avoir fini, elle dénoua son tablier. Devant la glace posée au-dessus de la cheminée elle se regarda, remit en place les mèches rebelles.

– Bien, ajouta-t-elle, tu nous fais un bon feu et je prépare le dîner. As-tu faim ?

Jusqu'alors accaparé par sa tâche, il se retourna vers sa chère Dilecta qui, debout, un sourire aux lèvres, le couvait du regard.

Il la prit tendrement par la taille que de nombreuses grossesses mais aussi l'âge avaient épaissie. Il semblait ne pas s'en apercevoir car il voyait cette femme avec les yeux de la reconnaissance. En elle il avait trouvé une âme sœur, un cœur tendre, un esprit délié, une épaule contre laquelle s'appuyer, un corps aux courbes accueillantes.

– Une faim colossale à l'égal de ma satisfaction ! répondit-il dans un éclat de rire.

Cette réponse digne de Gargantua la réjouit. Elle alla à la cuisine sortir le dîner préparé par ses domestiques. Ces moments d'intimité qu'elle réussissait à arracher à sa vie privée la payaient de toutes les tracasseries. L'imprimerie… Voilà à peine un mois qu'elle avait été achetée et déjà tant de problèmes s'annonçaient. Jamais elle n'avait pensé un jour se lancer dans les affaires, mais par amour elle suivait son jeune amant dans ses projets.

Son seul plaisir était de faire son bonheur. Elle vieillissait et craignait de provoquer chez lui de la lassitude. Chaque jour, elle inventait de nouvelles folies. Elle avait compris que l'aider dans ses entreprises était le plus sûr moyen de le garder près d'elle. Tandis qu'elle prenait de l'âge, lui grandissait, forcissait, se métamorphosait et sa seule crainte était qu'il prît son envol loin d'elle.

Ce n'était pas tant les turpitudes du garçon qu'elle craignait, elle avait compris qu'il lui serait fidèle à sa façon et que, entre deux coups de sang, l'enfant prodigue lui reviendrait toujours. Ce n'était pas tant cette peur-là qui la taraudait, mais plutôt qu'il se laissât tromper, vampiriser par des femmes sans scrupule, celles-ci pouvant se montrer de redoutables calculatrices.

Elle lui avait offert beaucoup plus qu'elle n'offrirait jamais à ses enfants. Elle s'était vouée à lui corps et âme, quitte à perdre sa réputation. Elle lui avait tout donné. Il avait tout pris. Elle ne regrettait rien. Ces dernières semaines, elle n'avait pas hésité à lui prêter de l'argent, beaucoup d'argent, afin qu'il acquît un outil de travail : l'imprimerie.

Honoré se montrait enthousiaste et plein d'allant, elle entrevoyait néanmoins que le démarrage de l'affaire se révélerait plus compliqué que prévu. Si le carnet de commandes se remplissait, les prix étaient sans cesse revus à la baisse par des clients exigeants, et les fournitures sans cesse revues à la hausse par des fournisseurs indélicats. Il fallait jongler entre ces deux paramètres, et la marge des bénéfices se rétrécissait.

Laure de Berny sortit de la cuisine les bras chargés. Balzac, qui s'était un moment assis devant l'âtre, se leva promptement pour l'aider à dresser le couvert.

Leurs mains s'effleurèrent, leurs regards devinrent caressants.

– Tout à l'heure, mon minet chéri ! suggéra la Dilecta qui avait vu passer dans les yeux de son amant cet éclair qu'elle aimait tant éveiller.

Mais lui, sourd aux molles protestations, commençait à se montrer entreprenant, ses mains se firent polissonnes. Pour toute réponse elle rit, et, tachant de le rendre à la raison, elle suggéra :

– Après le dîner, nous aurons tout le temps.

Et, tendrement, elle se pencha à son oreille pour lui chuchoter :

– J'ai prévenu mon mari de ne pas m'attendre ce soir.

Il vola un dernier baiser à cette femme admirable qui, la démarche joyeuse, s'en fut chercher les plats.

– Qu'avons-nous pour le souper, tous ces travaux m'ont creusé l'appétit !

– Au menu j'ai prévu une volaille truffée, des légumes, des fromages, des compotes, des fruits.

Le dîner achevé, la Dilecta invita le jeune homme à s'asseoir près d'elle.

– Alors, minet chéri, es-tu heureux de ton installation ? J'y apporterai encore des améliorations, il te manque un vase, si je veux t'offrir des fleurs, et quelques gravures. Dans mon grenier, je trouverai sûrement ce qu'il te faut.

Hiver 1827, la Gondole

Devant le miroir du vestibule, Laure noua le ruban de son chapeau, se regarda une dernière fois, puis, satisfaite de son image, se dirigea vers la porte près de laquelle se tenait Auguste.

– Vous direz à Mlle Constance que je ne serai pas de retour avant la fin d'après-midi, mais que je dînerai en sa compagnie.

Elle sortit. Un air vif la saisit. Elle traversa la cour, au passage salua le jardinier qui sortait de la remise avec sur ses talons Samba, la chienne au poil hirsute qui ne le quittait jamais. Elle longea les écuries. Devant le vide et le silence, elle eut un pincement au cœur. Elle n'avait pas les moyens de posséder son propre attelage, et les écuries ne servaient plus qu'à abriter les chevaux des visiteurs ou ceux de ses fils quand ils venaient la voir. Elle se souvint du coupé qui appartenait à Junot, dont les portières étaient frappées aux armes des Abrantès, du landau dont elle disposait pour faire ses visites. Les écuries regorgeaient de chevaux plus racés les uns que les autres. Qui aurait pu dire qu'un jour elle devrait prendre une voiture publique pour se déplacer ?

Depuis, elle avait souvent songé à ce revers de fortune. Et elle était arrivée à la conclusion que ce n'était pas le luxe qui lui manquait (le luxe n'étant jamais qu'un surplus d'abondance), mais l'insouciance de la jeunesse.

Laure passa le porche. Une fois sur le chemin étroit et malaisé, elle hâta le pas en prenant soin de ne pas glisser. Les ornières, encore remplies des eaux de pluie, avaient gelé dans la nuit.

Après dix minutes de marche où, malgré ses soins, elle se crotta talons et bas des jupes, elle arriva en haut de l'avenue de Saint-Cloud. À cette heure, la circulation était intense, des fiacres se croisaient, se dépassaient. Des cavaliers pressés talonnaient leur monture, les passants têtes baissées se pressaient dans le froid vif de février. Elle hâta le pas jusqu'à la place d'Armes où la diligence tirée par quatre chevaux attendait de faire le plein de voyageurs avant de regagner la capitale.

Laure adressa un gracieux sourire au cocher, présenta son billet et entra dans l'omnibus. Elle s'assit entre deux commères, face à un vieux monsieur somnolent. Un couple avec deux enfants âgés d'environ huit et dix ans remplirent les dernières places disponibles. Alors, le cocher gagna le perchoir et la Gondole s'ébranla. À la sortie de Versailles, les chevaux prirent une bonne allure.

Laure pensa qu'il se passerait encore une heure avant d'atteindre le village d'Auteuil et encore vingt bonnes minutes avant de pénétrer dans le cœur de Paris. Elle s'enfonça dans ses fourrures, ferma les yeux et se laissa bercer par les trépidations de la voiture.

Depuis qu'elle prenait ce moyen de locomotion, elle avait plus appris sur les misères de ce monde que toutes les années passées. C'était dans ces divers déplacements qu'elle avait connu l'état moral de la France. Au hasard des conversations, elle avait découvert les difficultés des gens, leurs espoirs, leur dénuement, et ils lui avaient fait prendre patience face à ses propres tourments. Ce matin, les voyageurs étant peu bavards, ses pensées retournèrent à ses préoccupations du jour : n'aurait-elle mis au monde ses enfants que pour en récolter des chagrins ? Joséphine, et maintenant Constance… Car c'était avec cette dernière que, depuis quelques semaines, elle avait maille à partir. Constance la rieuse, la primesautière, lui avait fait part de son désir de se marier avec un certain M. Aubert, sous-officier de son état. Elle lui avait fait la remarque que la solde d'un sous-officier ne pourrait faire vivre décemment une famille et qu'elle ferait un mariage médiocre. Depuis le retour des Bourbons sur la scène politique, l'armée n'était plus à l'honneur. Les temps avaient changé, et bien changé depuis la mort de l'Empereur !

Constance n'avait rien voulu entendre. Après une longue conversation, la duchesse avait perdu patience. Pourquoi lui avait-elle caché cette fréquentation ? Combien de fois l'avait-elle rencontré ? Et où le rencontrait-elle ? Avait-il seulement une fortune personnelle ? Connaissait-elle sa famille ? Et depuis quand les filles décidaient de leur sort ?

Sous l'avalanche de questions, Constance était restée muette. Entre-temps, Laure avait appris que M. Aubert était sans fortune aucune. La duchesse savait d'expérience qu'aimer était une chose et que vivre en était une autre. Ce mariage serait une folie, une vraie folie ! Elle avait perdu une fille, elle ne voulait pas se fâcher avec la seconde. Son cœur de mère ne le supporterait pas.

Alors, comme chaque fois qu'elle se trouvait dans une position inconfortable, elle allait avoir recours à son frère. C'était la raison de ce déplacement.

Paris

Laure retrouva le trafic et les bousculades de la capitale, souvenirs des temps heureux. Par souci d'économies, mais aussi par plaisir, elle décida d'aller à pied.

Un peu avant l'heure prévue, les joues rosies, elle se trouva devant l'hôtel particulier de la rue de l'Université où son frère habitait. Il en occupait le rez-de-chaussée. Avant même qu'elle eût le temps de frapper, le valet lui ouvrit.

– Bonjour, Antonin !

– Je vais prévenir M. le comte qui est encore dans son atelier.

– Surtout, n'en faites rien ! Je veux lui faire la surprise !

– C'est comme madame la duchesse voudra.

Laure traversa le vestibule. Après avoir suivi un corridor étroit, à pas de loup elle s'approcha de la porte, frappa… Un vague grognement lui parvint. Elle ouvrit. Pinceau en main, Albert était debout face à son chevalet.

– Laurette ! Je ne t'attendais pas si tôt !

– C'est que pour une fois la Gondole était à l'heure !

Elle promena un œil amusé : partout des pots, des brosses, des chiffons maculés de peinture jonchaient le sol, çà et là des toiles séchaient tandis que d'autres attendaient d'être finies. Elle en prit une, la souleva :

– Il y a bien longtemps que tu ne m'as pas offert une de tes œuvres, et je te rappelle que Constance attend toujours le portrait que tu lui avais promis pour son anniversaire.

Albert sourit et continua à peindre.

– Quel est le modèle du jour ?

Sans attendre de réponse, elle s'approcha de l'œuvre en cours, osa un regard.

– Oh ! fit-elle en découvrant le portrait de Constance.

– Alors, ma sœur, vous plaît-il ? questionna Albert qui, avec elle, passait du vouvoiement au tutoiement selon son humeur et ses propos.

– C'est très ressemblant.

– À défaut de l'avoir terminé pour son anniversaire, je le lui offrirai pour ses fiançailles !

Laure sursauta. Albert fit semblant de ne pas s'en apercevoir et, avec la même désinvolture, reprit :

– Mais allons terminer cette conversation au salon, je me change et je te rejoins.

Au même moment, Antonin frappa à la porte de l'atelier et annonça :

– M. le duc d'Abrantès.

En deux enjambées, Léon fut près de sa mère.

– Toi, ici ? Je croyais que tu étais pris pour le déjeuner et que tu ne viendrais qu'à l'heure du café ?

– C'était sans compter, ma chère maman, sur le pouvoir de persuasion de mon oncle Albert.

Aussi surprise qu'heureuse, Laure en oublia ses contrariétés. Comme chaque fois qu'elle voyait son fils, elle ressentait une vraie fierté. Toujours tiré à quatre épingles, elle admira la redingote à un seul rang de boutons, le gilet en cachemire, le pantalon en casimir gris avec sous-pied, la cravate fantaisie, le tout de très bonne facture et à la pointe de la mode dandy. Elle se demanda combien avaient coûté toutes ses extravagances, mais se retint de faire la remarque à haute voix.

Napoléon, qui depuis la chute de l'Empire se faisait appeler Léon, avait fait des études pour devenir diplomate, mais ne paraissait guère pressé de se trouver un emploi. Cet égoïste ne pensait pas à venir en aide à sa famille, et elle comptait une fois de plus sur Albert pour le raisonner. Son frère avait promis d'écrire aux Affaires étrangères où il avait gardé quelque accointance, mais elle ne se berçait pas d'espoir ; elle avait déjà envoyé plusieurs lettres à d'anciennes connaissances, aucune demande n'avait abouti.

Au salon, le regard de Laure s'arrêta avec nostalgie sur les tableaux qui avaient appartenu à ses parents. Elle prit place sur une des bergères qui meublaient déjà la chambre de garçon d'Albert. À chaque fois qu'elle venait chez lui, elle lui faisait remarquer qu'elles étaient défraîchies aux accoudoirs, et qu'il devrait faire venir un tapissier. Il rétorquait qu'il ne retrouverait jamais la même soierie et que ces fauteuils, tels quels, étaient un souvenir.

Laure s'informa des projets de son fils.

– Chère maman, laissons cela ! Je suis si heureux de vous voir !

Il lui prit la main pour y déposer un baiser, puis il sourit de toutes ses dents, qu'il avait parfaites. Si Léon avait hérité d'elle sa gaieté, il avait de Junot l'impatience, le besoin d'être toujours en action. Ce mélange faisait de lui un homme turbulent, brouillon mais ô combien séduisant.

En fin de repas, le cas de Constance fut enfin abordé. Avant de venir, Laure s'était promis de garder son sang-froid, aussi s'efforça-t-elle d'écouter son frère sans l'interrompre.

– Laurette, tu sais combien tes enfants me sont chers, mais tu sais aussi que jamais je ne prendrais une décision qui serait contraire à tes intérêts. À ce propos, je pensais, et pas plus tard qu'hier au soir, à ce fameux jour de 1800 : te souviens-tu de la demande en mariage de Junot ?

Albert se mit à rire, et son rire fut celui d'un jeune homme.

– Elle fut celle d'un soldat, si inattendue, si franche que tu avais pleuré, lui rappela-t-il. Te souviens-tu aussi comme notre mère s'était fâchée contre cet étourdi qui était venu demander ta main avant même de prévenir le Premier consul !

Bien que Léon connût l'anecdote maintes fois racontée, il s'esclaffa.

– Mon père devait être fou amoureux pour avoir oublié d'avertir l'homme dont son avenir dépendait !

– Cela faisait déjà quelque temps qu'il fréquentait notre salon, ajouta Albert, aussi avais-je eu tout le loisir de l'apprécier. Ce mariage fut le bienvenu, même si ton père, dit-il à Léon, déjà glorieux de faits d'armes, venait d'un autre monde que le nôtre. Mais toi, Laurette tu ne t'en inquiétais pas, et malgré ta grande jeunesse tu sus parfaitement naviguer entre nos connaissances parisiennes et ces étoiles montantes qui faisaient partie de la garde rapprochée du Premier consul. Certains d'entre eux n'étaient pas toujours dégrossis et je trouvais admirable que notre mère, attachée aux convenances comme elle l'était, passât outre.

– Albert, dit Laure impatientée par la tournure que prenait la conversation, cesse de parler du passé et de tourner autour du pot. Revenons à Constance, car c'est de son avenir qu'il est question.

– Tout cela pour te dire que les temps ont bien changé. Constance est éprise d'un homme courageux qui a été remarqué pour avoir fait un coup d'éclat à la bataille du Trocadéro. Sa bravoure lui a valu d'entrer dans les gardes du corps. J'ai pris mes renseignements, il est d'un milieu tout à fait honorable et…

– Et il n'a aucune fortune ! coupa Laure.

– Constance non plus, mère, fit remarquer Léon.

– Et ce n'est certes pas toi qui arrangeras nos affaires ! À ton âge, ton oncle travaillait déjà et il m'offrit toutes ses économies pour me doter. Tandis que toi, mon fils, tu ne fais rien pour aider la famille !

Un long silence suivit l'algarade. Albert connaissait sa sœur et il était bien décidé à aller jusqu'au bout de la discussion. Il fit diversion, parla de choses et d'autres avec son neveu, laissant Laure à ses ruminations. Au dessert, il revint sur le sujet.

– Laurette, tu as raison sur un point, le prétendant de ta fille n'a pas de fortune, mais ses sentiments pour Constance sont vrais et profonds. Au demeurant, c'est un homme au physique avantageux fait aux usages du monde…

– Parce que tu l'as rencontré !

– En effet, je l'ai reçu ici même, je lui ai parlé longuement et…

– Sans m'en avertir ?

– Et je dois dire que cet homme me parut honnête, ajouta-t-il sans se démonter. J'ai pris mes informations et je ne vois aucune raison d'empêcher Constance de fréquenter ce jeune homme. Ma nièce a hérité du caractère de sa grand-mère et de sa mère. Elle sait ce qu'elle veut et ne changera pas d'idée. Mieux vaut la laisser poursuivre sa romance. Veux-tu te brouiller avec ta fille ?

Albert prit la main de sa sœur dans les siennes et dit avec douceur :

– N'est-il pas suffisant, Laurette chérie, que notre chère Joséphine se soit coupée des siens ? Allons, tu aimes tes enfants, tu as toujours été une bonne mère. Crois-moi, Junot n'aurait pas mésestimé cette alliance. Ce soir, va trouver Constance, parle-lui. Et, si Dieu le veut, dans un an elle se mariera, elle aura des enfants, tu seras une grand-mère comblée, souviens-toi que notre mère fut privée de cette joie puisqu'elle mourut quelques semaines après la naissance de Joséphine…

Cette référence au passé, loin d'attendrir sa sœur, l'exaspéra un peu plus :

– Si les mœurs ont changé, ce n'est pas dans le bon sens. Que vaut aujourd'hui l'éducation face à l'argent ? Et c'est bien parce que j'ai connu une existence brillante que je sais de quoi je parle.

– Père a été prodigue et il n'a pas prévu l'avenir, intervint Léon.

– Et c'est toi qui dis cela ? remarqua-t-elle, au comble de l'agacement. Ton père était au service d'un homme à qui il avait voué sa vie, il s'était battu héroïquement sur les champs de bataille et avait reçu de nombreuses blessures. La dernière campagne l'acheva. Quand il revint de Russie, il n'était plus le même. Trop de souffrances avaient eu raison de son équilibre et il n'était plus dans la capacité de défendre sa famille face à un quelconque revers. Après sa mort, tout s'emballa…

Sur ses derniers mots, la voix de Laure se brisa. Le dessert à peine touché, elle laissa ses couverts sur le côté de son assiette : elle ne pourrait plus rien avaler.

– Albert, dit-elle douloureusement, tu sais tout cela aussi bien que moi.

– C'est parce que je sais cela que je crois que le bonheur échappe à toutes les règles.

– Quoi qu'on en dise, l'argent arrange bien des choses. Comment Constance élèvera-t-elle ses enfants si son mari n'a pas une situation convenable ?

– Après moi, je ne laisserai pas une grande fortune, cependant j'ai prévu de léguer mes biens à la descendance de Constance. Si elle a des filles, elle pourra ainsi les doter, et si elle a des fils, elle pourra les établir.

L'offre était inespérée. Émue aux larmes, Laure préféra ironiser :

– Mais t'es-tu bien regardé, mon cher Albert ? Dans vingt ans, tu seras encore un jeune homme, et c'est plutôt à tes petits-neveux que ton argent profitera !

En cabriolet

Laure sortit au bras de son fils qui, grand seigneur, héla un cabriolet et insista pour déposer sa mère là où il lui plairait. Comme elle tenait à garder le secret sur la course qu'elle avait projeté de faire, prise de court elle donna l'adresse du chapelier à la mode qui venait d'ouvrir boutique dans le quartier Saint-Sulpice. De là elle ne serait plus très loin de l'endroit où elle voulait se rendre.

Assis face à face, ils restèrent quelques minutes silencieux. Léon admirait sa mère. Le regard vif sous la toque assortie à ses fourrures, elle paraissait encore si jeune.

Laure, attirée par le va-et-vient qui régnait dans les beaux quartiers, regardait passer les cabriolets, les luxueuses voitures de particuliers, les cavaliers montés sur de belles montures et toute la foule de promeneurs qui se pressaient par ces temps froids. Léon avait deviné ses pensées, il la connaissait si bien.

– Paris vous manque ?

– Seulement le Paris de ma jeunesse, quand il faisait encore bon musarder.

– Voulez-vous que nous allions boire un chocolat chaud ?

– Une autre fois, j'ai une visite à faire et je dois reprendre la Gondole en fin d'après-midi. Quand viendras-tu nous voir à Versailles ?

– Très prochainement, mère.

Laure leva les yeux au ciel : Léon ne tenait jamais ses promesses.

Peu avant le carrefour de l'Odéon, le cabriolet pris sur sa droite, longea les rues étroites et s'arrêta devant la vitrine du chapelier qui avait été un de ses fournisseurs du temps de sa splendeur. Après avoir donné ses dernières recommandations, Laure descendit. Un dernier sourire, un dernier signe de la main et la voiture s'ébranla.

« Mon fils ! Mon fils ! Quel égoïsme », pensa Laure. Il ne pensait qu'à sortir et à courir les filles. Et travailler pour aider sa famille ne lui effleurait même pas l'esprit. Prendrait-il un jour la mesure des embarras d'argent dans lesquels elle se débattait ?

Elle jeta un coup d'œil à la vitrine où s'étalaient, dans un art consommé, les toutes dernières créations. Elle remarqua un chapeau bordé de fourrure, mais elle n'avait pas le premier sou pour se l'offrir. Autrefois, elle serait entrée dans la boutique, elle aurait tout essayé et se serait offert tous les couvre-chefs qui lui auraient plu. Cette constatation ne souleva aucun regret chez elle. Ainsi allait la vie.

Paris, 17 rue des Marais-Saint-Germain

Laure traversa le boulevard Saint-Germain en regardant de tous côtés afin d'éviter de se faire renverser par les attelages menés à trop grande vitesse. Elle se hâta, tout en prenant garde où elle mettait les pieds : le crottin de cheval agglutiné à la pluie de ces derniers jours formait par endroits une boue malodorante.

Après plusieurs minutes, elle atteignit enfin la rue des Marais-Saint-Germain qui, sombre et étroite, rejoignait les quais de Seine. Ses pas résonnaient sur les pavés et faisaient écho dans ce jour gris. Au numéro 17, elle trouva écrit sur le fronton de ce qui pouvait ressembler à une entrée d'atelier : *Imprimerie Balzac et Barbier…* C'était bien là. Elle se pencha pour regarder à travers les vitres dépolies. Plusieurs ouvriers allaient et venaient parmi le tumulte des presses qui ne cessaient de gémir, de grincer ; elle aperçut un homme qui, par les habits, pouvait être un contremaître, mais point de Balzac.

Elle longea l'atelier dans toute sa longueur et, tout au bout, aperçut une cage de verre au milieu de laquelle trônait une mauvaise table encombrée de brochures imprimées, de journaux, de cahiers, de lettres, le tout enchevêtré dans un beau désordre. Sur des rayonnages s'empilaient des dossiers, des cartons remplis de caractères d'imprimerie. Le bureau lui parut poussiéreux et triste. Elle retourna sur ses pas. Cette attente dans le froid dura une éternité. Comme rien de bien remarquable ne se passait, elle allait repartir, quand elle vit une silhouette masculine descendre rapidement les marches de l'escalier en colimaçon. Sous l'émotion, son cœur se mit à battre, mais l'homme, dont elle n'apercevait que le dos, n'avait pas la stature imposante de Balzac. Elle fut déçue et en même temps soulagée que ce ne fût pas lui. Déçue car elle était venue avec l'espoir de le voir, soulagée car elle n'aurait su que faire si c'était lui : entrer, se montrer, lui parler ?

Soudain celui qui discutait avec les ouvriers se retourna… c'était bien lui, mais amaigri, le col ouvert, en bras de chemise, les mains noircies d'encre, les cheveux en bataille. Il était là, dans son atelier, allant et venant entre ses rotatives, parlant, corrigeant des épreuves, imprimeur dans toute la vigueur de sa jeunesse. Captivée par ce qu'elle voyait, si elle ne songeait plus à partir, elle comprit qu'elle ne devait pas se montrer. Son ami était dans un autre monde, dans un ailleurs qui ne la concernait pas. Cependant, ces images volées la troublèrent plus qu'elle ne l'aurait cru : voir ce génie à la pensée puissante peinant au côté de ses ouvriers ! Balzac et ses mains de prélat, Balzac et son imagination débordante, Balzac et ses rêves d'auteur noyé dans le cambouis ! Comment sa famille avait-elle pu le pousser dans ce pari insensé si peu fait pour lui ?

Laure, fascinée, ne pouvait s'arracher à ce spectacle insolite ; mais l'heure tournait et il était grand temps pour elle de partir. Elle avait encore à gagner les quais, à traverser la place Louis-XV et à remonter les Champs-Élysées afin d'attraper la Gondole qui la ramènerait à Versailles, où Constance l'attendait.

Elle réajusta sa cape et, silhouette grise dans la nuit, elle s'en fut.

En son ermitage

Jamais Laure n'avait été si heureuse de regagner son ermitage. Le sourire d'Auguste, l'empressement de Julie, les meubles, le décor… Tout lui parut d'un luxe et d'un confort inouï, comparé à l'endroit où travaillait Honoré. Constance l'attendait en brodant au coin du feu. Sur des charbons ardents, elle leva sur sa mère un regard inquiet.

– Laisse ton ouvrage, dit Laure, j'ai à te parler.

Remarquant sa pâleur, ses yeux cernés, elle eut pitié de sa fille et décida de ne pas la faire attendre davantage.

– J'ai vu ton oncle Albert, ainsi que ton frère. Je te préviens tout de suite, ils ne m'ont pas convaincue. Cependant j'accepte de rencontrer ce M. Aubert que je serai bientôt la seule à ne pas connaître et…

Laure n'eut pas le temps de finir sa phrase que déjà sa fille s'était élancée dans ses bras.

– Mère chérie, je suis si heureuse ! dit-elle en sanglotant.

– Eh bien, le moins qu'on puisse dire, c'est que cela ne se voit pas ! On dirait même le contraire.

Constance sortit son mouchoir, se tamponna les yeux et sourit à travers ses larmes.

– J'avais tellement peur d'un refus.

– J'émets une condition : rien ne se fera dans la précipitation. Et quand tu te rendras à Paris, c'est ta grand-tante Comnène qui te servira de chaperon.

Laure crut de son devoir d'aborder les problèmes qu'un couple pouvait rencontrer. Constance l'écouta, tout en pensant que ces déconvenues ne la concernaient pas. Elle saurait se protéger, elle ferait différemment, elle vivrait autrement...

Sa fille semblait si sûre d'elle. Pourquoi la dissuader ? se dit Laure. À chacun son expérience. Ce soir aucune remarque, aucune mise en garde n'auraient pu atteindre Constance, qui avait la tête ailleurs, et c'est sur un petit nuage qu'elle gagna sa chambre.

Laure la suivit de peu. Assise en tenue de nuit devant la cheminée de sa chambre où flambait un bon feu, elle buvait une tisane faite avec les herbes de son jardin. Pour la première fois depuis des semaines, elle ne ressentait aucune douleur au pylore. Le médecin de famille lui avait dit que cette maladie était due à un excès de nerfs, et elle était soulagée de ne pas avoir à aller contre les sentiments de Constance. Elle avait joué son rôle de mère en la prévenant des difficultés qu'elle rencontrerait, et elle avait obtenu de sa fille un délai raisonnable. Albert avait une bonne opinion du jeune homme. Il ne restait plus qu'à rencontrer les parents.

Tout en buvant son breuvage à petites gorgées, Laure pensa à Joséphine sans ressentir l'accablante souffrance des débuts. Elle pensa au bonheur de Constance ; à Léon, qui cet après-midi s'était comporté en fils prévenant ; à Alfred, qui terminait ses études à La Flèche. Elle pensa à ses dettes, à ses créanciers, et, pour la première fois depuis des années, elle se dit que son fardeau était, en fin de compte, supportable.

Fatiguée par une journée bien remplie, elle se coucha. Après avoir éteint la dernière bougie, la tête posée sur ses oreillers, elle écouta le vent souffler entre les branches du marronnier. Enfin ses pensées allèrent à Balzac, à ce sinistre atelier qu'elle n'avait fait qu'entrevoir. Ce fut la seule touche mélancolique qu'elle eut et elle fut pour lui.

Laure s'endormit en rêvant au printemps qui n'allait plus tarder.

Du plus loin qu'elle l'aperçût, Semba courut vers elle en jappant.

– Couchée ! commanda son maître.

Aussitôt, la chienne s'aplatit au pied de jardinier ; seule sa queue en panache fouettait l'air, trahissant sa joie.

À l'approche de la duchesse, Anselme retira son chapeau. Il avait pour la maîtresse des lieux une déférence sincère, non pour le titre qu'elle portait, mais parce que cette grande dame en savait au moins autant que lui en matière de science du jardin.

– Madame la duchesse, je suis bien content de vous voir…

Il se pencha au-dessus d'un pied de rose, arracha avec délicatesse une feuille et la lui tendit.

Laure regarda attentivement la feuille, et son verdict tomba :

– Elle est attaquée par les cochenilles.

– Et cela risque de contaminer toute la roseraie !

– Anselme, il faut, dès cet après-midi, passer chez le droguiste et lui commander le fameux mélange qui fait merveille.

Le vieil homme baissa la tête. Embarrassé, il tournait le bord de son chapeau entre ses doigts.

– Pour sûr, j'y ai pensé…

– Et alors ?

– Alors, il vaudrait mieux que ce soit madame la duchesse qui s'y rende, parce qu'ils refuseront de me servir.

Laure se rappela qu'elle avait chez le marchand une ardoise qui devait atteindre… elle chercha mentalement le montant et s'aperçut qu'elle ignorait à combien la note s'élevait.

– Vous avez bien fait de me prévenir, dit-elle, cet après-midi vous aurez ce qu'il vous faut.

En compagnie du jardinier et de sa chienne, elle fit le tour du propriétaire, mais sa bonne humeur s'était envolée. Peu avant l'heure du déjeuner, elle retourna s'enfermer dans sa bibliothèque, ouvrit le grand maroquin dans lequel elle gardait toutes les factures en instance. Découragée, elle souleva le paquet, le feuilleta, sortit celles du droguiste, fit l'addition, conclut que le montant était bien trop élevé pour le régler en une seule fois. Elle se promit de réfléchir à la question et passa à table.

Le déjeuner fini, elle se remit à la tâche. Elle tria les factures les plus pressées, trempa sa plume dans l'encrier et commença à répondre à son courrier. Elle allait faire comme chaque fois : gagner du temps, attendre les prochaines réclamations et ne payer que les plus insistantes. Après une heure de ce fastidieux travail, elle cacheta les enveloppes, extirpa d'un tiroir une boîte en bois précieux. À l'intérieur dormait une liasse de billets de banque, sa réserve personnelle. Elle en prit un, le cacha dans son corsage, puis alla tirer le cordon de sonnette.

– Julie, prépare mon ombrelle, mon mantelet, j'ai une course à faire.

Dehors, l'air était doux, les oiseaux chantaient. Elle allait sans se presser, heureuse de s'être débarrassée d'une corvée qu'elle remettait toujours au lendemain. Elle allait avec la légèreté de quelqu'un qui a fait son devoir. Devant la boutique, elle plia son ombrelle, prit un air altier, entra d'un pas assuré et commanda d'un ton ferme :

– Un paquet de votre mélange contre les cochenilles !

– Madame la duchesse, je suis au regret…

Laure lui lança un regard impérieux et sortit le billet.

– Je paye comptant, c'est urgent.

Devant tant d'audace, le droguiste n'osa pas refuser et la servit.

Elle prit le paquet, le paya et le gratifia d'un sourire.

« Fort bien, se dit-elle, soulagée, mes rosiers seront sauvés et demain est un autre jour. »

Laure se promit d'honorer sa dette dès qu'elle le pourrait et, le cœur rempli de bonnes intentions, reprit le chemin du retour. Bientôt, elle quitta la ville et ses nuisances. Avec satisfaction, elle allait regagner son ermitage et annoncer à Anselme la bonne nouvelle, quand, venant en sens inverse, elle aperçut une silhouette qui lui était familière.

Sur le chemin de l'ermitage

– Madame la duchesse !

Honoré souleva son chapeau d'une main et leva sa canne de l'autre. En quelques enjambées, il fut près d'elle.

– J'ai laissé à Auguste une carte qui vous annonçait mon passage !

– Ne me dites pas que vous repartez déjà ?

– Je resterai trois jours à Versailles.

– Vous faites des progrès, mon cher !

Laure regardait l'homme jeune qui lui faisait face ; elle ne reconnut pas celui en bras de chemise qu'elle avait aperçu à l'imprimerie. Balzac souriait, mais elle remarqua que son regard était celui de quelqu'un d'épuisé.

– Et vous partiez sans m'attendre ?

– J'ai encore un peu de temps devant moi.

– Alors, je vous invite à vous asseoir sur ma terrasse, avec un café que j'ai acheté tout spécialement pour vous On m'a indiqué une maison… des connaisseurs… mais vous verrez par vous-même.

Balzac la déchargea du paquet et se laissa volontiers entraîner. Cette façon joyeuse de l'accueillir le touchait. La duchesse avait la sincérité du cœur, en même temps qu'une vivacité et un enthousiasme que bien des jeunes filles pouvaient lui envier. La couleur jonquille de sa robe lui donnait un air piquant qui mettait en valeur sa brune chevelure.

Ils pénétrèrent dans l'hôtel, bras dessus, bras dessous, comme deux vieux amis contents de se voir. Ils allèrent ensemble remettre le paquet à Anselme, puis ils s'installèrent à l'ombre du marronnier dont les feuilles tendres dispensaient un ombrage aussi fin et ouvragé que la dentelle de Venise.

– Eh oui, monsieur, me voilà bientôt sans plus d'enfant ! Ainsi que je vous l'ai annoncé dans ma dernière lettre, Constance ne pense plus que fiançailles. En attendant, elle séjourne le plus souvent à Paris chez mon oncle le prince de Comnène. Et je dois dire que certains jours de cet hiver, la maison me parut bien vide !

Balzac goûta le café, le savoura les yeux fermés, en reprit une gorgée.

– Laissez-moi deviner, dit-il : la moitié d'arabica, un quart de moka et un quart de robusta.

Il but une dernière gorgée, puis le verdict tomba :

– Fameux !

– J'en suis heureuse. Et les affaires ?

– Oh ! Les affaires… Précisément, je suis venu voir ma famille pour lui en rendre compte. Je m'apprête à une discussion houleuse. Tel que vous me voyez, madame, je suis le plus malheureux des hommes. À vingt-neuf ans, je viens encore quémander une aide à mes parents. Je redoute les remontrances de mon père, les criailleries de ma mère, les silences gênés de mon beau-frère Surville et même, oui, même les sollicitudes de ma sœur. Mon travail sera analysé, compté, détailler, dépecé. Ce soir je devrai tout mettre sur la table. Et moi, dans tout cela, que serai-je sinon le fils dévoyé et incapable de mener à bien ses affaires ? Qui pensera à ma souffrance, à ma fatigue ? Je serai au supplice et de cela personne ne tiendra compte.

» Je voulais écrire, faire une grande œuvre ! Au lieu de quoi je suis réduit à vivre derrière des machines qu'il faut alimenter comme un troupeau de bestiaux affamés. Jour et nuit je réfléchis à un meilleur rendement ! Je ne pense plus que productivité et rapport. J'aligne des chiffres alors que je rêve d'écrire des phrases. J'étouffe dans un atelier sale et encombré alors que j'ai besoin d'air, de paysage, d'évasion. Depuis que j'ai acheté l'imprimerie, je vis misérablement ; bien plus misérablement que lorsque j'écrivais dans ma mansarde délabrée. Au moins, mes pensées n'étaient pas aliénées ! Mes pas étaient ceux d'un homme libre ! Ah, madame, si vous saviez ! Mon corps est harassé, mon esprit verrouillé, mon cœur dépouillé et mon âme vieille de mille ans !

Balzac regarda la duchesse d'un air contrit :

– Pardonnez-moi de gâcher une si belle journée.

– Surtout ne vous excusez pas, mon ami. Dire que votre détresse est la mienne serait un mensonge, pourtant je vous comprends, j'ai toujours su que vous étiez fait pour la littérature. Mais que puis-je faire de plus que vous écouter et vous offrir mon amitié ?

Laure, sincèrement touchée, se leva et invita Honoré à visiter sa roseraie. Ils cheminèrent, un moment sans dire mot, puis Balzac s'arrêta pour admirer une envolée de tourterelles à plumage isabelle.

– C'est beau, n'est-ce pas ?

– Depuis que je suis avec vous dans ce jardin, mon fardeau me semble plus supportable.

– Regarder mes fleurs, écouter mes oiseaux me console de bien des maux.

Au passage, Laure nomma chaque rose, ainsi que sa provenance.

– Mais où avez-vous acquis une telle science, madame ?

– Le goût pour les belles choses m'y amena, et puis peut-être aussi les serres que Mme Bonaparte se fit construire à la Malmaison y furent pour quelque chose. Elle y passait plusieurs heures par jour et j'aimais l'accompagner. Ce domaine réservé révélait l'âme délicate de sa propriétaire. Quand Napoléon la répudia, c'était le seul endroit où elle trouvait quelque consolation.

L'heure tournait agréablement. Bientôt cinq coups lents et graves ébranlèrent le silence, puis furent relayés par d'autres cloches qui sonnèrent dans le lointain.

– Les premières sont celles de l'église de Montreuil, expliqua Laure, les autres sont celles de Versailles, et si elles sonnent la même heure, jamais elles ne s'élancent en même temps !

– Cinq heures déjà, remarqua Balzac en soupirant. Il me faut rentrer à présent et affronter l'ire de mes parents.

– Demain, vous pourrez revenir à l'heure qu'il vous plaira. Je vous attendrai.

Le lendemain, Balzac à peine arrivé, la duchesse le questionna vivement :

– Alors ?

– Au diable ce conseil de famille ! J'ai cru que je ne pourrais jamais m'échapper. Pour le déjeuner, ma mère a cru bon de convier le ban et l'arrière-ban ! Enfin, après le départ des invités, elle exigea de refaire les comptes.

Il s'épongea le front.

– Dès que j'ai pu, j'ai couru jusqu'à chez vous, je craignais d'arriver trop tard.

– N'est-ce pas une habitude ? ironisa Laure afin de détendre l'atmosphère. Vous me paraissez moins préoccupé qu'hier après-midi, me tromperais-je ?

– Ne vous fiez pas aux apparences, madame. Je suis au bord du précipice et ne sais pas encore si je sauterai de mon plein gré ou si une bonne âme m'y précipitera. L'imprimeur a flanché, comme l'éditeur, comme l'auteur de *Cromwell*… Le bilan ne peut pas être plus sombre, ma famille est consternée et je la comprends.

– Il y a toujours une solution.

– Vous avez raison, admit-il d'une voix lasse, il y a une solution, mais je ne veux pas en parler ce soir, toutes ces heures de discussion m'ont épuisé.

– Je comprends, surtout ne dites plus rien. Avant qu'il ne fasse nuit, voulez-vous faire quelques pas dans le jardin ? Il fait si bon.

À leur retour de promenade, les bougies des candélabres étaient allumées et le café servi. Balzac accompagna la duchesse jusqu'à son fauteuil. Il lui prit la main et, pour la première fois, ses lèvres osèrent effleurer la peau fine et blanche. Surprise, Laure réprima un frisson, puis, se ressaisissant, retira sa main.

– Madame… vous connaissez mes sentiments, soupira Honoré.

– J'en suis flattée, mais vous connaissez la réponse. L'amour ne dure qu'un temps et j'en ai vécu d'assez malheureuses pour m'en rappeler les morsures.

– Ainsi, madame, seule la peur de souffrir vous anime ?

– Votre âge ne peut faire de moi qu'une victime. Tôt ou tard la jeunesse vous attirera.

– J'épouserai la littérature, mes enfants seront mes livres.

– Et dans la vie ?

– Je n'aimerai que des femmes mûres car je resterai un éternel enfant.

– En ce cas, c'est plutôt une mère qu'il vous faudrait !

– Non pas, madame, mais une femme de cœur et de tête qui me libère de tous les menus ennuis de la vie, qui m'aime sans se plaindre d'une maîtresse qui m'accapare, me tyrannise et dévore mon temps. Les jeunes filles m'ennuient, elles veulent tout et ne donnent rien. Pour aimer il faut avoir vécu, seule une femme expérimentée connaît toute l'étendue des sacrifices à faire, au point pour certaines amoureuses d'atteindre le sublime.

– Mais la jeune fille est tout aussi capable de faire don d'elle-même !

– Du tout, madame, elle se montre naïve là où la femme est tendre, elle n'a que des larmes et des plaisirs là où la femme n'a que des voluptés et des remords, elle croit avoir tout dit quand elle a quitté son vêtement alors que la femme se cache sous mille voiles. Enfin, là où la jeune fille ne sait que gémir, la femme ne vit que pour lui, s'occupe de son avenir, lui veut une belle vie et…

Balzac baissa la voix :

– Ne me l'avez-vous pas prouvé hier encore ? La femme sait consoler en mille occasions.

Troublée par ce discours chuchoté, Laure se taisait. La nuit avait fondu sur eux sans qu'ils y prissent garde. Elle avait donné congé à son personnel et ils se retrouvaient seuls à veiller sur un monde qui, ce soir, leur appartenait. Elle ne trouvait plus de mots pour se défendre. Et puis se défendre de quoi, au juste ? Constance était fiancée, ses autres enfants vivaient loin d'elle et la solitude lui pesait. Mais cet homme trop jeune la ferait souffrir, comment pourrait-il en être autrement ? Dans un dernier soubresaut, elle se dit qu'elle ne devait pas céder, qu'elle était arrivée à une époque de sa vie où elle pouvait espérer une existence sans heurts. Elle se dit que si elle devait vivre un dernier amour, elle ferait mieux de se trouver un homme de son âge qui pût subvenir à ses besoins. Balzac était un homme dangereux, un de ces grands enfants égoïstes qui aimait les femmes pour ce qu'elles pouvaient lui offrir et non pour ce qu'il pouvait leur apporter. Elle se dit encore…

Mais Balzac, qui devinait dans son attitude les dernières luttes d'une femme sur le point de céder, se mit à genoux devant celle qu'il désirait depuis le premier jour de leur rencontre. Il prit ses deux mains, que cette fois elle n'eut garde de lui retirer, baisa avec fougue le creux des poignets.

Ces lèvres brûlantes lui rappelèrent ce soir d'été où près de la grotte elle s'était donnée à M. de Metternich après des mois de lutte. Ce fut un amour fou, un amour qui la combla avant de la déchirer. Comme elle avait souffert ! Soudain, et comme pour se réveiller d'un mauvais songe, elle dit d'une voix forte :

– Je vous en prie, cessons ce jeu !

– Je vous ai sentie frémir, vous êtes une femme vivante si vibrante, pourquoi vous fermer à l'amour ?

– J'ai frémi, il est vrai, mais d'inquiétude, se défendit-elle.

Enfin, d'un ton plus doux, elle ajouta :

– Vous êtes célibataire et vous avez certainement une vie sentimentale bien remplie…

– L'imprimerie me prend tout mon temps !

– Alors, quelques lorettes de passage, ou que sais-je encore, une femme mariée en mal d'aventure ! Aussi, n'insistez pas, acceptez mon amitié, c'est tout ce que je puis vous offrir.

En son ermitage

Le lendemain soir, assise dans sa bibliothèque, Laure méditait à la lueur des bougies. Seul le balancier de la pendule résonnait dans le silence. Dans le secret de son boudoir, elle se laissa entraîner à d'intimes réflexions : elle pensa à ses anciennes amours, pour revenir au baiser appuyé de Balzac. Elle effleura son poignet, ferma les paupières et se laissa aller à de voluptueuses pensées. Dès les premiers regards, elle avait deviné que le jeune homme serait un bon amant. C'était une de ces certitudes de femme, une sorte de sixième sens qui ne trompe pas. La douceur de ses lèvres avait réveillé des pulsions qu'elle croyait endormies pour toujours. À se remémorer ce moment, l'émotion était encore si perceptible, qu'elle crut à nouveau sentir son souffle sur sa peau. Un soupir souleva sa poitrine. Elle revit sa tête baissée, sa nuque puissante. À cette évocation, elle ressentit la poussée fiévreuse qu'elle avait réussi à réprimer au prix d'une formidable domination sur ses sens. Elle se souvenait combien ses mains prisonnières des siennes auraient voulu fourrager dans ses cheveux, se perdre sous son col et s'y attarder afin d'en découvrir la finesse du grain…

Laure renversa sa tête sur le dossier de son fauteuil. Cet homme aurait été un amant attentionné tel qu'une femme de son âge pouvait en rêver, mais elle n'avait pas cédé et elle avait eu raison. Dans quelques heures, quelques jours, elle aurait oublié son émotion et la vie reprendrait son cours.

Sans combattre, Laure se laissait entraîner plus loin que la bienséance ne le lui permettait. Qu'elle fût éveillée ou assoupie, des images provocantes l'envahissaient, mais était-ce sa faute si Balzac avait réveillé en elle un volcan endormi ? De mémoire, elle passa en revue les quelques connaissances masculines qu'elle croisait : soit des célibataires qui terminaient une vie d'égoïste, soit des veufs dont la mémoire sublimait une femme trop tôt disparue ; ils étaient trop âgés, trop ennuyeux, ou ruinés. Aucun ne résistant à l'examen, elle ne referait pas sa vie et devrait attendre que la vieillesse vienne pour se sentir enfin apaisée. Elle en voulait à son corps de ne pas se plier à ses volontés, à sa mémoire de ne pas oublier ce que l'amour avait de délicieux, à ses sens de ne pas la laisser en paix. Depuis deux heures, un feu la consumait, qu'aucune pensée raisonnable ne parvenait à éteindre.

Elle en était là de ses réflexions quand elle entendit des éclats de voix.

– Monsieur, je dois prévenir madame la duchesse !

– Je le ferai moi-même !

À peine eut-elle le temps de se lever qu'il était face à elle. Ils se cherchèrent du regard sans prononcer un mot. Elle s'entendit, comme dans un rêve, dire à Auguste qu'il pouvait prendre congé. La porte se referma et, à partir de ce moment, elle ne fut plus que sensation et émotion. Brusquement, Honoré la prit dans ses bras, l'embrassa fougueusement. Tandis qu'elle lui rendait ses baisers, elle se vit soulever par des bras puissants et déposer sur le sofa, elle sentit des mains fouiller sous la mousse de jupon et remonter en de savantes caresses le long de ses jambes, elle s'entendit pousser de longs soupirs et, sans plus réfléchir, se donna de toute sa fougue amoureuse.

En son ermitage

Un matin, elle reçut un billet laconique : *Je serai là ce soir mais tard, faites en sorte de donner congé à votre personnel.*

La duchesse fit ce que son amant lui ordonnait. Vers onze heures, elle entendit frapper à la porte d'entrée. Munie d'un candélabre, elle alla lui ouvrir et, comme la première fois, sans un mot ils se jetèrent l'un sur l'autre. Enfin, Balzac n'ayant pas soupé, Laure lui servit un en-cas.

– Qu'est-ce qui me vaut le plaisir de votre visite ? questionna-t-elle.

– Madame, je vous promets de vous le dire, mais pour l'heure n'attristons pas cette soirée.

– Dites-moi au moins si j'ai une chance de vous revoir demain ?

– Demain, répondit Balzac dans un grand sourire, et peut-être même après-demain. Mais pour après-demain je ne peux promettre…

– Ce soir, vous êtes venu et c'est tout ce qui compte.

– J'ai tant de préoccupations, que vous seule avez le pouvoir de divertir un cœur dévasté. Grâce à vous, j'ai rencontré Mme de Permon, je connais son salon, ceux qui le fréquentent. Vous m'avez présenté au général Junot, à ses amis. À votre suite, je me suis rendu aux Tuileries, j'ai assisté à une parade et j'ai été dans le théâtre quand la bombe meurtrière de la rue Nicaise faillit atteindre le Premier consul. Emmenez-moi, chère Marie, à la Malmaison, je brûle de connaître ce bel endroit qui abrita la vie privée du grand homme.

– Vous m'avez appelée Marie ?

– Laure est un joli prénom, je vous l'accorde, mais il se trouve que c'est aussi celui de ma mère, celui de ma sœur, et Marie est le prénom féminin par excellence. C'est celui que j'aimerais vous donner dans l'intimité, m'accorderez-vous cette fantaisie ?

– Alors, va pour Marie ! dit-elle en riant. Et pendant que vous dînerez, je vous parlerai de la Malmaison. Dans les moments difficiles, j'aime à m'y promener en songe. Me revoir là-bas me fait du bien. Cette maison, qui n'était ni belle, ni pratique, ni même assez grande, avait un charme que je n'ai jamais retrouvé ailleurs. Cela tenait au goût exquis de Mme Bonaparte et aussi à l'ambiance bon enfant qui y régnait, surtout au début. Nous étions alors jeunes, heureux, et je peux dire que Napoléon y était plus qu'ailleurs le mari de Joséphine. Le Premier consul avait un petit jardin particulier auquel on accédait par un pont recouvert d'une tente de coutil et qui formait une chambre de plus. C'était là qu'il prenait l'air après l'excès de travail. Parfois, il faisait porter une table sur le pont et travaillait tout seul, soit en piquant des cartes, soit en faisant des notes et des remarques sur des pétitions. « Lorsque je suis dehors, disait-il, je sens que mes idées prennent une direction plus haute et plus étendue. Je ne conçois pas comment il y a des hommes dont le travail peut s'opérer avec succès à côté d'un poêle, et loin de la communication du ciel. »

Il est à noter que Napoléon ne pouvait supporter le moindre froid sans en souffrir à l'instant même. Il faisait faire du feu au mois de juillet et ne comprenait pas que l'on ne fût pas, comme lui, saisi au moindre vent de bise.

– Ses origines corses sans doute, l'habitude du ciel bleu et du chaud soleil de cette belle contrée, dit Balzac qui, après avoir englouti plusieurs tranches de viande froide, semblait vouloir s'attaquer au dessert.

Laure approcha le compotier de son hôte.

– Cerises, pêches, abricots viennent tous du verger. Cette année, les arbres ont beaucoup donné et les confitures seront nombreuses. Servez-vous, je n'ai plus mes enfants avec moi et j'en distribue tous les jours à mes connaissances, j'en donne aussi à monsieur le curé pour les nécessiteux.

Balzac ne se le fit pas dire deux fois et, sans plus de façons, planta les dents de sa fourchette dans la pêche qu'il mangea sans prendre la peine de l'éplucher.

– Une merveille ! dit-il en fermant les yeux. À Paris, les fruits sont insipides, trop mûrs ou pas assez, ils ne dégagent pas en bouche une telle saveur. Cette pêche me rappelle celles que je cueillais dans le jardin de mes parents à Villeparisis. Mais je vous en prie, parlez-moi encore de la Malmaison, je vous écouterais sans jamais me lasser.

– Quand il s'agit du grand homme, ma mémoire m'est fidèle. Je n'ai rien oublié de ces temps-là. Je savais que je vivais des moments extraordinaires et, quand on est jeune, vous le savez comme moi, tout vous imprègne, vous modèle. L'imagination est alors vive. C'est un peu comme si vous viviez en plein vent, vous vous laissez fouetter par toutes les idées, toutes les modes qui passent. Plus tard, vous vous apercevez que le temps, les événements n'ont plus prise sur vous ; c'est la frilosité de l'âge mûr qui s'installe. Plus tard, tout se passe à huis clos, entre la mémoire, l'esprit et l'âme. Les souvenirs vous tiennent lieu de vie. Parfois j'envie ces vieilles gens qui vivent si bien en compagnie d'eux-mêmes. Serai-je un jour devenue ma meilleure amie ?

– Je vous le souhaite, madame, la solitude est un long apprentissage.

Laure reprit le fil de son récit :

– Le Premier consul aimait cet endroit, mais l'étendue n'étant pas assez vaste pour s'y promener à cheval, il acheta les bois du Butard. C'était une addition ravissante à la propriété. Le jour de son acquisition, Bonaparte voulut en faire le tour du propriétaire, mais Joséphine avait une de ces affreuses migraines qui la torturaient si souvent. « Allons, allons ! Viens avec nous, insista le Premier consul, l'air te fera du bien. C'est le remède souverain pour toutes les douleurs. » Joséphine n'osa pas refuser. Elle fit demander un châle, un chapeau et nous montâmes, elle, Mme de La Valette et moi, dans une de ces calèches en forme de corbeille, menée par un jeune postillon.

» Napoléon était à cheval, il galopait devant nous, puis revenait pour prendre la main de sa femme, ainsi qu'un enfant, courant devant sa mère, va, vient, repart, revient encore pour l'embrasser et reprend de nouveau sa course.

» Jusque-là tout était parfait. Mais pour que vous compreniez bien ce qui va suivre, je me dois d'abord d'expliquer que Mme Bonaparte éprouvait une véritable terreur en voiture.

– Et d'où venait cette peur ?

– Un vieux souvenir d'enfance, une émotion qu'elle ne pouvait contenir. Mais Napoléon était sans pitié pour sa femme, il ne lui faisait aucune concession. Le postillon arriva devant un ravin, ou plutôt un ruisseau, dont les deux berges extrêmement élevées rendaient le passage difficile pour la calèche. Dès que Mme Bonaparte aperçut ce *précipice*, comme elle l'appelait, elle s'écria qu'elle défendait que l'on allât plus avant et le postillon tourna bride. « Qu'est-ce que c'est ? fit Napoléon avec cette expression que lui seul avait dans la physionomie lorsque quelque chose l'affectait désagréablement, qu'est-ce que c'est que ce nouveau caprice ? Retournez d'où vous venez ! ajouta-t-il en touchant légèrement du bout de sa cravache l'épaule du postillon. » Et, donnant de l'éperon à son cheval, il repartit aussitôt. Nous le trouvâmes devant le fatal ruisseau, dont il regardait les bords assez élevés. « Allons ! dit Napoléon au petit jeune homme qui conduisait la calèche, un bon élan, et puis rends la main et tu passeras. » Mme Bonaparte jeta un cri perçant. « Jamais vous ne me ferez rester dans la calèche. Laisse-moi descendre, Bonaparte, je t'en prie, de grâce, laisse-moi descendre ! » Elle joignait les mains en pleurant. Elle faisait pitié. Napoléon la regarda, mais, loin d'être attendri, il leva les épaules et lui commanda assez rudement de se taire : « C'est de l'enfantillage ! Vous passerez, et dans la calèche ! »

– Pourquoi tant d'intransigeance envers la femme qu'il aimait ? remarqua Balzac.

– Cela ne servait à rien, si ce n'était de terroriser un peu plus cette pauvre femme, qui ne s'appartenait plus dans ces moments. « Relevez le marchepied et que la calèche passe ! » ordonna le maître d'un ton qui n'admettait aucune réplique. Mme Bonaparte était si pâle que je ne pus m'empêcher d'intercéder auprès de Napoléon : « Général, vous paraissez méchant, et cependant vous ne l'êtes pas. Mme Bonaparte est malade, elle a de la fièvre. Je vous en conjure, laissez-la descendre ! » Il me regarda avec une expression qui me fit froid dans le dos. Cette fois, ce fut de toute la force de sa main qu'il appliqua un coup de sa cravache sur l'épaule du postillon. Et tout aussitôt, fouettant les deux chevaux, il leur fit prendre leur élan et la calèche franchit le ruisseau, mais, pour dire la vérité, avec une telle difficulté et elle reçut une si violente secousse que l'un des cols de cygne fut cassé, un boulon sortit de sa place et les roues furent endommagées. Quant à Mme Bonaparte, elle sanglotait. Pour cacher ses traits bouleversés, elle s'enveloppa dans le grand voile de mousseline qui lui couvrait la tête. Arrivée au Butard, lorsque, en descendant de calèche, elle offrit à son mari une figure en pleurs, il témoigna plus que de l'humeur, c'était de la colère. Il la tira assez brutalement de la voiture et, l'emmenant dans une partie peu éloignée du bois, nous pûmes l'entendre continuer à la gronder. Nous comprîmes que Joséphine avait d'autres reproches à lui faire que celui du passage du ruisseau, car j'entendis

Napoléon lui répondre : « Tu es folle, et j'ajouterais une folle méchante, parce que tu ne penses pas ce que tu dis là. Et puis, tu sais que je hais comme la mort toutes ces jalousies n'ayant pas le sens commun. Tu finiras par m'en donner l'envie, à la fin. Allons, embrasse-moi, et tais-toi, tu es laide quand tu pleures, je te l'ai déjà dit. »

Laure poussa un soupir :

– Le retour fut triste, malgré le raccommodement.

– Revers de la médaille d'un caractère bien trempé.

– Je ferai la remarque qu'autant Bonaparte pouvait se montrer intransigeant avec ses proches, autant, vous allez le voir, il pouvait être bon et chaleureux avec ses amis. En voici un exemple : J'étais enceinte de mon premier enfant. Les mois d'hiver qui succédèrent à l'événement dont je viens de parler, je n'attendais plus que le moment d'accoucher. Le 5 janvier, nous soupions en compagnie de quelques amis, quand soudain une douleur inconnue, mais affreuse, se fit sentir. La nuit fut terrible. Junot était au désespoir. Mes cris lui avaient déchiré l'âme pendant cette longue veille de douleur. N'y tenant plus, il saisit son chapeau et sortit. Quelques minutes plus tard, il se trouva à la porte des Tuileries sans savoir comment il y était arrivé. Dès que le Premier consul sut que Junot demandait à le voir, il le fit entrer à l'instant. « Eh ! Bon Dieu ! Qu'as-tu donc, Junot ? s'écria-t-il avec surprise. – Mon général, ma femme accouche et je ne puis rester dans ma maison. Ses cris me font un mal… – Et tu es venu près de moi pour prendre du courage ? C'est bien, mon ami. Pauvre Junot, comme te voilà renversé ! Ah ! Les femmes ! Les femmes ! » Il se fit raconter tous les *événements*, comme les appelait Junot, qui s'étaient passés depuis la veille. Sa conduite fut celle du plus tendre, du meilleur des frères. Il lui serra la main, geste excessivement rare chez Napoléon. « Mon vieil ami, tu as bien fait de venir à moi dans cet instant, et je veux te le prouver. » Il sortit de son cabinet et, s'appuyant sur le bras de Junot, il lui demanda comment il était arrivé aux Tuileries. « À pied », lui répondit Junot, en lui racontant comment le redoublement de mes cris l'avait lancé hors de sa maison. « Et puis-je te demander alors pourquoi tu regardes dix fois par minute par cette fenêtre pour voir si quelqu'un passe le guichet ? Comment veux-tu qu'on vienne te chercher ici, lorsque tes gens ne savent pas où tu es ? » Il appela : « Qu'un valet de pied aille à l'instant chez Mme Junot. Qu'on s'informe de ma part si elle est accouchée. Si elle ne l'est pas, on dira que le général Junot est près de moi. » Reprenant son bras, il continua de s'entretenir avec lui, avec une bonté si touchante dans un tel moment que Junot fut attendri jusqu'aux larmes.

» Enfin, il y avait trois quarts d'heure que mon mari était avec le Premier consul ; n'y tenant plus, il le supplia de le laisser s'informer si le valet de pied était revenu. « On me l'aurait dit. Demeure tranquille », répondit Napoléon en l'entraînant encore plus loin. Ils furent bientôt dans la galerie de Diane. Là, l'inquiétude de Junot devint tellement violente que Napoléon le regarda avec une sorte d'étonnement et répéta avec un accent impossible à rendre : « Oh ! les femmes ! les femmes ! »

» Enfin, au moment où Junot allait s'échapper, on vit tout à coup M. de Laborde paraître au bout de la galerie. Sa figure était joyeuse. « Mon général, s'empressa-t-il de dire, Mme Junot est accouchée et se porte à merveille.

– Allons, va embrasser *ta fille*, dit le Premier consul en appuyant sur le mot fille, si ta femme t'avait fait un garçon on te l'aurait dit d'abord. Mais avant tout, embrasse-moi. » Il le serra dans ses bras avec effusion. « Tu feras mes amitiés à ta femme, Junot, tu lui diras que je suis doublement fâché contre elle, d'abord parce qu'elle n'a pas fait un soldat pour la République, et puis parce qu'elle m'a fait perdre mon pari avec Joséphine. »

– Sublime ! s'écria Balzac, enchanté de terminer sur une anecdote aussi favorable à son héros.

Balzac se leva, prit Laure par la taille et, après l'avoir couverte de baisers, chuchota à son oreille.

– Marie, auprès de toi j'oublie tous mes ennuis et je te remercie d'être ce que tu es. Je t'en prie, ne change jamais.

Puis il ajouta, plus bas :

– Je dois partir mais si je peux, je viendrai te rendre visite dans la nuit. Ce soir, je dois rencontrer chez mes parents un certain M. Dassonvillez, qui a déjà financé une partie de l'imprimerie. Il connaît mes difficultés, comme il ne veut pas voir s'envoler les fonds avancés, il se montre prêt à suivre dans la nouvelle entreprise.

– Une nouvelle entreprise ? s'étonna Laure.

Balzac lui parla alors d'une fonderie située rue Garancière qui était en faillite et qu'il avait le projet de racheter. Cela faisait des semaines qu'il réfléchissait, il revenait toujours à la même conclusion : pour faire face à la concurrence et rester compétitif, il fallait monter une entreprise de grande envergure qui lui éviterait de passer par des tiers.

Laure ignorait tout des affaires, cependant son bon sens lui disait qu'acheter et acheter encore ressemblait à une fuite en avant. Honoré paraissait si confiant qu'elle n'eut pas le cœur de lui faire part de ses réflexions.

– Je t'attendrai, dit-elle.

– Quelle que soit l'heure, je viendrai.

– Je laisserai entrouverte la fenêtre de ma chambre. Tu n'auras qu'à m'appeler du chemin que longe le mur. Je descendrai t'ouvrir.

En son ermitage

D'une écriture fine et penchée, la duchesse griffait rageusement le papier à lettres. Soudain sa main hésita, biffa un mot avec énergie, puis reprit son cours accéléré, jusqu'au moment où elle mit un point final.

Elle enrageait car cela faisait des semaines que Balzac n'était plus venu la voir, plusieurs jours qu'elle n'avait plus de nouvelles de lui. Et voilà que… Oh, rien que d'y penser !

Elle n'avait pas fermé l'œil de la nuit et le matin la trouva encore plus en colère que la veille. Hier, elle avait été souper chez des amis à Versailles. La soirée s'était passée agréablement. À la demande de la maîtresse de maison, elle s'était mise au piano, puis une jeune fille vint lui succéder à la harpe. Quand elle reprit place, elle se retrouva entre deux femmes qui chuchotaient tout en avalant force sucreries. Elle ne prêta qu'une oreille distraite à ces bavardages, jusqu'au moment où leur conversation porta sur les Surville, puis glissa sur la famille Balzac.

« J'ai rencontré ce pauvre M. Balzac, il n'est plus que l'ombre de lui-même, savez-vous…

– Vous parlez du père ?

– Bien entendu, ma chère, que Dieu me préserve du fils, encore un drôle qui en fait voir de toutes les couleurs à ses parents, à ce qu'il paraît.

– Ces pauvres gens courent à la ruine, il se dit partout que le fils fait de mauvaises affaires !

– S'il n'y avait que ça ! J'ai entendu dire qu'à Paris, le fils mène une vie dissolue.

– Ah oui, et que savez-vous là-dessus ?

– Je ne voudrais pas paraître indiscrète, reprit la première en minaudant, mais j'ai su par des amis proches de la famille que le jeune Honoré vit depuis des années une romance avec une dame qui se ruine pour ses beaux yeux ! »

Les deux femmes pouffèrent derrière leur éventail.

« Vous en êtes certaine ?

– Absolument. »

Pétrifiée, Laure avait écouté les commérages, puis, aussi pâle qu'une morte, elle prit congé de ses hôtes et s'éclipsa. Tel un automate, elle fit le chemin du retour à pied, dans la nuit, et n'aurait su dire par quelle rue elle était passée, ni le temps qu'elle avait mis pour regagner son ermitage.

D'un tiroir secret, elle tira une liasse de lettres, prestement dénoua le ruban, sortit la dernière reçue. Elle parcourut les premières lignes, sauta un paragraphe et trouva enfin ce qu'elle cherchait. Lentement, elle lut :

(…) Je vous demanderai encore qui a pu vous dire que je suis dans des chaînes fleuries ? Et quel génie me vaut votre

recommandation d'aller sans bourrelet, ni lisière ni bonne. Je puis vous assurer, madame, que si j'ai une qualité, c'est je crois celle que vous me verrez le plus souvent refuser, celle que tous ceux qui croient me connaître me dénient, c'est l'énergie. Vous devez avoir éprouvé vous-même combien les malheurs développent chez nous une terrible faculté de se raidir contre la tempête et d'opposer à l'adversité un front calme, immobile (...). Je suis vieux de souffrances, et vous n'auriez jamais présumé mon âge d'après ma figure gaie. Je n'ai même pas eu de revers, j'ai toujours été courbé sous un poids terrible. Ceci peut vous paraître une exagération, une manière d'attirer sur moi votre intérêt, non car rien ne peut vous donner une idée de ma vie jusqu'à vingt-deux ans. Je suis tout étonné de n'avoir à combattre que la fortune. Vous interrogeriez tout, autour de moi, vous n'obtiendriez aucune lumière sur la nature de mes malheurs. Il y a des gens qui meurent sans que le médecin ait pu dire quelle maladie les a emportés. Tout n'est à autre fin que de vous assurer que, de la dure contrainte dans laquelle j'ai vécu, est-il au moins résulté une sauvage énergie et une horreur pour tout ce qui sent le joug dont vous ne pouvez pas avoir idée. Une domination m'est insupportable. J'ai tout refusé en fait de places à cause de la subordination, et, sur cet article, je suis un vrai sauvage. Et c'est moi que vous imaginez mener, ou qu'on vous a dit mener. Rien n'est plus faux (...).

Rien n'est plus faux ? C'est bien ce que l'on verrait ! Cette déclaration n'était qu'un tissu de mensonges ! Elle se doutait que l'éloignement de Balzac était dû à une femme. Elle avait refusé ses avances pour ne pas souffrir, et, à peine lui avait-elle cédé qu'il se jouait d'elle. Comme elle s'en voulait d'avoir été assez sotte pour croire qu'un homme de l'âge d'Honoré pouvait lui être fidèle. Elle enrageait… Oh, comme elle enrageait !

En proie à une forte agitation, elle jeta sa plume sur le buvard, marcha de long en large. Blessée dans son amour-propre, elle éprouvait de l'amertume. Pour commencer, elle obligerait Balzac à venir lui dire de vive voix qu'il l'avait abusée. Elle n'était pas femme à se laisser manquer de respect, elle l'obligerait à s'expliquer. Dans ce but, elle lui avait écrit une lettre au vitriol.

Avant de la cacheter, elle en relut quelques passages à haute voix :

Il me serait fort désagréable de faire prier M. de Surville de passer chez moi pour avoir avec lui l'entretien que je voulais avoir avec vous. Je vous prie pour la dernière fois de m'épargner le désagrément d'avoir le moindre rapport avec lui à cet égard ou Madame votre Mère. Cette répugnance à venir est plus que ridicule. Pour vous mettre à votre aise sur vos craintes je vous dirai sans colère que l'indifférence la plus complète a succédé à tout ce qui a pu exister d'abord. Et comme le mot indifférence est le mot textuel ne craignez ni scène ni reproche. – Mais il faut que je vous voie, quelque étrange que cela soit, cela est. – Et si les intérêts de ma famille et de mon avenir n'y étaient intéressés et même les vôtres, croyez que je laisserais comme non avenus tous rapports anciens, présents et ultérieurs.

En conséquence, veuillez vous rappeler pour la dernière fois que je suis une femme et avoir simplement pour moi cette stricte politesse que tout homme a pour la dernière des créatures. Si vous êtes assez faible pour être sous le poids d'une défense, pauvre homme ! c'est encore plus pitoyable que je ne le pensais.

En post-scriptum, elle ajouta :

Veuillez me renvoyer les livres qui m'ont été redemandés plus de dix fois par le bibliothécaire de Versailles et qui ne vous ont été prêtés qu'en mon nom…

Laure plia la lettre, la cacheta, puis alla tirer le cordon de sonnette. Comme chaque matin, elle la confierait à Auguste qui la porterait à la poste. Cette tâche terminée, elle se sentit comme dégagée d'un poids : il n'y avait plus qu'à attendre.

Balzac n'annonça sa venue que pour la semaine d'après. Puis il repoussa sa visite. Lasse de ses atermoiements, dans une ultime lettre Laure se fit plus pressante, pour ne pas dire plus menaçante.

***

Installée dans la bibliothèque, la duchesse terminait un ouvrage destiné à ses œuvres. Auguste annonça :

– M. Balzac !

Elle sursauta, mais se reprit aussitôt :

– Faites entrer.

En apparence très maîtresse d'elle-même, elle sentait néanmoins des gouttes de sueur froide descendre le long de ses reins. La porte s'ouvrit. Auguste laissa passer

Balzac. En quelque pas, il fut près d'elle. Il s'inclina. D'un geste, elle le pria de prendre place.

– Du café ? proposa-t-elle.

Il acquiesça d'un mouvement de tête et garda le silence. Enfin, une fois les collations servies, la porte du bureau refermée, elle attaqua :

– Et comment se porte Mme de Berny ?

Elle avait fait son enquête, et, depuis quelques semaines, connaissait le nom de sa rivale.

Balzac accusa le coup :

– Plus légèrement qu'à l'habitude.

– Qu'est-ce à dire ?

– Que cette dame a beaucoup perdu en faisant ma connaissance car elle m'a beaucoup prêté d'argent.

– Si elle vous a prêté de l'argent, c'est sans doute qu'elle en avait !

Il regarda la duchesse d'un air incertain. Elle en profita pour avancer ses pions :

– J'ai été assez sotte pour vous croire quand vous m'assuriez que vous étiez libre de toute attache. Je ne vous pardonnerai jamais de m'avoir trompée. Notre différence d'âge était déjà un obstacle et…

– Cette personne est plus âgée que vous et de beaucoup, répliqua-t-il avec calme.

Laure fut déstabilisée, elle savait que cette dame était mariée, mais elle se l'était figurée jeune. Il en profita pour s'engouffrer dans la brèche :

– Cette dame fut ma maîtresse, mais elle ne l'est plus. Je l'aime, il est vrai, mais comme un homme peut aimer sa sœur ou sa mère. Elle connaît votre existence, elle est au courant de notre relation et elle en est très malheureuse…

– Parce que vous avez eu la muflerie de la lui apprendre ?

– Non, madame.

– Vous plaisantez ! Personne à part vous et moi…

– Je n'ai pas le cœur à plaisanter.

– Alors, comment aurait-elle appris notre relation ?

– Par ma mère.

– Votre mère ? s'exclama Laure, stupéfaite.

– Vous ne m'avez pas cru lorsque je vous disais que ma mère me traitait encore en petit garçon. Elle détestait Mme de Berny, mais commença à la considérer le jour où elle apprit qu'elle était prête à m'aider pécuniairement. Seul l'argent la mène. Ma vie privée, mes sentiments pèsent pour rien dans la balance.

– Et comment Mme Balzac aurait-elle appris notre liaison, si ce n'est par vous, monsieur ?

– C'est de ma faute, il est vrai. Malgré toutes les précautions que je prenais pour me rendre chez vous, elle m'a fait suivre par un de ses domestiques jusqu'à votre hôtel. Elle a fait surveiller mes allées et venues jusqu'à cette fatale nuit où je vous rejoignis, puis elle en a fait le compte rendu. Si ma mère n'a pas d'imagination, elle a le sens pratique du petit comptable. Elle a flairé en Mme de Berny la bonne affaire, et elle ne voulait pas en perdre le bénéfice.

– Parce que je ne suis pas une « affaire » !

– Oh, madame, ce n'est pas ce que j'ai voulu dire et vous le savez.

Le jeune homme baissa le ton et, d'une voix à peine audible, ajouta :

– Si j'estime Mme de Berny, vous, madame, je vous admire. Et, contrairement aux apparences, je n'ai jamais cessé de vous aimer.

Malgré l'accent de vérité qui se dégageait de ces paroles, Laure savait que l'amour était bien souvent un mirage chez les êtres jeunes, et il n'était pas question pour elle de baisser la garde.

– Alors, pourquoi avoir tant tardé à m'en faire l'aveu ? Depuis ce soir de septembre, j'attends votre venue, et depuis plusieurs jours vous ne répondez même plus à mon courrier. Vous dites m'aimer, est-ce cela l'amour ?

– Ma mère a fait beaucoup de dégâts et je ne voulais pas…

– … faire davantage de peine à une dame qui vous prêtait de l'argent. Il était bien plus aisé de cesser toute relation avec moi. Je n'habite pas Paris et je ne suis pas en affaires avec vous ! Tout compte fait, en me sacrifiant vous aviez moins à perdre. C'est bien cela, n'est-ce pas ?

Devant le silence embarrassé de Balzac, la duchesse se fit cinglante :

– Eh bien, monsieur, sachez que votre faiblesse a eu raison de mon attachement. Toutefois nous serons amenés à nous revoir puisque, malgré une demande pressante, vous ne m'avez pas rapporté les livres que je dois rendre à la bibliothèque. C'est impératif, on me les réclame.

Laure se leva, marcha d'un pas noble jusqu'à la porte, et fit un signe de tête à l'adresse de son hôte afin de lui signifier son congé.

Alors qu'il passait la porte du salon, elle lui lança un « Adieu, monsieur ! » qui n'autorisait aucune réplique.

Une fois dehors, Balzac longea le chemin si souvent emprunté, s'arrêta, respira l'air frais et merveilleusement parfumé de cette fin d'automne. Bien que les branches fussent nues, une feuille jaunie, sortie de nulle part, vint dans une valse lente se déposer à ses pieds. Il se pencha pour la ramasser. Un moineau sautillait de branche en branche. Il pensa que ces signes étaient de bon augure. Il se sentait encore tout étourdi de la prestation de la duchesse. Jamais elle ne s'était montrée aussi altière. Petite par la taille mais ferme par le caractère, cette femme l'impressionnait par sa force d'âme. « Chère, chère Marie », pensa-t-il.

Il comprenait qu'il l'avait blessée et en était sincèrement contristé, mais ses affaires avaient pris tout son temps, toute son énergie, toute sa belle jeunesse, et il n'avait pas eu la force de se battre sur plusieurs fronts. Il poussa un soupir, songea avec aigreur et ressentiment à sa mère : par sa faute, deux femmes souffraient.

Dès son retour à Paris, il regagnerait le domicile de son ami Latouche, qui l'hébergeait en attendant qu'il trouvât un toit décent. Il avait dû fuir la rue des Marais-Saint-Germain où les créanciers le pourchassaient jour et nuit. À trente ans, il avait tout raté : ses affaires, son entrée en littérature, ses amours. Il repartit dans la nuit les idées sombres, le pas lourd.

Il se sentait vieux de souffrance.

En son ermitage

Un beau matin d'avril, la duchesse reçut un mot griffonné à la hâte par lequel Balzac l'informait de son passage prochain à Versailles. Il se terminait ainsi :

(...) Vous m'annonçâtes que vous deviez impérativement me voir pour des raisons d'intérêt regardant votre famille et vous-même. Si cela est toujours d'actualité quand je viendrai déposer les livres que je vous dois, il me sera agréable de m'entretenir avec vous si, toutefois, je peux encore vous rendre service.

Votre dévoué serviteur,
H. Balzac

Quelques jours plus tard, le jeune homme passa le porche les bras chargés, il sonna à la porte de l'hôtel. Quand Auguste l'annonça, Laure se tenait dans le salon. Elle fut frappée par ses traits tirés, son teint blafard, son regard terne, fatigué. Si ses ressentiments subsistaient, sa colère était tombée. Elle s'enquit de la bonne marche de ses affaires.

Sans ciller, Balzac répondit :

– J'ai déposé le bilan.

– Mais la dernière fois que je vous ai vu, vous aviez le projet de joindre une fonderie à l'imprimerie ! Ne m'aviez-vous pas dit que c'était le remède pour sauver l'affaire ?

– Je le croyais alors… Je n'en resterai pas moins la rare personne à avoir fait trois fois faillite en un temps record.

Comme Laure, prudente, se taisait, il expliqua les faits d'une voix monocorde, où la souffrance était à chaque mot perceptible :

– Trois mois après la reprise de la fonderie Gillé fils et la fondation de la maison Laurent, Balzac et Barbier, Barbier s'est retiré de l'affaire. Il était un rouage indispensable, le seul capable de faire tourner techniquement l'entreprise. La nouvelle se propagea, très vite le bateau prit l'eau. Les clients désertèrent, les ouvriers eurent peur pour leur salaire. À peine démarrée, la machine s'enrayait. Cette fois, je n'avais plus le choix, je devais déposer le bilan. Malgré ma répugnance, je suis venu voir ma mère, mais en cachette de mon père qui, âgé de quatre-vingt-trois ans, doit à tout prix être épargné. Voilà, madame, toute l'histoire. Elle pourrait s'apparenter à une fable, mais elle n'est qu'une mauvaise farce.

– Et madame votre mère ?

– Elle me maudit ! Et je ne peux que lui donner raison. Elle va faire en sorte d'éponger mes dettes, non pour aider son fils qui a failli à l'honneur, mais pour sauver la réputation de la famille. À ses yeux, il n'y a que cela qui compte. Si j'ai perdu une grande partie de ma mise dans les publications, il reste l'imprimerie et la fonderie qui sont de bons outils de travail. Un certain Sédillot, cousin de ma mère, est chargé de la liquidation. Il fera pour le mieux envers la famille et les créanciers. Je ne suis pas un homme d'affaires. J'ai voulu faire plaisir à mes parents, qui voulaient me voir avec un « vrai » métier en main. Je suis à la veille de mes trente ans et je suis lourd d'un passé qui toute ma vie me collera à la peau. J'ai échoué dans la littérature, j'ai échoué dans mon entreprise. Je n'ai plus rien, rien que des dettes.

Devant un tel bilan, Laure eut un mouvement de compassion.

– Vous avez l'avenir devant vous, et il vous reste votre talent !

À ces mots, le jeune homme tressaillit et ce tressaillement involontaire fut plus puissant sur le cœur de la duchesse que ne l'avaient été ses assiduités passées.

– Je suis venu déposer les livres et me mettre à votre service. Vous parliez d'intérêt pour vous et votre famille…

– En effet, dit Laure, mes finances allant de mal en pis, j'ai repensé à votre proposition… Mais avant, je dois m'assurer de votre soutien.

Le regard de Balzac s'anima :

– Dois-je comprendre qu'enfin…

– Je me rallie à votre idée, oui, monsieur.

– Vos Mémoires ! s'écria Balzac en se levant de son fauteuil.

– J'ai déjà écrit les premiers chapitres.

– Quelle merveilleuse nouvelle ! Vous allez vers un succès immédiat ! Je vous présenterai des éditeurs, j'obtiendrai pour vous des articles dans les meilleurs journaux, vous verrez ! Ah, je vois d'ici écrit en gros : *Les Mémoires de la duchesse d'Abrantès*... Ou plutôt : *Les Mémoires de Laure Junot, duchesse d'Abrantès*. Qu'en dites-vous ?

Elle ne put s'empêcher de rire.

– Le titre, la présentation, bien, très bien, mais reste le contenu ! Je ne savais pas que c'était si difficile de mettre à jour ses idées.

– Vous doutez de vous ! C'est bien, très bien ! Car c'est dans le doute et la souffrance que vous y arriverez. Les plus habiles de nos littérateurs luttent à chaque phrase, à chaque mot.

– Je ne me sens pas capable de commencer un tel travail sans votre concours.

– Vous pouvez compter sur moi. Je vous épaulerai, et vos écrits passeront à la postérité.

Il réfléchit tout haut :

– Junot est un nom que l'histoire retiendra, alors que le titre des ducs d'Abrantès restera dans les mémoires grâce à vous, madame, et je serai flatté d'y avoir concouru. Mais très vite vous prendrez votre envol. Je gage que, dès avant la fin du premier volume, vous n'aurez plus besoin de mes conseils.

– Ma fille Constance m'a aidée à trier mes papiers, et mon frère m'a confié ses carnets. D'autre part, j'ai retrouvé un grand nombre de cahiers où le soir, avant de me coucher, j'aimais consigner les événements marquants du consulat et de l'empire. Je craignais de les avoir égarés, mais il n'en est rien.

– Quand me donnerez-vous les premières pages ? Je ne sais pas si je deviendrai célèbre un jour, mais au moins j'aurai eu le mérite de vous avoir convaincue de témoigner sur une des périodes les plus intéressantes de notre histoire.

Ah ! Napoléon… J'en rêve le jour, j'en rêve la nuit. Je l'imagine quand vous décrivez ses mouvements d'humeur, ses manies, ses colères, ses sourires, sa façon de parler, de marcher, de regarder… Non seulement je l'imagine, mais je le devine… Il y a si peu de personnes qui l'aient connu comme vous l'avez connu, et dans la durée ; une poignée, en comptant ses familiers. Mais combien parmi eux sauraient le décrire sous toutes ses facettes, avec ses subtilités, ses ambiguïtés ? Il faut l'âme et le cœur d'une femme pour cela. Voir par-delà les apparences, entendre par-delà les mots. C'est un don. Et pardonnez-moi si je me permets d'affirmer que seule la femme aura l'indiscrétion et la curiosité requises pour arriver à une telle finesse d'analyse.

– Vos propos, à tout autre que moi, passeraient pour être désobligeants, mais vous connaissant, je vous pardonne !

– Madame, merci.

– Merci, mais de quoi ?

– D'avoir réussi à me distraire dans une période aussi malheureuse de ma vie.

Il y avait des mois que Laure n'avait pas passé un moment aussi rempli d'inattendu, de brio et d'intelligence ; elle aimait les joutes verbales et, dans cet exercice, Balzac dépassait ses espérances. Il n'avait pas hésité quand elle lui avait demandé son concours, et cela l'avait touchée.

Dans un mouvement venu de l'âme et dénué de tout calcul, elle eut le geste spontané de tendre la main à celui qu'elle choisit, au même instant, de garder comme amant. Il la ferait souffrir, certes, mais il la maintiendrait en vie, car force lui était de reconnaître que depuis qu'elle avait rompu avec lui, les jours s'étaient écoulés gris, sans relief.

***

Un feu rougeoyant se mourait, tandis que les chandelles s'épuisaient. Indifférents à ce qui les entourait, les deux amants chuchotaient, enlacés sur la méridienne.

– À quel âge et comment as-tu connu Mme de Berny ? questionna Laure qui, rassurée sur les sentiments que lui portait son amant, voulait à présent tout savoir de son passé.

– Quand je la rencontrai, j'avais vingt-trois ans, elle en avait quarante-cinq. Elle vivait à Villeparisis, où mes parents avaient élu domicile. Avec son mari âgé de cinquante-quatre ans et ses neuf enfants, elle habitait une jolie maison située de l'autre côté du bourg. Celle-ci avait un grand jardin que traversait, dans toute sa longueur, une allée jalonnée de bancs de pierre.

– Neuf enfants ? s'étonna Laure, mais quel âge avait donc l'aîné ?

– L'aînée, une fille, avait comme moi vingt-trois ans, et le dernier, un garçon, six ans. J'ai eu, vous le savez, une enfance malheureuse. Dévoré par une ardente soif d'affection, le sang chaud, le cœur exigeant, je rêvais de vivre un grand amour. Dès que j'aperçus Mme de Berny, je compris que ce serait elle, l'élue de mon cœur. Mais, timide à l'excès, amoureux jusqu'au délire et chaste au point de ne pouvoir dire « je t'aime », j'étais maladroit. J'ignorais l'art futile de ce que, dans le monde, on nomme la galanterie. Je lui écrivais des lettres enflammées auxquelles elle m'opposait une froide raison. Notre différence d'âge la troublait. J'insistai et, avec le temps, mon insistance eut raison de sa résistance. Ce fut pour moi un été éblouissant.

Pour la première fois de ma vie, j'étais heureux. Le soir, vers dix heures, je poussais la grille du jardin et elle venait me rejoindre sur un des bancs disposés le long de l'allée bordée d'ormeaux. Le jour, j'avais pris la douce habitude, durant tout cet été 1921, de fréquenter la demeure des Berny. Le plus jeune fils avait l'âge de mon frère Henri, je les réunissais tous les deux pour leur dispenser quelque leçon, ou bien je m'astreignais à faire d'interminables parties de trictrac avec le mari. Je cherchais tous les prétextes pour l'approcher, elle. Ainsi je pouvais la voir à chaque instant du jour, la contempler dans son rôle d'épouse, de mère. C'était dans ce dernier rôle que je l'aimais le plus, quand, au milieu de ses enfants, elle dépensait son énergie en soins minutieux pour le bonheur de tous.

– Mais, dans un contexte si intime, vos rencontres ne pouvaient que s'ébruiter ?

– Nos rendez-vous furent le scandale des deux familles. Rapidement je m'aperçus que les filles de la maison nous avaient devinés, tandis que dans la petite ville de province le bruit courait que mon assiduité à me rendre chez les Berny cachait un prochain mariage avec une des demoiselles. Dans l'espoir de couper court aux rumeurs, ma mère m'envoya passer quelque temps chez les Surville, qui habitaient alors Bayeux. Mais l'éloignement renforça mon amour. Durant tout ce temps, je ne cessai de correspondre secrètement avec celle que j'appellerais désormais la Dilecta. Jusqu'à ce que je la rencontre, je n'étais qu'un enfant, qui avait tout appris dans les livres mais qui ne savait rien de la vie, rien des sentiments. Parce que j'avais souffert je croyais tout savoir, je croyais pouvoir tout deviner, alors que je n'étais qu'un bloc de marbre laissé à l'état brut. Patiemment elle m'a sculpté, donné forme. Je suis son œuvre. Avec le temps, l'affection a remplacé la passion.

– Pas pour elle ! Vous êtes son dernier amour.

– Et c'est en cela que ma mère fut criminelle. Quand Mme de Berny apprit notre liaison, elle la ressentit comme une double trahison, car c'était à moi, et à moi seul, qu'il incombait de lui en parler.

– Vous auriez eu ce courage ? Je connais les hommes et toute l'étendue de leur lâcheté, aussi permettez-moi d'en douter.

– Je ne peux pas vous obliger à me croire, mais c'était bien mon intention.

– Cependant, vous ne le fîtes pas !

– Je le fis, mais elle se débattit comme un condamné qui ne croit pas à la sentence tant qu'il n'a pas vu l'échafaud. Quand je compris combien elle souffrait, je ne voulus pas aiguiser le couteau devant elle. Cela a été mon tort.

– Pure faiblesse !

– Si pour vous la faiblesse réside dans le fait de vouloir épargner un être, alors je confesse bien volontiers ma faute. Je pensais qu'avec le temps, elle se ferait à mon éloignement. Cela m'a donné à réfléchir : épargner peut faire bien des dégâts. J'en ai conclu qu'un grand coup de couteau fait moins de mal que plusieurs coups répétés.

– Si vous cherchiez à la ménager, c'est que vous aviez encore des relations avec elle.

– En cela vous vous trompez. Je resterai reconnaissant à vie de tout ce qu'elle a fait pour moi, mais je ne la désire plus. On est maître de ses pulsions, pas de ses sentiments.

Balzac se pencha, posa un premier baiser sur le front de la duchesse.

– Le temps a passé, murmura-t-il.

Il en posa un deuxième sur une paupière :

– Je vous ai connue…

Enfin, un troisième sur ses lèvres :

– Et je suis à vous.

Alors il enfouit son visage dans son corsage délacé, comme un enfant qui chercherait à se faire pardonner une faute. Au creux de sa poitrine, elle sentit son souffle.

– Marie, pardonne-moi si je t'ai fait souffrir.

Dans ce moment plein d'aveux chuchotés, Laure retrouvait le bonheur d'être aimée, le bonheur de partager. Elle pensa à Mme de Berny, la plaignit, et ce fut un doux et nouveau sentiment. Elle se dit que pour elle aussi le temps était compté, qu'elle devait prendre les bons moments sans se poser de questions. Elle posa sa main sur la nuque de son amant, s'y promena puis glissa sur les épaules, le dos et, du bout des doigts, dispensa quelques agaceries.

Soudain, Balzac se releva, arracha ses habits et, sans plus de retenue, se rua sur elle. Il était fou du parfum de cette femme, de ses caresses. Il aimait posséder cette déesse de l'amour qui se cachait sous de multiples voiles. Il la couvrit de baisers.

En riant, elle le repoussa :

– Pas si vite, mon ami ! Il faut savoir attendre, savourer ce moment…

Elle donnait son propre tempo, apportait sa musicalité, apprenant à l'homme jeune et fougueux la patience et le plaisir de l'attente, jusqu'à ce qu'ils s'accordent, s'accompagnent, jusqu'à ce qu'ils soient les mêmes cordes d'un violon dont ils tireraient une ineffable mélodie.

Rue Maurepas

Les pleurs des femmes, les mines contristées des amis, les paroles de circonstance, les regards humides, les serrements de main lui donnèrent envie de fuir de la maison endeuillée. Balzac prit congé de son beau-frère, embrassa sa sœur et claqua la porte derrière lui.

Dehors, il pressa le pas. À mi-chemin, il s'arrêta, regarda autour de lui, aperçut le ciel bleu au-dessus des toits, sentit le soleil le réchauffer de l'ambiance glaciale qu'il venait de quitter. Depuis quelques jours l'été avait commencé, mais il ne pourrait en profiter tant que l'image terrifiante du petit visage livide aux paupières closes, du corps minuscule reposant dans son berceau le poursuivrait. La fillette était née chétive, car elle avait été portée par une femme éprouvée par la perte de sa sœur Laurence. Le chagrin avait fragilisé l'enfant qui, ces derniers jours, n'était plus qu'un regard... Quel mystère l'habitait pour qu'il vît plus loin, au-delà du monde des humains ?

Balzac observa les passants qui se promenaient, insouciants du drame qui se déroulait à quelques rues de là.

La mort de ce petit être lui avait fait comprendre à quel point la vie était précieuse. Il n'avait que trop perdu de temps. Les poings enfoncés dans les poches de son habit, il fit la promesse à sa sœur Laurence et à sa nièce Laure-Valentine, toutes deux réunies dans la mort, qu'il réussirait. S'il n'avait pu les rendre témoins de sa gloire du temps de leur vivant, il se promettait de leur rendre grâce par-delà l'absence. C'est à elles deux qu'il offrirait son travail.

Porté par le désir de communiquer avec les âmes défuntes, certain qu'elles l'entendaient, il gesticulait, parlait tout haut : il allait entrer en écriture comme on entre dans les ordres. Il produirait des livres, deviendrait célèbre. Il se consacrerait entièrement à son œuvre. Car il en avait la certitude, écrire était sa vocation.

Balzac marchait droit devant lui. Au carrefour, il hésita : s'il prenait sur sa gauche et une fois encore sur sa gauche, il reviendrait sur ses pas ; s'il prenait tout droit, il se retrouverait sur le chemin qui le mènerait chez la duchesse.

Après avoir longé les hauts murs qui protégeaient l'ermitage des regards indiscrets, Balzac frappa. Les nouvelles allaient vite, et depuis la veille Laure était au courant de l'état désespéré dans lequel se trouvait la dernière fille des Surville. Mais quelle ne fut pas sa surprise de voir le jeune homme entrer en arborant une mine réjouie.

– Ce n'était donc pas si grave, l'enfant se remet. J'en suis sincèrement heureuse, dit Laure en l'accueillant.

– Ma nièce s'est éteinte cette nuit comme une violette privée d'eau.

Elle pensa qu'il avait perdu l'esprit. Sans le brusquer, elle l'invita à s'asseoir avant que le chagrin ne le submergeât. Mais rien ne fut comme elle l'avait prévu. Face à elle, Honoré gardait le sourire aux lèvres. Inquiète pour sa santé mentale, elle finit par dire un peu brusquement :

– Votre attitude laisserait à penser que votre nièce vous était indifférente.

Il la regarda, stupéfait.

– J'aimais cette enfant, je l'aimais d'une tendre affection. La petite âme mérite une profonde génuflexion, de la vénération et du silence. Son regard en disait long. Et depuis qu'elle s'est éteinte, trop de vaines paroles ont été prononcées autour de son berceau… Je me suis enfui…

– Alors, ce sourire ?

– C'est que, madame, chemin faisant ce petit ange m'a aidé à prendre une décision : je vais prouver au monde entier que j'ai du talent. Je mettrai tout mon courage, toute ma ténacité à réussir et me jetterai dans le travail comme un forcené. Ce sera une œuvre d'envergure… quelque chose qui me dépasse et m'effraie.

Laure écoutait, comprenant qu'elle vivait un moment rare.

– Vous êtes la première personne à qui je me confie, reprit-il. Je dois me trouver un lieu silencieux, propice au travail, un endroit où je me sentirai suffisamment bien pour me retirer des semaines, voire des mois entiers sans être dérangé.

Il s'approcha de la duchesse, l'invita à se lever, prit ses deux mains dans les siennes et les pressa contre sa poitrine si fort que, à travers le drap de la redingote, elle put sentir les battements de son cœur.

– Vous me voyez en cet instant profondément affecté et en même temps comme illuminé par une joie profonde. C'est un peu comme si l'ange gracieux, à peine âgé de dix-huit mois, me soufflait ce que j'ai à faire. Je vais enfin mettre à l'ouvrage et faire ce pour quoi je suis né. La vie n'attend pas. Je n'ai que trop perdu de temps et n'accepterai plus d'entrave. J'ai compris que la famille est la dernière capable de porter un jugement sur le travail d'un auteur, aussi je ne lui parlerai de rien. Jusqu'à ce jour j'ai travaillé en imitant les autres écrivains, désormais je vais faire du Balzac. Je trouverai mon style, mes sujets. Si j'ai beaucoup souffert ces derniers mois, j'ai aussi beaucoup appris sur les affaires, sur le dessous des finances, sur les mœurs, la société, les gens. Tout cela se retrouvera sous ma plume. Ce sera un travail de longue haleine, qui me donnera des joies et des peines. Je pressens beaucoup plus de peine que de joie mais, d'avance, j'en accepte les difficultés. On n'échappe pas à son destin.

Il fouilla dans sa poche, en sortit une lettre qu'il déplia.

– Ce mot a été écrit par Laurence quelques semaines avant sa mort. Ma sœur souffrait, mais c'est de son frère qu'elle se préoccupait, et voici ce qu'elle dit :

(...) Versé dans la littérature comme tu l'es, comment cette seule occupation qui a pris l'existence entière des hommes célèbres qui ont écrit peut-elle te laisser, à toi, le temps de suivre une nouvelle carrière et te jeter dans le commerce que tu ne connais pas du tout. (...) tu as une bonté et une droiture qui ne te mettront jamais en garde

contre les coquineries des autres, que tu croiras aussi francs que toi, et de la même loyauté. C'est l'intérêt que je te porte qui me fait faire ces réflexions, mon cher Honoré, et j'aimerais mieux te voir bien des manuscrits, des ouvrages sérieux en train, pas le sol dans ta poche, logé au quatrième dans une chambre d'artiste, que de te voir une fortune et de belles entreprises. (...) Je t'engage à ne pas laisser là ta muse dormir trop longtemps, il me tarde de voir tes œuvres, de les lire.

» Cette lettre est un testament. Seule ma sœur avait vu juste. Elle croyait en moi, elle me le disait avec simplicité. Je ne l'avais pas écoutée, et il a fallu la mort de cet ange pour qu'enfin...

Sur ces mots, la voix de Balzac se brisa.

À la fois subjuguée et bouleversée, Laure comprenait qu'Honoré était en train de passer un pacte avec lui-même et qu'elle était dans les confidences de l'éclosion d'un génie. Avec une passion vibrante mais contenue, il lui dévoilait ses pensées les plus intimes, ses espoirs les plus secrets, comme plus jamais peut-être il ne le ferait. Impressionnée par la détermination qu'elle sentait poindre, elle chercha le regard de son interlocuteur, mais les yeux noirs brillaient d'une lueur intense qui voyait plus loin qu'elle ne verrait jamais. Il était comme ces marins qui, après des mois d'un voyage incertain, trouvent enfin une terre d'asile.

Incapable de proférer un mot de plus, il pressa la main de Laure contre ses lèvres et ils restèrent ainsi sans bouger, dans une communion parfaite.

***

Balzac arriva alors que la duchesse jouait du piano.

Il entra sans bruit, écouta.

– Vous aimez ?

– Trop de notes pour mes pauvres oreilles.

– Le compositeur s'appelle Frédéric Chopin. Une étoile montante qui se trouvera un jour au firmament, vous verrez…

Après quelques dernières envolées, elle referma le couvercle. Elle se leva, tendit sa main à baiser.

– Vous me semblez mieux, je le vois.

– Depuis que le petit ange repose dans sa dernière demeure, je me sens plus serein.

Laure lui demanda ce qui lui ferait plaisir, et sa réponse ne se fit pas attendre.

– Madame, je vous ai tout dit de mes amours et je ne sais rien des vôtres. Ainsi, je me suis souvent demandé quel genre d'homme était Junot, dans l'intimité.

– Le meilleur des hommes et le plus attachant des pères, dit-elle sans hésitation.

– Cependant ?

La tête renversée en arrière, elle se mit à rire d'un joli rire de gorge, puis ajouta avec un brin de malice :

– Et s'il n'y avait pas de « cependant » qui tienne ?

– Sachant quel rôle vous teniez à Paris, quelle position vous aviez à la Cour, je serais enclin à croire que tout ne fut pas si simple dans votre couple.

– Vous avez vu juste, admit-elle, reprenant son sérieux. J'étais jeune et éprise de mon mari, mais Junot n'avait pas de principes fort arrêtés en fait de fidélité conjugale. Ma petite Joséphine n'était pas encore née que son père s'avisa de faire la cour à une Anglaise. Cette Lady Clavering avait loué le grand château de Bièvre, qui était voisin du petit Bièvre, alors notre maison des champs. Leur relation devint intime. Je pleurai beaucoup sur cette première incartade, mais je dus me faire une raison. Ma fille vint au monde, et nous oubliâmes ce malheureux épisode. Mme Bonaparte me fit cadeau de perles fines sur plusieurs rangs. Ce présent était superbe, mais il n'approchait pas celui que le Premier consul fit à Junot en lui donnant les titres de propriété de son hôtel de la rue des Champs-Élysées. Nous étions riches, nous étions jeunes, nous étions à la mode. La vie reprit ses droits.

» Mon mari étincelait dans ses uniformes. Quant à la figure, la tenue, la tournure, il éclipsait tout le monde. Auréolé de titres et de gloire, il ne laissait pas les femmes insensibles. Il eut de nombreuses aventures. J'en souffris longtemps sans me plaindre, jusqu'au jour où je lui rendis la monnaie de sa pièce.

L'œil de Balzac s'éclaira :

– Dites !

– J'aimais Junot et, malgré son besoin de courir le jupon, il m'aimait. Chaque jour il me le prouvait. L'avenir nous souriait. Je crois pouvoir dire que j'étais heureuse, alors. Dès cette époque, il y eut des hauts et des bas entre lui et Napoléon qui mériteraient que je m'y arrête ici. Junot, dont le surnom était « la Tempête », nourrissait une véritable adoration pour son idole, pourtant il lui parlait toujours selon son cœur. Il en fut ainsi lorsque le Premier consul accepta d'être nommé consul à vie. Ses idées étaient sincèrement républicaines et il devinait que c'était là un acheminement vers la monarchie et le pouvoir absolu. Il ne savait pas cacher ses sentiments. Lors d'un dîner à Saint-Cloud, il laissa paraître un peu de ses inquiétudes, ce qui lui valut d'être vertement repris par son général, et il en fut profondément blessé.

» Un matin que j'étais invitée à déjeuner chez Mme Bonaparte, le Premier consul arriva et, me prenant à part, me demanda pourquoi il ne voyait plus Junot. « La fièvre, général, répondis-je, et assez forte pour qu'il ne puisse pas se lever. – Mais cette fièvre a-t-elle un caractère quelconque ? Est-elle putride, maligne, quoi enfin ? – Ni l'un ni l'autre, répondis-je, un peu impatientée du ton d'humeur qu'il mettait dans ses questions, mais Junot est fort impressionnable, et lorsque quelque peine de cœur le frappe, c'est au cœur aussi que les coups portent. – Je vois que Junot vous a parlé de l'espèce de querelle que nous eûmes ensemble il y a quelques jours. Il y fut ridicule. – Vous permettrez, citoyen consul, de ne pas confirmer par mon assentiment le mot que vous venez de dire, sans doute en plaisantant. » Il me regarda quelques instants sans parler, prit ma main droite qu'il rejeta aussitôt dans un mouvement singulier, puis disparut comme un éclair.

» Rentrée chez moi, je racontai toute cette scène à mon mari, que je trouvai très souffrant. On lui appliqua trente sangsues et le soir, vers sept heures, il prit un bouillon, s'étendit sur le divan de mon cabinet et s'endormit. Au bout d'un moment, j'en fis autant.

» Tout à coup, des pas rapides se firent entendre. Heldt, le premier valet de chambre, accourut en m'appelant.

» Une lumière frappa mes yeux : le Premier consul se tenait devant moi. « Bonsoir, madame Junot. Vous ne m'attendiez pas, n'est-il pas vrai ? Eh bien, où donc est-il, votre moribond ? » Tout en parlant, il était arrivé dans mon cabinet, où Junot dormait. « Eh bien, monsieur Junot, qu'est-ce que vous avez donc, hein ? Qu'est-ce que c'est que cette fièvre ? Eh ! Eh ! Je te ferai le caractère, moi ! » Et il lui tirait son pauvre nez, ses oreilles, lui pinçait les joues. Enfin, il lui faisait toutes ses grâces.

Laure regarda Balzac, elle avait les yeux humides.

– Jamais je n'avais vu mon mari aussi profondément ému. « Je parie que tu n'es plus malade, hein ! Mauvaise tête ! » dit-il encore tout en se mettant à parcourir la chambre. « Ah ça, voilà donc ce que l'on appelle ton palais ! Pardieu, je veux le voir ! Ils disent tous que c'est une merveille et une folie, mais ça me paraît bien simple. » Il entra dans mon appartement. « Ah ! Ah ! Voici le sanctuaire, dit-il sur un ton qui n'avait que de la bonté, mais qui pourtant était un peu goguenard. Que diable avez-vous donc là ? poursuivit-il en levant la tête et en regardant la frise : est-ce que par hasard ce sont vos grands-mères ? – Il n'y a même pas de parenté, général, c'est une galanterie de Junot, qui a fait mettre dans ces médaillons tous les portraits des femmes célèbres de l'Antiquité. – Oh ! Il pouvait se dispenser de la galerie de portraits pour cela… »

» Et, tout en discourant, il allait toujours, et moi je le regardais avec une attention qu'il finit par deviner en voyant mes yeux attachés sur lui et un sourire accompagnant mon regard. C'était sa toilette qui produisait cet effet sur moi, elle me rappelait ma jeunesse. La redingote était d'un beau drap, le chapeau d'un fin et magnifique castor, mais il avait toujours la même forme, et son maître le posait toujours de même sur son front, avec cette différence que la poudre et les oreilles de chien avaient disparu. Le fait est que, même entouré de tout le prestige de sa gloire, il avait toujours eu la plus comique tournure en habit bourgeois. Cela venait peut-être du peu d'habitude qu'il avait de porter, comme il disait lui-même, son habit *couleur de muraille.* « Ah ça ! monsieur Junot, j'espère que cette petite course dans tes domaines t'a radicalement guéri. Et pour me prouver que tu l'es, tu viendras déjeuner avec moi demain à Saint-Cloud. Bonsoir, mon vieil ami. Adieu, madame la commandante. »

» Cette nuit-là, mon mari dormit mal. Son âme était tellement ardente que le bonheur et la peine ne pouvaient y être contenus. Néanmoins, le lendemain matin il était remis et parfaitement bien portant.

– Une telle émotivité chez un homme de sa trempe ne peut que surprendre.

– Quand on sait ce qu'il advint de lui à la fin de sa vie, on pouvait se poser des questions. Mais à l'époque de ma jeunesse, je n'avais pas une grande connaissance de l'âme humaine. Le lendemain il fut à Saint-Cloud, comme convenu, et revint enchanté.

» Mais un nouvel orage grondait autour de lui. À quelque temps de là, le traité d'Amiens fut rompu. Napoléon appela d'urgence mon mari, il était cinq heures du matin. Junot partit immédiatement pour la Malmaison, où Napoléon résidait à ce moment. Lorsqu'il arriva près du Premier consul, il lui trouva la figure bouleversée. « Junot, dit-il aussitôt qu'il le vit, es-tu toujours l'ami sur lequel je puis compter ? Oui ou non ? Pas de phrases ! – Oui, mon général. – Eh bien ! Il faut sur l'heure prendre des mesures pour que tous les Anglais, sans exception aucune, pour que tous soient arrêtés dans une heure ! » Et il frappait du poing sur la table. « Les malheureux ! Ils refusent Malte ! Cette puissance, cauteleuse et ennemie, prétend récuser aujourd'hui le traité d'Amiens ! » Et la colère étouffait sa voix, il était contraint de s'arrêter. « Mon général, je vous suis entièrement dévoué et c'est ce dévouement qui me fait hésiter d'obéir... » Napoléon fronça les sourcils. « Encore ! s'écria-t-il. Comment ! La scène de l'autre jour va-t-elle donc se renouveler ? Lannes et toi, vous vous donnez d'étranges licences. Il n'y a pas jusqu'à Duroc qui avec son air tranquille ne vienne aussi me sermonner. Pardieu, messieurs, je ferai voir que je sais mettre mon bonnet de travers. – Mon général, demandez-moi mon sang... Demandez-moi ma vie... Vous êtes le maître... Tout est à vous. Mais... – Eh bien, poursuis ! – Fouché est mon ennemi personnel et cependant je lui reconnais du talent, mais il vous sert dans un sens qui n'est pas celui dans lequel vos amis aimeraient vous voir marcher. Souvent vous êtes excité à une sévérité qui est loin de votre caractère, et cela par quelque rapport peu ou point réel. Parmi ces Anglais il y a des femmes, des enfants, des vieillards... Le dommage que peut faire une réclusion entière est immense... »

» Il se battit tant et si bien qu'il finit par avoir gain de cause. Plus de deux ans après, l'Empereur me parla de cette scène, il me dit qu'il avait été ému au moment d'embrasser Junot, tant son expression était belle en lui résistant, à lui, son général, son chef, l'homme ayant tout pouvoir et en risquant ainsi son existence. « Car enfin, disait l'Empereur en souriant, je ne suis pas bon quand je suis en colère, et vous le savez, madame Junot. »

» Il n'en est pas moins vrai que l'attitude de Junot avait indisposé le Premier consul. Il l'envoya commander à Arras la division des grenadiers réunis.

– C'était là un beau commandement.

– Oui, mais après celui de Paris, ce fut une disgrâce. Junot ne le regretta pas cependant : le fait d'être nommé en province l'empêcha d'être mêlé à la malheureuse affaire du duc d'Enghien. Ce fut aussi lors de notre séjour à Arras (je dis « notre » car j'y avais suivi mon mari) que l'Empire fut proclamé, et vous savez que ses idées toutes républicaines l'auraient rendu hostile à ce projet.

» C'est alors que nous fûmes invités à quitter cette bonne ville pour regagner Paris. Junot avait reçu le 6 brumaire an XIII deux *lettres closes* pour se trouver au sacre. Le couronnement ne devait avoir lieu que le 11 frimaire et il y avait non seulement des préparatifs à faire, mais des devoirs à remplir, comme de recevoir le pape dans la capitale.

» La France elle-même déserta les provinces, Paris devint un séjour fabuleux et, pendant les deux mois qui précédèrent et suivirent le sacre, il offrit un spectacle qui ne se présentera plus à l'avenir. Ce sentiment qu'on peut rappeler, mais qu'on ne peut décrire, donnait à tout ce qui se faisait un aspect qui fera le charme et le sujet des rêveries de mes vieux jours et que les générations futures ne pourront comprendre…

– Sauf si vous trouvez les mots pour nous faire rêver à notre tour, et vous les trouverez, madame, dit Balzac en s'inclinant devant la femme qui, depuis des mois, le tenait en haleine.

– Comment rendre compte avec des mots de l'enthousiasme du peuple français ? Il faut avoir vécu ces moments pour comprendre quels sentiments nous traversaient. Paris, déjà si vivant, offrait l'aspect continuel d'une foule empressée et joyeuse. On courait chez l'un afin d'avoir des billets pour le jour de la cérémonie ; chez un autre pour louer des fenêtres afin de voir passer le cortège. On allait ensuite chez Dallemagne, le brodeur le plus fameux alors. C'était lui qui était chargé de broder le manteau de l'Empereur, dont Levacher avait fourni le velours. Puis on courait de là chez Foncier, qui montait la couronne de l'Empereur et de l'Impératrice, et qui était chargé de placer le fameux diamant appelé le Régent dans la poignée de l'épée que Boutet devait fourbir. De là on courait encore demander des billets pour pénétrer dans Notre-Dame, voir les préparatifs immenses qui se faisaient à l'intérieur.

» Tous les esprits étaient occupés par la formation de la nouvelle Cour. Les intrigues allaient bon train. Mme Bonaparte était assaillie de tous côtés pour présenter une dame du palais, un chambellan, un écuyer, que sais-je encore ?

» La formation de la Cour de Joséphine et des princesses fut sous l'influence de l'esprit consulaire. C'est plus tard, à l'avènement de Marie-Louise, qu'on devait voir les Tuileries envahies par le faubourg Saint-Germain, qui n'y prenait place que pour se moquer journellement de l'Empereur et de sa famille.

– Autrement dit, Napoléon fera ce qu'il vous reprochait de faire…

– À la différence près que le mélange des sociétés dans un salon comme le mien ne pouvait que provoquer au mieux un rapprochement, au pire une indifférence. Je prenais soin de choisir mes amis, l'entente restait désintéressée, je n'avais rien à offrir à part ma bonne volonté et mon hospitalité. C'était un rôle purement diplomatique que je jouais, car je n'avais pas de grâce à répandre, de poste à pourvoir ou de récompense à décerner. Napoléon, à son avènement, rêvait d'un système de fusion dont il a tant parlé à Sainte-Hélène ; il fit la faute de s'entourer de personnages qui, quelques années avant, parlaient de sa perte et de sa chute comme d'une de leurs espérances.

Laure regarda fixement Balzac et dit d'une voix haute et claire :

– Oui, je le répète, il fit une faute. Les hommes qui lui étaient attachés véritablement le virent et le lui dirent. Mais il n'aimait pas les remontrances et ne les écouta pas.

Laure se tut, en proie à ses réflexions. Balzac, qui s'était laissé aller à la quiétude des lieux, fut rattrapé par son chagrin, ses obligations. La vie reprenait ses droits, avec toutes ses difficultés, ses tristesses.

Les deux amants se regardèrent, d'un regard épris et inquiet. En même temps ils voulurent s'exprimer, en même temps ils se turent.

Enfin, Balzac prit le pas pour dire :

– Ma sœur et mon beau-frère doivent partir ce soir, l'enfant sera enterrée en province, dans le caveau de la famille Surville.

– Je présenterai mes condoléances aux parents. Mais, en attendant, dites-leur, mon ami, combien je compatis. La perte d'un enfant est le pire des chagrins qu'une mère puisse endurer. Pour l'avoir connu, je n'ai pas oublié.

Balzac remarqua les traits bouleversés de la duchesse.

– Vous aussi avez connu ce malheur ? Un jour, me le direz-vous ?

Au jardin

Par une fin de journée torride, Balzac réapparut. Laure était assise au jardin.

– Je ne vous espérais pas si tôt, dit-elle, heureuse de cet imprévu.

– J'ai faussé compagnie à ma mère en lui faisant croire que je repartais pour Paris, et me voilà.

– Vous mentez, comme un enfant !

– J'y suis contraint, si je veux préserver ma vie privée.

– Alors, cet emménagement ?

– Je vis au bout du monde, là où Paris s'achève, là où Paris commence. Toute la journée, je m'enferme pour travailler et la nuit je fais de même. J'aimerais partir à la campagne, j'ai écrit à des vieux amis de la famille qui possèdent un château à Fougères. Ils me considèrent comme leur fils, j'attends leur réponse.

– Me direz-vous enfin sur quel sujet vous travaillez ?

– Plus tard, je vous le promets.

Enfin, d'une voix caressante, il dit :

– Marie, fais-moi ce soir le plaisir de me parler de toi, uniquement de toi.

– Que veux-tu savoir ? murmura-t-elle.

– Tout sur ta vie amoureuse.

Laure regarda son amant pour s'assurer que la question était sérieuse puis, devant le visage tendu et gourmand, elle éclata de rire. À une question sans détour, elle choisit de répondre sans détour :

– J'eus deux amants. Le premier révéla la femme qui sommeillait en moi, il me flatta et me permit de faire face aux frasques de Junot sans trop de dommage. Le second, oh le second… Je ne souhaite à personne de connaître une telle passion, elle passa sur moi comme un vent mauvais. Après l'exaltation des premiers mois, je vécus cet amour comme une tragédie, je ne m'appartenais plus. Contrairement à la première inclination qui resta une belle romance, je ne peux évoquer la deuxième sans trembler. Je me consumais si je ne le voyais pas, si je ne le sentais pas près de moi. J'idolâtrais l'objet de mon amour au point d'oublier que j'étais la mère de quatre enfants, au point de vouloir mettre fin à mes jours.

– C'est par ce que vous avez vécu, par ce que vous avez souffert que je vous aime. Vous êtes une amoureuse passionnée comme il y en a peu. Mais laissons cela, je vous devine toute tremblante à l'idée d'aborder ce sujet. Je vous ai donné le non de Mme de Berny, me donnerez-vous… ?

– Il était prince et il s'appelait Metternich !

– Le fameux diplomate autrichien qui fut ambassadeur à Paris durant l'Empire ?

– Celui-là même. Mais ce fut une longue histoire, cela nous oblige à faire un saut en avant, et je ne sais pas si nous aurons le temps.

– Commencez, nous verrons bien.

– Peu après le sacre de l'Empereur, Junot fut nommé ambassadeur au Portugal. Il était aussi chargé d'une mission secrète à la cour de Madrid. Je décidai de le suivre. Nous quittâmes Paris en 1805, au milieu du carnaval, et je devais regagner la France le mardi gras de l'année suivante. L'Empereur me nomma alors dame pour accompagner Madame Mère. Je pris mon service alors que Junot avait été envoyé en mission à Parme, où j'appris qu'il me trompait allègrement. Je l'aimais encore et je voulais me battre contre ses infidélités. Je fis savoir à l'Empereur que je désirais rejoindre mon mari et lui conduire ses enfants. « Vraiment, répondit l'Empereur. Comment, c'est vous qui voulez aller rejoindre Junot ? Mais c'est très bien. Ce serait encore mieux si, en lui conduisant ses enfants, vous lui meniez des garçons. Mais vous ne faites que des filles ! »

– Toujours ce sang corse !

– Finalement, Junot fut rappelé à Paris. Le 19 juillet, l'Empereur le nomma à nouveau gouverneur de Paris et y joignit le commandement de la première division. À cette époque, la guerre avec la Prusse devenait inévitable et Junot, qui avait été comblé de joie par sa nomination, regarda bientôt avec amertume les autres généraux partir pour la guerre. La quatrième coalition continentale venait d'être proclamée. L'Empereur quitta Paris les derniers jours de septembre pour se porter contre le roi de Prusse. Je passe sur les différents événements qui arrivèrent à cette époque, quitte à y revenir par la suite. Avant de vous parler de M. Metternich, il est toutefois important que le décor soit planté. Et ce décor fut la belle propriété du Raincy. J'avais toujours désiré avec passion une maison de campagne. Junot m'avait donné Bièvre, mais elle était placée trop loin et elle devenait surtout trop petite.

» Un jour, il m'invita à dîner dans cette délicieuse habitation. Le temps était admirable. Je regardais avec délices les beaux ombrages, le château au milieu de ces massifs, entouré de ses dépendances ; puis le village au bout de cette belle allée de peupliers, l'orangerie, le chenil. L'intérieur était tout aussi magnifique, le salon à colonnes, la salle de bains m'arrachèrent une exclamation d'admiration : « Mon Dieu ! m'écriai-je, qu'on doit être heureux dans un endroit comme celui-ci ! – Eh bien, il est à toi. »

Laure sourit :

– Il est sans doute bien des heures amères dans la vie, mais il est aussi de ces minutes, fugitives peut-être, mais brûlantes, incisives, qui donnent pour une éternité de bonheur.

– Ces minutes, je ne les connais que lorsque j'écris. On cherche et puis soudain un mot, une idée, vous vient à l'esprit, et dans l'âpreté du moment c'est comme une étincelle qui illumine la vie.

– Alors, répondit Laure dans un souffle, je te prédis beaucoup de moments de bonheur.

Ces mots furent prononcés avec une telle émotion que Balzac les reçut comme un baiser brûlant.

– Le Raincy était une ravissante propriété. Je m'installai sans retard. J'étais heureuse alors, et je ne me doutais pas que, dans ce lieu enchanteur, j'allais connaître le début de mes malheurs. Mon mari partait chaque matin pour Paris, à cheval ou en voiture, et revenait presque toujours dîner le soir en famille. Car sa mère était installée chez nous.

» Un matin, et sans que personne ne s'y attende, ce fut Caroline Murat (nommée depuis peu par son frère grande-duchesse de Berg) qui vint chez nous chasser le daim.

– Sans qu'elle y fût invitée !

– La sœur de Napoléon avait alors toutes les audaces. Elle avait eu les comptes rendus du déjeuner que nous avions donné en l'honneur de Madame Mère et elle voulut se rendre compte par elle-même. Ce jour-là je compris à mille petits riens que mon mari s'était laissé séduire par la princesse. Des bruits couraient sur leur compte, auxquels je n'avais pas voulu prêter attention. Cette fois je ne pouvais plus les ignorer.

– Par cette liaison, qu'espérait obtenir la grande-duchesse de Berg ? Car chacun sait que cette femme n'était que calcul.

– Mon cher, plût à Dieu que Junot fût aussi lucide que vous. Depuis que Napoléon était parti faire la guerre, deux femmes s'agitaient dans l'ombre.

– Deux ?

– Si l'Empereur était tué sur les champs de bataille, la grande-duchesse de Berg et Joséphine entendaient bien le remplacer par la personne de leur choix. Pour l'une c'était son mari, pour l'autre c'était son fils. Pour atteindre leur but, il y avait un homme qui devait être séduit, et cet homme c'était le commandant de Paris.

» Deux jours avant la bataille d'Eylau, Junot fut invité chez l'Impératrice. Elle se montra adroite, mais pour une fois Junot fut prudent. Il ne prononça pas un mot qui pût le compromettre.

» Mais il existait dans Paris une autre ambition, bien plus active encore. Murat avait un nom immense dans l'armée, il était le beau-frère de Napoléon, et sa femme, la plus adroite personne que Dieu ait jamais formée. En mettant le commandant de Paris dans son lit, elle fit en sorte que, le jour arrivé, il ne pût rien lui refuser.

– C'était habile, mais machiavélique !

– C'était une combinaison détestable et rien que de l'évoquer ce soir j'en ai encore le cœur qui se soulève. À cette époque, la cour impériale était placée sous l'autorité de la grande-duchesse, qui occupait alors le beau palais de l'Élysée. Elle commençait à recevoir en princesse, malgré ses ricanements perpétuels, mais on y était accoutumé.

– Ricanements ?

– Caroline passait son temps à se moquer. Elle trônait sans concurrence et ses désirs étaient des ordres. Aussi, quand elle ouvrait un bal, c'était avec le général Junot ; quand elle jouait, elle le faisait appeler à sa table pour faire sa partie ; quand elle montait à cheval le matin, elle se faisait encore accompagner par lui. Mon mari ne faisait plus que de rares apparitions au Raincy, et c'est à ce moment que ma belle-mère mourut.

– Il aurait pu profiter de son deuil pour briser net sa liaison.

– Il était comme envoûté. Il continua à s'afficher avec la sœur de Napoléon tandis que je continuais à espérer son retour.

– Vous avez dû beaucoup souffrir.

– Longtemps, je fus bouleversée par ses aventures. Comme il ne tint pas compte de mes larmes, avec le temps je finis par me résigner. Restait l'humour. Désormais, j'appellerais mes « parentes » toutes les femmes qui passeraient dans sa vie.

– Quand le chagrin fait place à l'humour, c'est que l'amour vous a quitté !

– Pourtant, j'étais encore loin d'en avoir fini avec les larmes. Le 19 mars, jour de la fête de l'Impératrice, approchait. En cette année 1807, on voulut, pour lui être agréable, jouer devant elle la comédie. J'étais enceinte de mon fils Napoléon. Comme je me sentais mal ce soir-là, je fus sur le point de ne pas pouvoir jouer mon rôle, mais je pris sur moi et tout se passa bien. Contre toute attente, ce fut la grande-duchesse de Berg qui fut prise d'une attaque de nerfs. Elle s'évanouit. L'Impératrice, toujours secourable, s'élança vers sa belle-sœur. Afin de faciliter sa respiration, elle délaça son corsage, dans lequel était cachée une lettre pliée dont elle reconnut l'écriture. « C'est une lettre de Murat ! » dit brusquement la princesse en revenant à elle. « C'était une lettre de votre mari », m'avoua quelques mois plus tard l'Impératrice.

» Après cette scène, la grande-duchesse insista pour rentrer avec nous. Il m'était impossible de protester.

À trois heures du matin, on arriva devant le palais de l'Élysée. Junot descendit le premier, donna la main à la grande-duchesse pour l'aider à descendre, la conduisit jusqu'à ses appartements. J'attendis, et cette attente fut un enfer. Enfin, quand je compris qu'il ne reviendrait pas, je rentrai seule chez moi, et passai le reste de la nuit dans les larmes.

– Comment un homme peut-il adopter une attitude aussi méprisante vis-à-vis de sa femme ? Je suis indigné par ce que j'entends, dit Balzac d'une voix tremblante de colère.

– Curieusement, ce ne fut pas tant à mon mari que j'en voulus qu'à la sœur de Napoléon. Cette femme qui se disait princesse et qui ne l'était que par le titre, cette femme qui avait été une amie d'enfance et que ma mère avait maintes fois reçue chez elle quand elle était jeune, s'était jouée de mon mari dans le seul but de réaliser ses ambitions. Dans toute cette histoire, si Junot fut un sot, il fut surtout un faible.

– Le commandant de Paris ne devait pas avoir que des amis dans la capitale, aussi je suppose que Napoléon fut mis au courant de cette passade ?

– Quand la paix de Tilsitt mit un terme à la guerre, l'Empereur rentra à Paris. Il accueillit Junot avec une grande froideur. Celui-ci crut bon de demander une audience particulière. Elle lui fut accordée et il reçut une salve de reproches. Il dit alors que si Murat s'estimait offensé, il était prêt à lui rendre raison. « Mon hôtel, dit-il, est tout prêt de l'Élysée, et… – Oui, oui, répondit l'Empereur, beaucoup trop près. » Il lui défendit de se battre avec Murat et lui donna l'ordre de prendre le commandement de l'observation de la Gironde. « Ainsi donc vous m'exilez, dit Junot, accablé. Vous me faites quitter Paris au moment où vous y entrez. Qu'auriez-vous fait de plus si j'avais commis un crime ? – Tu n'as pas commis de crime, mais tu as fait une faute. Il est nécessaire que tu t'éloignes quelque temps de Paris. Cela est convenable pour détruire tous les bruits qui ont couru sur ma sœur et sur toi. Je défie un être au monde en voyant la confiance dont je vais t'investir. Tu auras à Lisbonne une autorité sans bornes, tu ne correspondras qu'avec moi, tu resteras toujours gouverneur de Paris. Allons, mon vieil ami, le bâton de maréchal est là-bas. »

– C'était une sage décision, et combien subtile.

– Plus que jamais, j'admirais Napoléon et je plaignais mon mari.

– Vous le plaigniez ?

– Il était malheureux, je le voyais. Il souffrait de quitter Paris. Et jamais je ne pardonnerai à celle qui n'a pas eu la noble grandeur d'âme d'avouer que les torts étaient tous de son côté.

Balzac se leva, tendit à la duchesse une main secourable.

– Tout cela est loin, pourtant vous semblez encore si troublée.

– Caroline Bonaparte était une amie de jeunesse… Aussi me trouvais-je doublement flouée.

– Faisons quelques pas dehors et, tout en cheminant, vous me raconterez.

***

Bras dessus, bras dessous, Balzac et la duchesse s'étaient promenés dans la roseraie.

Honoré se pencha à son oreille et lui chuchota amoureusement :

– Comment te sens-tu, ma chère Marie ?

– Mieux.

– Auras-tu le courage de me dire ce qu'il advint de ton couple ?

Laure poussa un long soupir.

– En attendant que Junot s'en aille, il fallut faire bonne figure. Telle était la volonté de l'Empereur. Avec les Murat on se voyait, on se recevait. Les apparences étaient sauves. La veille de son départ, il reçut une invitation à dîner au palais de l'Élysée. Le billet ajoutait que la princesse désirait beaucoup que mon état me permît d'accepter. J'étais enceinte, et elle savait que je n'allais pas en voiture à cause de ma grossesse.

– Ah ! La perfide !

– Mon mari s'y rendit. Le soir, à huit heures et demie, il était déjà rentré. Il semblait agité. J'avais ce soir-là dans mon salon quelques intimes. Je l'invitai à se joindre à nous. Il me répondit qu'il allait finir la soirée près de moi. À neuf heures, il passa chez lui pour changer de toilette et quitter son uniforme. Une heure s'écoula, et il ne revenait pas ! Je sonnai son valet de chambre : « Où est le général ? – Madame, il est sorti. – En voiture ? – Non, madame, à pied. » Cette nouvelle m'anéantit, car il n'était que trop clair que c'était un rendez-vous donné par la princesse. Et il devait partir à sept heures du matin prendre le commandement de l'armée destinée au Portugal.

– Vous avez dû souffrir d'une façon si intime, si violente que les mots pour la décrire ne pourront jamais être qu'un pâle reflet de ce que vous avez enduré, dit Balzac.

Ces mots furent prononcés avec des intonations si sensibles, si profondément senties, qu'elles touchèrent le cœur de la duchesse. La nuit s'installait et s'étendait comme un voile pudique entre elle et lui. Tout était calme et silence, seules leurs voix qui toujours se respectaient, rarement se mêlaient, vibraient étrangement dans le soir. Jamais ils n'avaient été si proches, même au cœur de leurs ébats les plus fous. En cet instant, c'était comme si, à chaque parole prononcée, leurs âmes se caressaient, leurs cœurs s'enchantaient, leurs corps se promettaient.

– Je n'ai rien oublié de ces heures affreuses, reprit Laure. Assise sur un divan dans le coin le plus obscur de ma chambre, je l'attendis. Je me figurai que Murat les avait surpris, que Junot avait peut-être péri de manière tragique… Oh ! Combien j'ai souffert, cette cruelle nuit du 27 au 28 août ! Cinq heures venaient de sonner, le jour était levé, quand je l'entendis rentrer. En le voyant, je fus si heureuse que je ne pus lui adresser aucun reproche. Je sautai à son cou. « Pourquoi avoir veillé si tard ? » me demanda-t-il avec douleur. Il me regarda avec des yeux pleins de larmes et ajouta : « Laure, tu méritais un meilleur sort. » Il me fixa longuement, puis dit : « Je ne veux pas partir ! – Mais l'Empereur ? – Il ne le saura pas. Je ne me mettrai en route que demain. Je t'accompagnerai au Raincy, où tu dois t'établir en mon absence. Je ne puis m'en aller sans avoir eu avec toi une explication déterminante pour notre bonheur futur. Va te reposer quelques heures, puis nous irons. »

» Dès notre arrivée dans notre propriété, Junot fit atteler les chevaux à une petite voiture de promenade, et nous partîmes tous deux seuls. Il était fortement ému. Il ne nia aucun des chagrins qu'il m'avait infligés. Il convint de tout, enfin sortit un billet qu'il me donna à lire. Je vis, écrits sans orthographe et de la main de la princesse, ces mots :

Je ne puis me résoudre à penser que vous allez partir sans qu'un dernier rendez-vous ait eu lieu entre nous. En rentrant chez vous, vous aurez à supporter des criailleries et des pleurnichements. Laissez tout cela et venez auprès de votre Caroline. Venez par le chemin ordinaire. Tout sera ouvert. Mais surtout, et n'y manquez pas, venez armé et bien armé. Vous comprenez pourquoi ?

» Me prenant la main, mon mari dit : « Je devine tout ce que ton cœur souffre, mais juge de ce qu'a dû éprouver le mien lorsque j'ai lu cet affreux billet. – Cependant, tu t'es rendu à l'Élysée. – Pouvais-je m'en dispenser ? Cela m'était impossible. Cette femme est une Messaline. Mais ne te plains pas du rendez-vous : il m'a pour toujours ouvert les yeux. »

» J'appris alors par lui que, dès qu'il était entré dans sa chambre, elle avait examiné si les pistolets étaient en état, puis était allée fermer les portes elle-même en plaisantant de la résistance qu'on pouvait opposer si Murat voulait entrer.

» Il me dit que cette conduite, jointe à ce billet, avait produit sur lui un tel effet que ses sens, ordinairement si fougueux auprès d'elle, étaient tout à fait muets. Peu habituée à un pareil traitement, elle en profita pour l'humilier et s'abandonner à sa fureur. « Vous êtes retourné à *cette femme* ! criait-elle avec rage ; vous êtes retourné à elle ! Vous ne vous attendiez pas que j'eusse le courage de vous voir cette nuit. – Non, lui répondit-il froidement, car elle ne l'aurait pas voulu. Au surplus, ne prononçons pas son nom, je vous en ai déjà priée. »

– Ainsi Caroline Murat, que vous aviez connue dans votre jeunesse, parlait de vous en disant *cette femme* ? Chacun sait que la princesse était d'un caractère difficile, mais ce que vous me dites sur elle surpasse tout ce que j'aurais pu imaginer.

– Ces révélations étaient restées un secret entre mon mari et moi, je vous les confie et vous prie instamment de les garder pour vous, car je ne dirai rien dans mes Mémoires qui puisse salir Mme Murat tant que celle-ci sera en vie.

– Ce silence vous honore, madame. Plût à Dieu que toutes les épouses fussent comme vous.

– Oh, ce n'est pas Mme Murat que je cherche à épargner, mais plutôt la mémoire de l'Empereur. Ce fut ainsi que se passa la première heure de ce malheureux rendez-vous. La princesse employa tout l'art des séductions pour raviver un amour qui jetait sa dernière lueur. Et Junot me raconta que lorsque cette femme voulut jouer le rôle d'une prostituée, l'effet qu'elle avait produit sur lui avait été de le frapper de nullité. Sa rage n'avait alors plus connu de bornes. Elle en vint à proférer des menaces. « Enfin il fait jour ! Je puis espérer que Murat te verra sortir et que tu ne rentreras chez toi que privé de vie. – Taisez-vous ! lui répondit Junot avec violence et en s'élançant du lit. Jusqu'à présent vous ne m'inspiriez que du dégoût, maintenant vous me faites horreur ! Mais écoutez bien : si jamais j'apprends que vous avez attenté en quoi que ce soit au repos de ma femme, je vous démasque. À mon tour, je vous menace, et moi je tiendrai parole. Je ne me vengerai pas dans l'ombre, mais la France et l'Europe entière sauront votre conduite et surtout celle de cette nuit. Songez-y bien. »

» Elle se calma, pleura, se mit à genoux, demanda et obtint son pardon, rejeta tout sur la violence de sa passion et, par ses douces manières, obtint de Junot un raccommodement qui devait être le dernier soupir de cette malheureuse liaison. Mon mari ne me cacha pas l'inquiétude qu'il avait de me laisser seule. « Elle te déteste, me dit-il. Ton esprit, tes talents, ta réputation de femme à la mode, qu'elle ne peut usurper bien qu'elle soit princesse, tout cela l'aigrit et l'irrite. Sois prudente avec elle, et sur tes gardes. »

» À cette époque, j'étais entourée de tout ce que le luxe le plus recherché peut inventer. J'affectionnais une petite voiture charmante, menée par un seul cheval, et que je pouvais conduire. Elle ne contenait que deux personnes, et c'est ainsi que je parcourais l'immense parc du Raincy. Un jour que M. de Narbonne (un ami de ma mère qui me connut tout enfant) était seul avec moi, il me demanda si je m'étais aperçue de l'amour de M. de Metternich. « Non sans doute, lui dis-je, et j'en serais au désespoir. – Écoutez, ma chère enfant : je ne conçois pas beaucoup votre passion ridicule pour votre mari. Oui, ridicule, poursuivit-il en me voyant faire un mouvement d'impatience. Le général Junot est revenu à vous, c'est fort bien si cela dure, mais je ne le crois pas. N'aimez pas ce pauvre comte de Metternich, puisque votre marotte est d'aimer votre mari, mais voyez au moins qu'il est amoureux. »

» Quand je rencontrai le comte, je remarquai, en effet, qu'il avait un air de tristesse qui lui conférait un charme extrême, mais qui était encore loin de faire impression sur moi.

Un jour de cet été finissant, alors que j'avais prévu une chasse au daim dans les bois de Bondy, M. de Metternich s'arrangea pour me donner le bras afin de m'aider à monter dans mon petit char. « Permettez-moi d'être votre guide », me demanda-t-il. Je ne pouvais le lui refuser. La journée était ravissante. Dans l'état où je me trouvais, je lui demandai de mettre le cheval au pas. Nous causâmes un moment. Il me parla de Junot, et à ce propos je lui fis comprendre que je comptais rester fidèle à mon mari. Enfin nous reprîmes le chemin du château et, au milieu d'un groupe de chasseurs parmi lesquels étaient plusieurs femmes, je reconnus la princesse Caroline. Une fois à ma hauteur, elle arrêta son cheval. « Enfin, il faut venir vous chercher pour vous voir. On dit à Paris que vous êtes retirée du monde, mais je vois une solitude très bien peuplée. Bonjour, monsieur l'ambassadeur, dit-elle à M. de Metternich en lui adressant un de ses plus gracieux sourires alors que son regard était satanique de malice et de méchanceté. Ah ! ça, madame Junot, je viens vous demander à dîner, à coucher, et une chasse pour demain. Voulez-vous de moi ? » Je m'inclinai sans répondre. « Allons ! Qui ne dit mot consent, reprit-elle avec un sourire forcé. Mais j'aurais bien voulu que cette jolie bouche répondît un oui bien articulé. – Votre Altesse ne peut douter que je sois sensible à l'honneur qu'elle veut bien me faire, rétorquai-je, révoltée en moi-même de son impudence. – Allons, voilà qui est dit alors, n'est-ce pas ? J'espère que je ne renverrai pas ces messieurs. Me permettez-vous de les inviter ? – Là où est Votre Altesse, madame, elle est toujours chez elle. » Tous mes invités s'inclinèrent, à l'exception de M. de Metternich, qui prétexta des affaires et des lettres à expédier pour Vienne. « Non, non, dit-elle avec force, je n'entends pas cela. Vous restez, monsieur le comte, je l'ordonne. Et, ajouta-t-elle avec beaucoup de grâce, je vous en prie. »

» Nous reprîmes le chemin du château. Je l'installai dans ses appartements. Lorsque j'allais me retirer, elle me prit la main et me dit : « Laure, je suis venue à vous, puisque vous vous éloignez de moi. Je veux avoir avec vous une explication. Demain avant déjeuner j'irai dans votre chambre. À propos, que fait donc cette figure à la crème, M. de Metternich ? Est-ce qu'il est amoureux de vous ? »

» Le soir, la princesse fut charmante et M. de Metternich fut bientôt le but unique de ses attentions. Cela devint tellement choquant que le comte en fut lui-même embarrassé.

– Embarrassé ? s'étonna Balzac.

– Embarrassé ou contrarié, comme il vous plaira. Le diplomate connaissait l'humeur de l'Empereur contre ceux qui étaient les amants de ses sœurs et il n'avait nulle envie de l'encourir. Afin de tromper la princesse, Metternich fit la cour à une jeune femme présente ce soir-là, mais elle ne fut pas dupe de cette manœuvre.

» Le lendemain, elle vint chez moi pour me jurer une amitié, un dévouement de sœur et repartit.

» M. de Metternich avait fait un grand pas dans ma confiance. Chaque jour je l'appréciais davantage. Nous nous entendions à demi-mot et cette sorte d'intimité n'était pas sans charme. Sa femme, qu'il avait adorée, l'avait trahi, et cette sorte d'analogie me rapprochait de lui.

» À l'époque de mes couches, je revins à Paris. La princesse vint me voir plusieurs fois. Elle me fit part de beaucoup de projets d'amusement pendant l'hiver, et j'étais de tous : des quadrilles, des bals masqués… Elle me fit comprendre à demi-mot que tout irait bien si j'en étais, tout irait mal si je refusais. Quelle femme !

Balzac hocha la tête :

– Comment ne pas être étonné de trouver tant de calcul, tant de dissimulation chez une personne qui ne devait son élévation qu'aux seuls mérites de son frère.

– La princesse Caroline n'était pas femme à se remettre en question. Bien que gouverneur général du Portugal, Junot n'en était pas moins resté gouverneur de Paris. À ce titre, je devais assister à des représentations. Je vivais dans un vrai tourbillon. Tous les jours des bals, tous les jours des fêtes ! Ce fut alors que des lettres anonymes m'avertirent de la conduite de mon mari au Portugal. Ses liaisons, son train de vie étaient tellement scandaleux que le bruit en vint jusqu'ici. Je souffris le martyre, mais quand je revins à moi, l'amour avait fui. Les assiduités de M. de Metternich m'apparurent alors comme l'aube d'un beau jour. Je ne voulais pas y répondre, mais je jouissais d'être aimée.

» Le printemps arriva. Avec lui cessèrent les fêtes, les bals, mais revinrent les douces et belles journées. Pour des raisons de commodité, l'Empereur nous demanda de lui vendre le Raincy. N'ayant plus de campagne, je m'installai à la Folie Saint-James, à Neuilly. M. de Metternich avait une petite maison à Boulogne. Tous les matins, il venait en cabriolet passer quelques heures près de moi, pendant que je dessinais. Nous passions nos matinées dans un cabinet de travail situé près de ma chambre à coucher, à l'extrémité de ma maison. Le boudoir était une petite retonde charmante. Un divan circulaire la meublait. Une porte donnait sur un joli jardin particulier, dont j'avais seule la clef. Le long du canal était une allée de tilleuls dont chaque pied était une colonne de fleurs parce que j'avais fait mettre à tous des rosiers, des résédas et des jasmins. Cette allée menait à une grotte, dont l'intérieur était ravissant. Tout ce luxe avait fait dépenser des fortunes à M. de Saint-James, aussi la maison avait-elle gardé le nom de Folie Saint-James.

» Ce même été, on me demanda de jouer la comédie. La princesse Caroline, qui l'avait appris, me fit demander une autre représentation. Ce jour-là, M. de Metternich vint de bonne heure. Il était agité. Son air me frappa et je lui demandai ce qu'il avait. « C'est la princesse qui me déplaît. – Et pourquoi ? – Si je vous le dis, vous me prendrez pour un fat. – Je me doute de ce que vous allez me dire, comment ne pas s'apercevoir de son manège ? » En effet, elle disait à qui voulait l'entendre qu'elle était éperdument amoureuse de Metternich.

– Amoureuse ! s'exclama Balzac d'une voix de tonnerre qui fit vibrer la quiétude du soir. Cette femme était jalouse de vous, elle voulait tout ce que vous aviez, elle ne supportait pas vos succès !

Émue que son amant prît sa défense même par-delà le temps, Laure marqua un silence et reprit :

– M. de Metternich m'apprit que depuis quelque temps la princesse faisait tout pour le séduire, et que je devais me méfier : « Prenez garde à vous, cette femme vous hait ! » Cela m'avait donné à réfléchir. Un soir d'été, alors que je donnais, chez moi, une représentation théâtrale, je l'examinai et remarquai que l'enfer ne donne pas un autre regard à ses délégués. À chaque applaudissement, je voyais qu'elle souffrait.

» La soirée se termina vers une heure du matin. Excédée de fatigue, je quittai mon costume de Rosine, je congédiai ma femme de chambre et, m'enveloppant d'un grand peignoir de mousseline, je descendis dans mon jardin. La nuit était ravissante. Livrée à mes rêveries, je descendis l'allée, quand je crus percevoir un bruit. Effrayée, je pressai le pas. Comme j'entendis distinctement marcher derrière moi, je me retournai et tombai morte de peur dans les bras de M. de Metternich. « Je vous ai bien effrayée, me dit-il d'une voix tremblante. Laure, soyez à moi ou, je vous le jure, vous serez cause de quelque catastrophe dont le remords empoisonnera bien autrement vos jours que celui d'avoir fait mon bonheur. » Il était à genoux devant moi. Je penchai la tête pour lui parler, mes larmes baignèrent son visage. « Oh ! Tu pleures, me disait-il, tu pleures et tu me laisses souffrir ! » Il se releva pour me soutenir, sa bouche rencontra la mienne, il m'emporta dans ses bras dans la grotte qui était à deux pas de nous.

Balzac avait gardé le silence. Plusieurs sentiments s'étaient mêlés, mais celui qui dominait était la jalousie. Pris dans les rets d'une douce torture, il pressa silencieusement la main qui lui fut abandonnée.

– L'été passa dans un ravissement total, reprit Laure. Le mois d'octobre venait de commencer. Un jour, M. de Metternich me dit : « Je suis invité à déjeuner demain matin chez la grande-duchesse de Berg. – Et vous irez ? – Sans doute, ma Laure, mais ne craignez rien : mon cœur a un triple airain. » Dans le fait, j'étais tranquille : j'étais aimée comme jamais je ne l'avais été ni ne le serai plus.

– Chaque amour n'est-il pas différent ? se défendit Balzac, piqué au vif.

Laure sourit.

– Vous avez raison : l'âge, le lieu, les circonstances font qu'un amour est toujours unique. Et celui-ci venait après bien des désillusions, bien des souffrances, bien des luttes. J'étais encore en pleine jeunesse et je le vivais avec fougue. Ce fut entre moi et Clément une passion partagée, mais déjà le drame couvait.

– Vous ne m'avez pas dit comment s'était passé le déjeuner entre M. de Metternich et la sœur de l'Empereur ?

– Après un déjeuner qu'elle avait fait composer comme le serait le souper de quatre libertins dans une maison de filles, elle l'avait fait entrer dans un petit boudoir dont le plancher était couvert de roses effeuillées. Elle l'avait fait asseoir à côté d'elle, lui avait pris les mains et, le regardant avec une honteuse hardiesse, elle lui avait demandé s'il ne trouvait pas ce lieu charmant. Il avait répondu avec beaucoup de froideur. Puis il s'était levé, probablement avec un air un peu impertinent, car la princesse lui fit une scène affreuse. « Je sais bien, lui cria-t-elle, pâle de fureur, je sais bien ce qui cause votre mépris. – Mais, madame, si vous êtes aussi certaine que j'aime ailleurs, pourquoi cette scène ? – Oui, je le sais. Je sais que tous les soirs, à dix heures, votre cabriolet vient se ranger près du pont, que vous suivez le bord de l'eau et que vous entrez par la grille de la grotte dont elle vous a donné une clef. Je sais aussi que vous n'en ressortez jamais avant trois heures du matin… Suis-je instruite ? – Parfaitement, madame, et j'en rougis pour vous. » Sa rage ne connut plus de bornes. Puis, se ravisant, elle pleura, lui jeta les bras autour du cou et voulut l'embrasser. Il se débarrassa d'elle avec beaucoup de peine et lui dit avec un sang-froid très insultant : « Je vous conseille, madame, de cesser une lutte humiliante pour tous deux. J'aime, j'aime avec passion, avec ardeur, j'aime un être dont vous avez détruit le bonheur. Je dois le lui rendre. Puisque vous êtes maîtresse de notre secret, songez que je le suis du vôtre. Songez qu'elle a en sa puissance des preuves écrites contre vous. Nous en ferons usage à notre tour. » Il se dégagea d'elle et sortit aussitôt.

– Ces preuves étaient réelles ?

– Ce n'était pas vrai, il le disait pour l'intimider. Mais la grande-duchesse de Berg n'était pas femme à céder à la menace. Je la connaissais suffisamment pour savoir que nous courions un vrai danger.

Pensive, Laure regarda les premières étoiles qui venaient de crever un ciel sans nuages.

– Il fait sombre à présent, voulez-vous que je sonne Julie pour qu'elle nous apporte un chandelier ?

– Surtout n'en faites rien, madame, murmura Balzac. Entouré de toute cette nuit, je vois bien mieux. Je vous vois avec M. de Metternich dans cette maison de Neuilly qui, à votre image, reflétait tant de charme et de bien-être ; je vois la grande-duchesse de Berg à l'Élysée, je devine sa rouerie et je l'entends ricaner… Ce que j'ignore, c'est jusqu'où son désir de nuire la poussera.

– Plus loin que vous ne pourriez jamais l'imaginer. Sa détermination à me nuire ne connut plus de limites. À cette époque, la grande-duchesse de Berg fut nommée reine de Naples. Je m'exprime ainsi parce que son frère nommait à un trône comme à une préfecture. Peu avant son départ, je reçus un message pour me rendre au vieux Neuilly où elle séjournait. En entrant chez la princesse, je la trouvai seule. Elle venait de déjeuner. Chacun savait que la sobriété n'était pas sa vertu et, en effet, elle était toute rouge et les yeux lui sortaient de la tête. Elle m'indiqua un siège de la main et commença cette singulière conversation : « On dit, madame Junot, que vous prétendez que je suis jalouse de vous ? Et de quoi, mon Dieu, serais-je jalouse ? Vous êtes bien, mais je crois que je ne suis pas mal. De la richesse ? Quant à cela, j'espère que nous ne pouvons pas rivaliser : mon écrin est plus beau que le vôtre. Et même jusqu'à M. de Metternich… Si je voulais m'en donner la peine, je vous l'enlèverais, et certainement… » Impatientée par ce discours, je me levai : « Madame, lorsque Votre Majesté aura une conversation qui convienne à toutes deux, elle me trouvera disposée à l'écouter avec le respect que je dois à la sœur de l'Empereur. En attendant, je préfère me retirer. » Au moment où je passais la porte, elle me rappela. « Que faites-vous donc ? Ne voyez-vous pas que je plaisante ? – Ces plaisanteries sont de trop mauvais goût pour que je les accueille. – C'est une vraie colère que vous avez là ! Et si, pour changer, nous parlions de votre mari ? Junot n'a jamais été mon amant, ce sont vos jalouses colères qui en ont persuadé le Tout-Paris. » Et elle ajouta, perfide : « Car enfin, ayant un beau mari, on ne croira pas que j'aie pris pour amant un homme inférieur. – Sans convenir de tout cela, je me bornerai à répondre qu'il est malheureux pour vous de le faire croire. Car tout ce que vous prouverez, c'est qu'alors vous avez eu mauvais goût. » Elle se mordit les lèvres et, après un moment de silence, ajouta : « Savez-vous, madame Junot, que c'est vous qui en avez un singulier : vous qui avez pour dents de vraies perles, j'ai remarqué que M. de Metternich en avait d'affreuses ! » Cette fois la coupe était pleine. « Votre Altesse Impériale me pardonnera, mais il est tard. Je dois être rentrée à deux heures et j'ai juste le temps de faire le chemin. » Ce furent les dernières paroles amères que nous échangeâmes. Comme prévu, elle devint reine de Naples. Elle aimait le pouvoir à la folie et après la chute de l'Empereur tenta, par tous les moyens, de se maintenir sur le trône. Au moment où je vous parle, elle vit en exil en Italie et ne représente plus rien sur la scène du monde… Comme la vie est curieuse, quand on y songe.

Un moment, ses pensées vagabondèrent, puis elle reprit le cours de son récit.

– Ce fut alors qu'arrivèrent les grands événements du Portugal. Le général Junot avait perdu la bataille de Vimeiro contre l'armée anglaise. Le soir de cette défaite, il se manifesta chez mon mari quelques symptômes de la maladie qui devait l'emporter plus tard. Mais je ne savais alors rien de tout cela car, depuis deux mois, je n'avais reçu aucune nouvelle de lui. Les bruits les plus sinistres couraient sur l'armée vaincue. M. de Metternich, comprenant mon inquiétude, envoya des courriers partout. Et ce fut de cette façon que me parvint la nouvelle de la convention de Cintra signée le 30 août 1808. Celle-ci spécifiait l'évacuation du Portugal de notre armée, ainsi que son rapatriement par la flotte anglaise. Aussitôt, je fis demander une audience à l'Empereur. « Comment vous êtes-vous procuré ces informations ? » me demanda-t-il d'un ton fort sec. Je ne répondis rien. « Je m'en doute, reprit-il avec ironie. Au reste, Junot prendra cela comme il voudra, je m'en lave les mains. » S'il s'était borné à ces quelques mots, tout était bien ; mais il ajouta des choses qui portaient atteinte à la noblesse de mes sentiments. Je lui répondis avec une certaine hauteur, ce qui lui a fait écrire dans les Mémoires de Las Cases que je l'avais « traité comme un petit garçon ».

Balzac se contenta de sourire, il connaissait suffisamment la duchesse pour savoir qu'elle pouvait être cinglante quand elle le voulait.

– De retour en France, Junot n'eut pas la permission de revenir à Paris. Pour l'Empereur, ne pas vaincre était déjà une défaite. Il me fit demander le 15 octobre, à dix heures du matin, à Saint-Cloud. Là, j'appris que Junot était arrivé à La Rochelle. « Il est en compagnie, ajouta-t-il avec un sourire aussi méchant que malin. Tenez, lisez. » Et il me mit sous les yeux le paragraphe d'un journal anglais qu'on lui traduisait tous les jours : *Nous avons le bonheur de ramener en France un des braves généraux de l'armée du Corse ; mais il n'est pas tout seul... Mme Foy et Mme la comtesse d'Ega y tenaient le premier rang.* « Eh bien ! Que dites-vous de cela ? – Je le savais déjà, Sire. »

» Je partis le jour même pour La Rochelle, où je retrouvai mon mari. J'étais fort triste, car des bruits de guerre entre la France et l'Autriche commençaient à circuler. Le cœur de Metternich était déchiré, il prévoyait la ruine de sa patrie.

» Dès mon arrivée, je vis qu'il était instruit de ma relation avec M. de Metternich, et que de son côté il n'ignorait pas que je savais sa conduite. Cela ne l'empêcha pas, le soir même, de me demander d'inviter Mme Foy, sa maîtresse attitrée. Je refusai. « Encore de la jalousie ? Ma pauvre Laure, tu n'as pas changé », me dit-il.

– Cet homme était inconcevable ! lança Balzac, outré.

– Nous nous séparâmes, moi pour revenir à Paris, lui pour aller faire le siège à Saragosse. Lorsque je regagnai Paris, M. de Metternich était parti pour Vienne. Il ne revint qu'au bout de deux mois. Nous eûmes encore quelques instants heureux, les derniers.

– Comme vous avez dû verser de larmes, dit Balzac d'une voix émue.

– Oui, j'ai beaucoup pleuré. Je ne revivrais ces moments pour rien au monde. Je n'avais que vingt-quatre ans, mais pour moi le plus dur restait à venir : la reine de Naples...

– Encore elle !

– Junot était revenu de Saragosse. Je recevais en cachette des lettres de Clément. Mais la reine de Naples, plus fielleuse que jamais, intrigua auprès de ma domesticité. Elle soudoya l'ancienne femme de chambre de ma mère, qui m'avait vue naître, afin de savoir où je cachais les lettres que m'envoyait mon amant, et elle se fit un odieux plaisir de communiquer le renseignement à mon mari. Il en prit connaissance le 13 janvier 1810 (je n'ai jamais oublié la date), nous étions à un bal donné aux Tuileries. Un moment, alors que je me retournais, je vis qu'il arrivait vers moi très en colère. Il m'entraîna sans ménagement vers ma voiture qui attendait dehors. « Recommandez votre âme à Dieu, me dit-il, vous allez mourir ! » Il criait et brisait les glaces de la voiture. Arrivé à l'hôtel, il m'entraîna, traversa les appartements en courant jusqu'à ma chambre, puis il me jeta dans un fauteuil. « Vous m'avez trompé, trahi, déshonoré. Vous avez forfait à vos devoirs, oublié ce que vous deviez à vos enfants, à votre nom. » Comme je tentais de me défendre, sa fureur redoubla : « Taisez-vous, malheureuse ! Je sais tout. Tout ! Vous avez eu M. de Metternich pour amant : il entrait à Neuilly par la porte du jardin. Depuis son départ, vous entretenez une correspondance active. Et aujourd'hui même vous avez reçu une lettre dans laquelle il vous demande d'aller à Carlsbard. Remettez-moi à l'instant même et volontairement la cassette. Allez, à ce prix est mon pardon. »

» Machinalement, je pris une bougie, j'allai chercher la cassette et, sans l'ouvrir, je redescendis et la lui remis entre les mains. Il était pâle, il tremblait. « C'est bien, me dit-il, recevez la parole que je ne vous parlerai plus de tout ceci, mais à votre tour donnez-moi la vôtre. Jurez par nos enfants que jamais plus vous n'aurez le moindre rapport avec cet homme ! – Je le jure, dis-je à voix basse. Mais jetez cette cassette, les lettres qu'elle renferme ne peuvent que vous affliger. – Non, non, dit-il avec un sourire amer. Je veux voir si vous avez été bien aimée. »

» Fou de rage, il prit la cassette et, poussant la porte avec une violence qui fit retentir toute la maison, il se retira chez lui.

» Je passai une nuit affreuse, tourmentée par l'idée que Junot demanderait réparation à M. de Metternich. Il faisait à peine jour quand j'entendis une voiture sortir de la cour. Je sonnai, on me dit que le duc venait de partir chez l'Empereur.

» Il était à peu près neuf heures quand le sourd roulement de la voiture m'annonça le retour de mon mari. Au son de ses pas dans la pièce voisine, tout mon sang reflua vers mon cœur. Lorsqu'il pénétra dans mon appartement, ses traits étaient totalement décomposés. Il m'arracha un anneau en or qui s'ouvrait par un secret. Il renfermait la date du jour où je trouvai M. de Metternich dans l'allée de tilleuls, puis il me tendit un papier en m'ordonnant de le lire :

Comte,

Vous avez porté le désespoir dans le sein d'un homme qui ne vous offensa jamais et vous l'avez déshonoré, il vous en demande raison. Je serai le 15 février à Mayence. Je vous laisse le choix des armes…

» Je me jetai au bas de mon lit, déchirai la lettre et envoyai les morceaux au feu. « Pourquoi avez-vous manqué à votre parole ? De quel droit venez-vous me reprocher mon amour, vous qui avez brisé tous les liens qui nous unissaient, vous que j'ai aimé avec toute l'idolâtrie d'un premier amour. Eh bien ! Vous avez tout brisé, tout déchiré, vous m'avez fait boire jusqu'à la dernière goutte le breuvage de l'humiliation, et lorsque fatigué de larmes et de douleurs mon cœur, au bout de trois années de souffrances, a cherché un soulagement à ses maux, vous venez me reprocher ma trahison ? »

» Je parlai, je parlai et personne n'aurait pu me retenir de dire enfin tout ce que j'avais sur le cœur.

» Soudain, il me saisit par les cheveux et, mes ciseaux en or dans la main, il m'en donna six coups, puis il appuya ses deux mains sur mon cou, probablement pour m'étrangler. Cette violente compression fit sortir le sang de mes blessures. Au moment où je croyais mourir, l'étau se desserra et il s'écria : « Je ne pourrai jamais ! »

» Il me fallut attendre sa mort pour comprendre qu'il était alors en proie à un de ces accès de folie qui allaient l'emporter.

» Pendant qu'il déraisonnait, je baignais dans mon sang. Ce n'est que lorsque je perdis tout à fait connaissance qu'il se résolut à me porter secours, et appela le chirurgien qui me pansa et me mit au lit.

À ces mots, Balzac se leva et alla baiser les mains de Laure avec passion.

– Comme tu as souffert, dit-il.

– À certaines époques de ma vie, j'ai laissé couler des larmes amères sur des oreillers garnis des plus riches dentelles, tandis que mon sommeil a été paisible dans une plus modeste existence. L'argent, les titres, les honneurs ne sont pas garants du bonheur.

Cette fois, Balzac sortit de sa réserve. Il se leva et fut près de cette femme qui avait souffert d'avoir été trop aimée et dont le récit l'avait ému. Il mit un genou à terre, lui prit les mains, tour à tour baisa l'une et l'autre, puis, de câlinerie en chatterie, il remonta le long du bras jusqu'à son décolleté. Il effleura le sein qui avait reçu les coups de ciseaux, caressa la chair blessée.

Encore imprégnée de ses souvenirs, Laure s'était laissé faire sans réagir. Sous les baisers de son amant, elle revint à elle.

– Viens, l'invita-t-elle dans un souffle, viens !

La lune aux trois quarts pleine guida ses pas. Charmé de cette course aussi inattendue que romantique, il se laissa mener. Elle se dirigea vers la roseraie où elle savait trouver des chaises longues. À l'abri des arceaux couverts de roses, elle s'allongea et invita son amant à en faire autant.

– Sens le parfum des fleurs, cette nuit est propice aux amours. Oublie l'allée bordée d'ormeaux et fais-moi oublier l'allée de tilleuls.

Balzac, qui jusque-là avait connu des amours tendres et douces, découvrait avec appétit les ravages de la passion. Cette femme avait le pouvoir d'embraser ses sens. Il se pencha, embrassa à la dérobée les paupières encore brûlantes de larmes retenues et murmura à ses oreilles :

– Ferme les yeux et laisse-moi t'emmener dans ce pays merveilleux où les souvenirs s'effacent pour laisser place au plaisir. Ne résiste pas, sois mienne comme je suis à toi.

Laure ne demandait qu'à obéir. Confiante, ne voulant rien perdre de la félicité annoncée, elle se laissa entraîner dans cette contrée où jouissance et volupté se cueillent comme les fruits du plus beau verger.

TROISIÈME PARTIE

Paris, août 1828

Laure descendit de calèche. Dans ses habits de deuil, elle paraissait plus menue, comme amaigrie.

Le visage caché sous ses voiles noirs, elle examina les alentours, découvrant un secteur de Paris qui lui était inconnu jusque-là. Situé aux confins de la ville et au début de la campagne, le quartier de l'Observatoire lui livrait ses mystères. Des petits immeubles, des maisons, des murs, des rues, puis des jardins privés côtoyaient des bicoques et de larges terrains vagues où s'ébattaient en liberté poules et canards. Les constructions se succédaient sans ordre, comme si ce bout de campagne hésitait encore à se rattacher à la capitale. C'était un endroit atypique, pittoresque, que seul un homme comme Balzac pouvait avoir choisi pour y poser ses pénates.

Elle marchait avec précaution, en évitant les flaques. Dans cette première belle journée d'automne, elle écoutait caquetages et cancanages se mêler aux chants des oiseaux. Un chien errant dispersa tout ce beau monde ailé. Il se rua, aboya, des plumes volèrent. Alertée par tout ce vacarme, une femme sortit, armée de son balai. La duchesse en profita pour demander où se trouvait la rue Cassini. D'un coup de menton, la vieille lui indiqua la rue en face et s'en fut.

– Trop aimable, dit-elle, amusée.

Une fois arrivée, elle regarda la façade toute de guingois des deux maisons reliées. Chacune comportait deux étages, sur le devant des grilles délimitaient une sorte de courette, derrière s'étalait un jardin ombragé. « Ainsi, pensa-t-elle, c'est ici que Balzac a trouvé refuge ! »

Cela faisait des mois que Laure espérait être invitée à visiter le nouveau domicile de son amant, mais il trouvait toujours un prétexte pour différer son invitation. Il fallut qu'elle montât sur ses ergots et qu'elle se fâchât tout rouge pour qu'il la priât enfin à déjeuner. Elle frappa à la porte, attendit quelques secondes. Le maître de maison parut, souriant.

– Entrez, madame la duchesse, entrez ! Je n'ai pas encore de valet pour vous accueillir, mais cela ne saurait tarder.

Il prit le voile, le châle ainsi que les gants, les posa avec précaution sur une chaise, puis l'invita à le suivre au premier étage. En haut de l'escalier, il lui prit les mains.

– Marie, dit-il d'une voix tendre, je n'ai cessé de penser à toi, à ton chagrin, à ta douleur. Comment te portes-tu ?

– Ma souffrance me tient compagnie, elle et moi sommes de vieilles amies, je la berce comme on berce un enfant, répondit-elle avec une gaieté forcée. J'ai appris avec l'expérience qu'il ne faut pas lutter contre le chagrin. Mais le vide… C'est l'absence qui est effrayante. Albert était pour moi un père, un frère, le meilleur des amis, un soutien pour toute la famille. Comme il me manque !

Sur ces mots, sa voix se brisa.

– La nouvelle de son décès me saisit, j'ignorais qu'il fût malade.

– Il souffrait, tout comme mon père, d'une fragilité du cœur, il aura suffi d'un refroidissement et d'une grosse fièvre pour qu'il cessât de battre.

Laure plaqua un malheureux sourire sur son visage :

– Allons, mon ami, n'attristons pas cette journée, nous avons tous notre lot de malheurs et je suis si heureuse de passer ces quelques heures auprès de vous.

Soudain, elle remarqua le couloir qui était vitré dans toute sa longueur :

– Qu'est-ce ?

– La galerie qui relie les deux pavillons et ici l'antichambre, annonça cérémonieusement Honoré.

Une percaline à raies blanches et bleues couvrait les murs, contre laquelle une large banquette était appuyée. Sur une longue table étaient posés deux beaux vases remplis de fleurs rares.

Balzac, qui avait suivi son regard, dit fort galamment :

– C'était à votre intention, madame. Mes moyens actuels ne me permettent pas d'en acheter autant que je le souhaiterais, mais plus tard ce sera chaque jour un bouquet différent ; ainsi vos pensées m'accompagneront.

– Ah oui ?

– Ne m'avez-vous pas dit, madame, que M. de Metternich vous avait initiée au langage des fleurs, que vous en remplissiez votre hôtel et que, dès la porte d'entrée franchie, celles-ci lui annonçaient l'humeur du jour ?

– Si fait !

– Alors, que vous inspire cette composition ?

– Cette harmonie dans les tons pastel me dit, mon cher Honoré, qu'à l'heure du choix vous aviez l'âme romantique et délicate.

– C'est que je pensais à vous, ma chère.

Comment le croire ? Dès l'entrée elle avait deviné qu'une main féminine avait parfait le lieu. « Madame de Berny », subodora-t-elle. Mais, en venant rue Cassini, elle s'était juré d'éviter toute scène de jalousie et de montrer, coûte que coûte, de la bonne humeur.

Balzac l'invita à longer la galerie. Tout au bout se tenait un salon exigu. Contre le mur principal s'appuyait une belle bibliothèque en ébène à grandes glaces et sculptée, où se pressaient tout un tas de livres.

– J'ai l'intention de les trier, dit-il, je garderai ceux qui m'intéressent, c'est-à-dire la plupart. Je les ferai relier de cuir rouge et frapper aux armes de la famille d'Entragues.

– Les Entragues ?

– Plus précisément les Balzac d'Entragues, j'ai fait faire des recherches et ma famille peut s'en réclamer…

Laure laissa le jeune homme expliquer les raisons de ses prétentions. Puis, se tournant de trois quarts, elle aperçut un cartonnier sur lequel était posée une statuette en plâtre représentant Napoléon de plain-pied. Elle s'en empara.

– Qu'est-ce ?

– Un cadeau du sculpteur qui a concouru pour la statue de la colonne Vendôme.

– Ma foi c'est assez ressemblant : les proportions, l'attitude, les traits. Mais l'expression n'y est pas. Les peintres, les sculpteurs choisissent toujours de montrer Napoléon sous un jour ombrageux, presque coléreux. Pourtant, quand je pense à lui, celle qui me vient est plus douce. Son sourire était indéfinissable, lumineux, captivant. L'Empereur avait une séduction dont il usait auprès des femmes, mais qui opérait aussi bien sur les hommes. Il fascinait ses amis comme ses ennemis. Il ensorcelait tous ceux qui l'approchaient... Mais je vois qu'il y a quelque chose d'écrit sur le fourreau de l'épée, les caractères sont trop petits pour que je puisse lire.

– J'y ai fait graver la devise qui guide ma main, dans mes moments de doute me pousse à travailler et me permet de me tenir éveillé toutes les nuits...

– Attendez, ne dites rien, je me rappelle que c'était quelque chose comme : *Ce qu'il a entrepris par l'épée, je l'accomplirai par la plume.*

– Votre mémoire, madame, est décidément infaillible !

Il prit la main de la duchesse et la baisa avec passion.

– Tout ce que vous m'avez appris sur Napoléon me hante, et quand je m'assieds à cette petite table, c'est dans l'espoir de conquérir le monde. Il n'y a qu'à vous que je peux confier ce secret, qui d'autre pourrait comprendre ? Mes proches ne me verront jamais comme un écrivain : je respire, je marche, je vis comme eux. En quoi leur serais-je différent ?

Laure faisait tourner la statuette entre ses doigts.

– C'est Napoléon empereur qui est représenté ici. Il a un visage plein, un ventre qui se devine sous le gilet. L'embonpoint lui donnait la rondeur qui lui manquait et, avec le temps, même la voix, les gestes prirent de l'ampleur. À l'époque de la maturité, si la pensée dominait, son impatience grandissait et son regard plus que jamais foudroyait. J'eus avec lui bien des démêlés, et ce fut le plus souvent à propos de Junot.

– Je me suis souvent représenté le courage qu'il vous a fallu pour vivre auprès d'un homme qui vous avait fait tant de mal.

– Aussi, que me restait-il à faire, si ce n'est pardonner ?

– Le pardon n'est possible que si l'on aime encore.

– Le cœur est fait de méandres insoupçonnables et l'avenir me prouvera que j'avais raison de croire encore en nous.

– Même après de telles scènes de violence ?

– Le soir même où Junot me donna les coups de ciseaux dans la poitrine, j'appris que tout Paris s'entretenait de cette malheureuse histoire.

– La domesticité ?

– Qui d'autre ? Pour faire taire les rumeurs, le surlendemain, je me mis du rouge pour cacher ma pâleur et je me rendis à l'Opéra. À peine fus-je dans ma loge que tous les regards se dirigèrent vers moi. Je fus au supplice. Pour éloigner tout soupçon, je souris à mon mari et lui parlai aussi naturellement que je le pus feindre. Quelle soirée !

– Quel courage !

– Peu de temps après ce malheureux épisode, Junot fut nommé au commandement du 8e corps, en Espagne. « Je partirai aussi, lui dis-je. – C'est impossible ! – Je veux partir. Si je m'éloigne de toi en ce moment, je sais que la haine pourra s'élever entre nous. Si nous partons ensemble, les souvenirs pénibles s'effaceront. Alexandre, je veux partir ! » Il était ému et m'embrassa sans parler. La voiture quitta notre hôtel le 2 février 1810. J'étais enceinte. Malgré les risques et les fatigues que j'endurai, jamais je ne regrettai ma décision. À Bayonne, il reçut un ordre lui intimant d'arriver à Lisbonne *à tout prix*. Comme il fallait aller vite, je le suivis à cheval. Je passerai sous silence toutes les horreurs de cette guerre ; les villages incendiés, les cadavres nus qui pendaient aux arbres... et aussi les colères terribles auxquelles Junot se laissait aller devant les ordres et contre-ordres, comme il s'en donna tant durant cette funeste campagne. À cette époque, je compris que son caractère avait changé. Un jour, aveuglé par la fureur, il ne me reconnut pas. Je fus effrayée par son air égaré.

» J'accouchai à Ciudad-Rodrigo, seule, car Junot devait avancer avec son corps d'armée. Ce fut là, dans une maison au toit troué par les bombes, que je fis mes couches, au milieu des décombres et des cadavres. Dix jours après avoir mis au monde mon fils Alfred, je partis à cheval dans un pays infesté de guérillas, pour rejoindre Salamanque où j'attendis le retour de mon mari. J'appris qu'il venait d'être frappé en plein visage d'une balle anglaise qui lui avait brisé le nez. Malgré cette blessure, il garda son commandement.

» Je ne m'étendrai pas sur le bonheur que je ressentis quand je le revis. Il était changé, mais l'altération de ses traits était davantage due à ses chagrins provoqués par l'insuccès de nos armées, les fautes de Masséna, et surtout une lettre de l'Empereur qui montrait un certain refroidissement à son égard. C'est qu'avec Napoléon il fallait vaincre, vaincre à tout prix ! À Napoléon, il fallait des victoires. Il en fallait avec des conscrits, il en fallait sans armes, il en fallait sans argent. Il exigeait qu'on fût toujours vainqueur !

Dans mes Mémoires je répondrai et, au besoin, m'opposerai fermement à ceux qui ont attaqué la conduite de mon mari lors de cette campagne. J'ai gardé des rapports, des lettres qui attestent de son courage sur le terrain. Lui-même m'écrivait :

Tu sais combien je veux ce que je veux et dans quelles dispositions je suis parti pour cette expédition que l'Empereur m'a pour ainsi dire contraint d'accepter, et contraint avec son amitié, car son autorité eût été suffisante... Mais comment parvenir à un but lorsque la trahison, la mauvaise foi sont nos auxiliaires ? Nulle ressource, aucune provision, et des bataillons espagnols incomplets, animés du plus mauvais esprit et plutôt disposés à nous combattre qu'à nous servir. Oh ! Combien j'ai souffert dans la cruelle journée de cette découverte ! Car nous étions trahis !

Junot était avant tout un soldat et, je le répète, jamais il ne manqua de courage sur un champ de bataille. Je me souviens d'une phrase qu'il m'écrivit et que je n'ai jamais oubliée :

Dans l'espace de quelques heures j'ai plus souffert que dans le cours de ma vie déjà si aventureuse. Une pensée dominante dans ces heures d'angoisse prévalait sur toutes les autres, c'était la destinée de tant d'hommes qui m'était confiée.

Émue, Laure se tut.

– Vous l'aimiez encore, malgré tout ce qu'il vous avait fait endurer ?

– Si je l'aimais encore ? Plus avec la passion des premiers moments, mais moins égoïstement peut-être, et avec davantage de sagesse sans doute. J'ai bien fait de le suivre dans cette campagne terrible. J'étais auprès de lui comme un petit soldat. J'ai pu mesurer sa bravoure, juger l'homme. Et je dois dire que je l'ai admiré.

– Comme il t'admirait de l'avoir suivi. Comme il t'admirait d'avoir mis au monde son fils au milieu de périls inimaginables.

Laure regarda son amant qui, malgré sa jeunesse, savait si bien l'entendre, si bien la comprendre. Il s'approcha.

– Pour la première fois, j'ai vu des larmes dans tes yeux, et ces larmes ont d'autant plus de valeur qu'elles ne sont pas versées sur toi mais sur lui ! Comme j'aimerais être à la place de cet homme pour qui tu pleures !

– Honoré, tu sais que j'ai foi en toi et en ta destinée. Plus tard, quand tu seras un auteur prospère et que loin de moi tu vivras ta vie, je serai fière de t'avoir connu.

Laure reposa la statuette.

– La visite serait déjà finie ? dit-elle avec un sourire ironique.

Cette fois le rire de Balzac éclata sans retenue. Il tira une draperie qui cachait une porte. Elle donnait accès à un cabinet de bain revêtu de stuc blanc. Sur la baignoire de marbre blanc se déversait une lumière rose provenant d'une fenêtre aux vitres dépolies de couleur rouge.

– Mon seul vrai luxe, dit-il, et enfin voilà ma chambre.

Après le maître de céans, Laure pénétra dans une pièce aux proportions agréables et éclairée de deux fenêtres. L'une, au midi, donnait sur les dépendances de l'observatoire, l'autre, au couchant, sur un vaste jardin fleuri qu'ornaient de beaux arbres. Ce qui l'étonna, c'était la mousseline rose et blanc qui ornait la tête de lit et qui conférait à cette chambre un air candide plus fait pour une jeune fille de quinze ans que pour un homme de l'âge et de la stature de Balzac.

La cheminée était surmontée d'une glace au cadre sobre, elle supportait un réveille-matin en bronze mat accompagné de deux vases de porcelaine brune. Sans être luxueux, tout était d'un goût acceptable, sauf que des deux côtés de la glace était accroché tout un arsenal de bagatelles féminines telles que gants, souliers de satin, clefs, rubans.

– Des souvenirs ?

– Plutôt des emblèmes trouvés par-ci par-là !

Cet étalage de babioles avait agacé Laure. Honoré était trop fin pour ne pas s'en apercevoir. Pour se faire pardonner, il résolut de lui dévoiler la pièce la plus secrète et la mieux gardée de l'appartement. À part la gouvernante, personne n'y avait accès. Il la précéda, et poussa la porte ouvrant sur une pièce sombre qui donnait plein nord.

En son milieu, une table étroite et recouverte d'un tapis vert. Posés dessus, des feuilles écrites et raturées, des petits cahiers écornés. Dans un coin, un encrier en bronze côtoyait un plumier et un dévidoir.

« Ainsi, se dit Laure, c'est dans cet endroit sans fioritures, presque ascétique, que Balzac passe les trois quarts de son temps ? »

– Je n'écris qu'avec des plumes de corbeau et je m'approvisionne toujours chez le même marchand, qui me réserve les plus belles.

– Mais comment trouvez-vous la place d'écrire sur un espace si restreint ?

– En mettant de l'ordre. J'ai travaillé jusque très tard et vous trouvez là les miasmes d'une nuit tourmentée.

– Toujours votre roman *Le Gars* ?

– Toujours. J'avance, mais à petits coups de burin, comme un tailleur de pierre. Sur ce carnet, je porte mes réflexions, sur cet autre, les paysages où se déroule l'histoire. Je vais peut-être changer le titre pour *Les Chouans*, mais je n'ai pas encore pris ma décision.

– *Les Chouans* ? Ma foi, je préfère.

Elle continua son inspection :

– Et ce guéridon, qui semble brûlé par endroits ?

– C'est ici que la personne qui est à mon service installe la veilleuse en porcelaine qui tient le café au chaud. J'achète le bourbon rue du Mont-Blanc, le martinique rue des Vieilles-Haudriettes, et le moka rue de l'Université. La cafetière, la tasse et sa soucoupe sont posées dans un ordre bien défini et immuable. Je ne laisse à personne le soin de faire mon café. Ces préparatifs, qui réclament toujours les mêmes gestes, je les exécute avec componction et lenteur, comme un prêtre qui dit sa messe. La pause que je fais pour remplir ma tasse est comme une respiration que je prends, elle m'invite à réfléchir différemment, à voir les choses sous un autre angle. Il n'est pas rare que ces instants débloquent une situation, le simple fait de délaisser ma plume, de me détourner de mes écrits, de me lever, d'avaler ce breuvage et voilà que l'idée pointe. C'est grâce à lui que je tiens éveillé jusqu'au petit jour.

– C'est une drogue, et celle-ci risque de détériorer votre santé, savez-vous ?

– Si ma puissance de travail n'est qu'à ce compte-là, j'en accepte d'avance les possibles désagréments. Chaque soir c'est le même rituel : enfermé dans ma thébaïde, loin des bruits, des agitations extérieures, loin du monde, je tire les rideaux afin que pas même une lueur ne pénètre, j'allume en hâte deux petits candélabres en bronze, portant chacun deux bougies, puis je revêts une grande robe blanche de moine.

– Une robe de moine !

– Voyez par vous-même.

Balzac courut ouvrir un placard, d'où il sortit la fameuse robe.

– Regardez, j'ai même le cordon !

Prestement il dénoua sa cravate, enleva sa redingote et la revêtit.

– Elle symbolise la vie claustrale à laquelle me condamne mon labeur. Bénédictin du roman, j'en ai adopté la tenue.

Stupéfaite, Laure le regardait ainsi vêtu. Contre toute attente, cette tenue lui seyait à merveille. Le col, rejeté en arrière, laissait à découvert un cou de taureau, d'une blancheur satinée qui contrastait avec le ton plus coloré de la face. Dans la force de l'âge, Honoré présentait tous les signes d'une bonne santé, peu en harmonie avec les pâleurs à la mode. La première fois qu'elle le vit, il lui parut qu'il ressemblait plus à un bûcheron qu'à un homme de plume. Son sang tourangeau fouettait ses joues d'une pourpre vivace et colorait chaudement ses lèvres charnues faites pour le rire, la nourriture et les baisers. Le nez était rond, le front haut ; la chevelure brune, abondante et drue était rejetée en arrière comme une crinière léonine. Quant aux yeux, ils avaient une vie, une lumière, un magnétisme inconcevable. Il se dégageait de cette figure atypique une sorte d'hilarité puissante et communicative. Deux personnalités cohabitaient, une rabelaisienne attirée par le rire, les joies de la vie, et une autre plus cachée qui était de l'ordre de la pensée. Élevée, puissante, elle ne se devinait que sur le front et dans le regard. Et c'était bien ce mélange, ce curieux équilibre qui faisait l'attrait du personnage.

– Pour cette entrée en religion, reprit-il, le rituel est chaque fois le même : debout, je bois une première tasse de café, puis je m'assieds. Aussitôt je deviens un homme différent. Le monde que je viens de quitter fait place à un autre : le mien. Tout s'agite devant moi, les paysages se colorent, les personnages se meuvent, je n'ai plus qu'à les regarder, à les écouter parler, entraîné par eux je suis en route pour une nouvelle aventure. Si je n'écrivais pas chaque jour, tout ce monde, le seul réel, le seul valable pour moi, me prendrait à la gorge. Il m'arrive parfois de m'échiner une nuit entière sur une phrase, une idée que je ne parviens pas à mettre au clair. Je me bats pied à pied avec mes personnages, certains m'échappent, d'autres me font front et ne veulent pas aller là où il me plaît qu'ils aillent, d'autres s'esquivent, se cachent, se montrent sous un jour qui n'est pas leur vrai caractère. Je lutte, remets de l'ordre jusqu'à ce que je vainque. Épuisé, je rends alors les armes, en l'occurrence la plume. À sept heures du matin je prends un bain, puis je m'allonge sur le divan. Je fais un court somme, puis je corrige les épreuves ou mes articles à paraître. À midi, j'avale quelques œufs à la coque et je reprends ma besogne jusqu'à cinq heures, où j'absorbe un repas léger avec quelques intimes. Vous, madame, ce jour, dit Balzac en courbant le buste, et je suis bien heureux de vous recevoir pour la première fois dans ma retraite. Comme vous pouvez le constater, je ne suis pas un oisif. Mais voilà Flore, mon cordon-bleu, qui passe la tête, serait-ce déjà l'heure ?

Prestement, Balzac se débarrassa de sa robe, tira sa montre et entraîna son invitée jusqu'à la salle à manger.

– Il n'a été dressé que deux couverts ?

– Ce matin, mon éditeur et ami m'a fait parvenir un billet, un empêchement de dernière minute… Mais il sera là à l'heure du café. Cela nous permettra de bavarder un peu avant son arrivée.

La table était couverte d'une nappe d'un blanc irréprochable et servie avec luxe. Les verres étaient de cristal, les plats d'argent, le surtout garni de fleurs.

– Voilà une bien jolie table, s'exclama Laure.

– Parce que je dois de l'argent, je n'aurais plus le droit de vivre ? Je défends la thèse que de petites dettes rendent économe, tandis que d'immenses dettes rendent prodigue. Et maintenant, madame, devinez de quel côté votre serviteur se place ! Mais foin de plaisanterie, pour travailler j'ai besoin de me sentir bien chez moi. Lorsque ma mère apprit ce qu'elle appela des « prodigalités folles », elle poussa les hauts cris, m'accusant de me meubler richement et de me vêtir comme un prince tandis qu'elle se ruinait pour me sauver de la faillite ! Ce que sachant, je pris ma plume pour lui expliquer qu'il n'y avait pas de luxe chez moi, mais du goût qui mettait tout en harmonie. En vérité mon éditeur m'a fait une avance qui m'a permis de déménager, de me meubler et de m'habiller. Depuis, je vis d'expédients. Sans un minimum de confort, pas de littérature ! Investir, c'est croire en ce que je fais, croire en moi.

– Comme je vous comprends, moi-même je ne cesse de me restreindre. Et tous ces huissiers qui me pourchassent ! Quand je donne par-ci, et que je crois en avoir fini, on me réclame encore par-là ! J'ai beau faire, j'ai toujours autant de dettes.

– Avant que je ne quitte mon imprimerie, c'était toute une meute de créanciers qui me pourchassait. Les billets à ordre, les reconnaissances de dettes à signer… Je me suis enfui et pour avoir la paix j'ai loué cet appartement sous le nom de mon beau-frère Surville. Au moins suis-je tranquille pour un moment. Le temps qu'ils me retrouvent. D'ici là, j'espère avoir fait fortune. Mais n'attristons pas ce repas, mangeons et buvons à nos succès !

– Qu'avez-vous dit à M. de Latouche à mon propos ?

– Tout le bien que je pense de vous. Il a hâte de faire votre connaissance. Je lui ai vaguement dit que vous écriviez, sans entrer dans les détails. Il faut rester prudent. Henri de Latouche, vous le verrez à l'usage, est un misanthrope, un caractère aigri qui, à mes yeux, le rend peu sûr. Mais il compte dans le milieu littéraire et j'ai pensé qu'il serait bon que vous fassiez sa connaissance.

Flore s'avança, revêtue de son grand tablier blanc impeccablement amidonné. La figure rouge, les mains larges, le sourire rare, elle présenta les hors-d'œuvre, qui à eux seuls eussent suffi à un repas. Entre deux coups de fourchette, Balzac songeait au long et périlleux voyage que Laure avait fait en Espagne.

– Vous deviez être bien heureuse le jour où vous rentrâtes en France ?

– Après trois ans et demi d'absence, j'étais folle de joie ! Bien des événements s'étaient passés depuis mon départ : Napoléon avait divorcé pour se remarier avec Marie-Louise et le roi de Rome venait de naître ! Je trouvai Paris extrêmement changé. La société avait pris une physionomie tellement différente que j'en fus frappée, au point de me croire dans un autre pays que le mien. Où était cette Cour si gaie, si aimable ? Absente à l'époque du mariage impérial, je fus obligée de subir l'ennui d'une présentation personnelle. L'audience était indiquée pour deux heures. Junot devait passer avant moi. Lorsque je fus appelée, j'étais portée par l'impatience extraordinaire que j'avais de connaître celle qui avait remplacé Joséphine. Autant à ma première présentation j'étais émue, autant à celle-ci j'étais guidée par la curiosité.

– Quelles furent vos impressions ?

– Marie-Louise était âgée de dix-neuf ans. Sa taille était ordinaire et, si ses épaules et sa poitrine eussent été de moins grand volume, elle aurait pu avoir une tournure agréable. Mais ce dont elle manquait entièrement, c'était la grâce. Jamais femme n'en fut plus dépourvue. Il y avait bien en elle un ensemble, mais il était confus. Rien n'y était en harmonie. Une grande fraîcheur, de jolis cheveux, tels étaient les charmes qui avaient séduit Napoléon.

– Le tableau n'est guère seyant, pourtant chacun sait que l'Empereur en fut amoureux.

– Très amoureux, même. Et je suppose que les dix-neuf ans de Marie-Louise n'y furent pas pour rien. Je fis comme elle mes trois révérences et j'attendis en silence le bon plaisir de Sa Majesté. Après m'avoir attentivement regardée d'un œil assez gracieux, elle me demanda combien de temps j'étais demeurée en Espagne, si j'étais allée à Madrid, s'il y faisait chaud, si je nourrissais mon fils, si je m'étais trouvée auprès de Junot lorsqu'il avait été blessé… Je confesse qu'à la première audience, je fus sous le charme. On me dit, le soir même de ma présentation, que l'Impératrice avait témoigné que j'étais l'une de celles, en France, qui faisaient le mieux la révérence. Cela me flatta, mais lorsque je vis Marie-Louise la deuxième et la troisième fois, l'Espagne fut encore son propos… et je commençai à trouver la chose un peu répétitive. La première fois que l'Empereur me revit, il me dit : « Ah ! Ah ! madame Junot, eh bien, vous êtes donc allée en Espagne ? Avez-vous eu bien peur des guérillas ? On dit que vous avez été brave comme un soldat ! » Et puis ce fut fini.

– Autrement dit, si la nouvelle impératrice montrait de bonnes dispositions à votre égard, elle n'avait guère d'esprit ?

– À vous de juger, mon cher ! répondit la duchesse en riant. Je trouvai à mon arrivée à Paris que la société avait pris une physionomie compassée. C'était d'un côté l'influence glaciale d'une étiquette compliquée et sévère, et de l'autre côté l'invasion du faubourg Saint-Germain. L'Empereur eut tort de leur ouvrir trop grandes les portes. La plupart de ses gens demeuraient ses ennemis et contribuèrent à ses malheurs.

Tandis que Laure parlait, les hors-d'œuvre furent suivis de côtelettes de mouton, puis de sole normande. Comme toujours Balzac mangeait, buvait et se resservait chaque fois de tout et en abondance. Frugal quand il travaillait, il se laissait aller à des débauches de nourriture sitôt qu'il était en compagnie. Cela ne l'empêchait pas de mener la conversation.

– J'imagine que c'est une nouvelle ère qui s'ouvrait à vous ?

– Je fus happée par la vie tourbillonnante de la Cour, des visites de mes amis, du plaisir jamais assouvi de me voir entourée de mes enfants. Enfin je repris mon service auprès de Madame Mère qui fut, comme toujours, très bonne pour moi.

– Comment vivait-elle ?

– Fort retirée. Mais la faute ne lui en incombait pas. Et même si je ne l'ai jamais entendue se plaindre, j'étais convaincue qu'elle souffrait de cet abandon dans lequel son fils la laissait. Lorsque Madame devint Altesse Impériale, elle quitta l'hôtel qu'elle habitait avec son frère le cardinal Fesch pour l'hôtel de Brienne, rue Saint-Dominique. Il avait appartenu à Lucien Bonaparte, qui l'avait fait arranger avec une riche et somptueuse élégance. Plus tard elle eut, comme résidence secondaire, le château de Pont que je trouvais sévère et guère commode à habiter.

» À l'époque où elle fut nommée Madame Mère, elle pouvait avoir cinquante-trois ou cinquante-quatre ans. Elle était plutôt grande, mais en vieillissant ses épaules s'étaient arrondies et lui faisaient perdre de sa taille, quoique sa démarche fût toujours assurée et convenable. Elle avait de jolies mains, même si l'index de la droite, à la suite d'une opération, ne se pliait plus. Elle avait encore à cette époque toutes ses dents et, comme tous les Bonaparte, le plus charmant sourire, ainsi qu'un regard fin, perçant et très spirituel. Ses yeux étaient très petits, très noirs et jamais d'une expression méchante. Elle était toujours très soignée de sa personne et surtout très convenablement habillée. Le seul inconvénient qu'avait Madame, et j'avoue qu'il était réel, c'était à la fois sa réserve et sa difficulté à s'exprimer en français.

– Après toutes ces années ?

– Elle était timide et redoutait la censure moqueuse de certaines personnes. Elle avait une grande finesse de jugement et de tact. Aussitôt qu'on était devant elle, son coup d'œil avait tout deviné et, tout en ayant l'air de regarder d'un autre côté, elle savait à quoi s'en tenir.

– L'Empereur avait beaucoup hérité de sa mère, n'est-ce pas ?

– En effet.

– Quel était votre rôle auprès de Madame ?

– Il y avait quatre dames accompagnatrices. Je faisais partie de celles-là et j'étais de très loin la plus jeune. Tous ces choix avaient été aussi peu réfléchis que les autres et il n'était parmi nous que Mme de Fleurieu qui fût complètement ce qu'il fallait. Elle était née *dame pour accompagner* une vieille princesse. Elle avait de l'esprit, mais c'était encore de l'esprit comme je n'en aurais pas voulu, elle possédait tout le *pointu* d'une femme laide et vertueuse. Cette dame dansait d'un air aussi sérieux que si elle eût été quêter à Saint-Roch et tenait sa jupe de ses deux bras écartés, ce qui lui donnait de la ressemblance avec un espalier !

Balzac, qui finissait sa poire, s'étrangla de rire.

– Vous avez des expressions qui m'enchantent !

Mise en verve, Laure continua sur sa lancée :

– Quoique Mme de Brissac ne fît pas partie de la maison, tous les soirs elle venait faire la partie de la princesse avec deux ou trois vieux sénateurs dont le souvenir me poursuivait dans mes rêves. Ces vieux portraits me donnaient l'idée fantastique de la tapisserie animée !

Un nouvel éclat de rire se fit entendre tandis que la servante, imperturbable, apportait les cafés.

– Goûtez ce nectar et dites-moi ce que vous en pensez, l'invita son hôte.

Pénétrée de son rôle, Laure but une première gorgée, suivie d'une autre, et le verdict tomba :

– Bon, très bon même et, quoique fort, pas amer.

– Fort ! Que diriez-vous de celui que je me prépare la nuit ! Et Mme de Brissac ?

– Cette singulière femme n'était pas jolie et sa taille haute n'était pas du tout droite. Tout était déjeté, et elle allait comme il plaisait au seigneur. Elle était amoureuse de son mari, mais amoureuse comme on l'est au plus matin de sa vie. « Et comment donc êtes-vous devenue sa femme ? lui demandai-je un jour qu'elle me racontait ses amours avec M. du Cossé. – Eh vraiment, me répondit-elle avec un air naïvement triomphant, j'ai attendu. L'autre est morte. » Elle était prodigieusement sourde. Le jour où elle fut présentée à l'Empereur, elle s'inquiéta beaucoup des questions qu'il devait lui faire, et de ce qu'elle devait répondre. On lui dit que l'Empereur s'informait presque toujours de quel département on était, de l'âge qu'on avait, ainsi que du nombre d'enfants. Forte de ces renseignements, elle calcula que l'Empereur lui adresserait les questions dans l'ordre où les avait classées celui qui l'avait informée. Arrive le jour de la présentation. Mme de Brissac, très bien mise comme dame de cour, fait ses trois révérences à l'Empereur, qui lui dit assez rapidement : « Votre mari était-il le frère du duc de Brissac tué au 2 septembre ? Avez-vous hérité de ses terres ? » Comme la phrase était longue, Mme de Brissac crut qu'il y en avait au moins deux, et répondit en souriant et de l'air du monde le plus gracieux : « Seine-et-Oise, Sire. » L'Empereur, quoiqu'il ne prêtât guère attention aux réponses qu'on lui faisait, fut frappé probablement de l'incohérence de celle-ci. Il regarda Mme de Brissac d'un air tout étonné, et poursuivit : « Vous n'avez pas d'enfants ? – Sire, cinquante-deux ans. » Et toujours ce même sourire.

Balzac éclata de rire.

Paris, rue Cassini

À coups répétés et impatients, quelqu'un frappa à la porte d'entrée.

– Mon ami Latouche ! s'écria Balzac.

Il s'excusa et courut accueillir l'éditeur.

Du salon où elle était assise, Laure entendit une voix sèche, presque métallique, répondre à celle plus grave et plus enveloppante de son amant. Quelques secondes plus tard, elle vit arriver un homme mince, élégant, mais dont la complexité nerveuse était manifeste. Il lui parut que les deux hommes en présence étaient les exacts opposés et elle se demanda par quel hasard ils s'appréciaient.

Latouche n'était pas encore assis que déjà il persiflait :

– Savez-vous, mon cher Honoré, tout ce qu'il y a d'imbécile à se loger où vous êtes, c'est-à-dire hors la loi du bon sens topographique, plus près des commis de la barrière que des communications de l'amitié, plus loin de la vie humaine, de l'émulation du travail et de toute joie que des abattoirs et des catacombes. Que le dieu de l'inspiration vous maudisse !

Enfin, se retournant vers la duchesse, Latouche posa mille questions sur ses Mémoires. Laure se voulut évasive. Si elle ne connaissait pas le métier d'éditeur, elle connaissait suffisamment bien le genre humain pour savoir que ce monsieur, avec sa façon de la regarder de son œil unique, sa façon un peu raide de s'adresser aux autres, sa façon peu complaisante d'écouter, révélait une nature hautaine. Il se montra poli, puis son attention revint sur Balzac :

– Et votre roman, mon ami, où en est-il ?

– Mon travail avance au point que mon cerveau bouillonne le jour comme la nuit. Je n'ai pas le choix, il faut que l'aile agile du corbeau me fasse vivre et m'aide à rembourser ma mère.

– Tout cela ne me dit pas où vous en êtes !

– Cette histoire me hante, ainsi il m'est devenu impossible de fermer l'œil sans que, derrière mes paupières closes, je n'assiste à des charges à travers la lande, à des embuscades dans les chemins creux. Il n'est pas un soir où je ne m'endorme avec les cris de ces gens qui combattent. Je connais les astuces des chouans, qui disparaissaient par un trou du mur ou se recroquevillaient dans le tronc creux d'un arbre. Mais ces murs, mais ces troncs, il faut que je les voie, que je les touche, que je les mesure non pour les décrire, mais pour comprendre le caractère de ceux qui s'y cachaient. Si bien qu'un besoin impérieux s'est emparé de moi : il faut que j'aille à la rencontre du pays où errent ces fantômes, que je questionne les témoins vivants de ces faits héroïques. Dans ce but, je vais écrire au général baron de Pommereul, un ami de la famille qui habite Fougères.

– Et pour quand, ce beau voyage ? s'enquit Latouche, moqueur.

Ignorant la question, Balzac continua sur sa lancée :

– Je vais mener mon enquête en Bretagne, afin d'étayer mon œuvre sur des décors véritables, des personnages observés…

– Si je comprends bien, en vous rendant à Fougères vous comptez prendre votre temps.

Et, se tournant ostensiblement vers la duchesse, il pérora de plus belle :

– Veut-il se renseigner sur le prix des pommes de terre, des poulets et des chevaux de Bretagne ?

Puis, s'adressant de nouveau à son auteur :

– N'oubliez pas, cher ami, que je ne vis pas de ce qui se digère mais de ce qui se pense.

Agacée par le tour que prenait la conversation, Laure intervint :

– Monsieur Balzac, vous qui vous réclamez du « naturisme », je trouve cette idée merveilleuse de vous rendre dans ce beau pays.

Henri de Latouche se garda de répliquer.

Après plusieurs verres et une petite heure d'entretien, l'éditeur prit congé, non sans avoir rudoyé une dernière fois son hôte :

– Si vous partez en Bretagne, je compte bien que, dès votre retour, vous me rendiez votre manuscrit en son entier. Je dis bien en son entier ! Et aussi que vous me communiquiez votre adresse dès que vous serez sur place. N'oubliez pas, le temps, c'est de l'argent.

Il prit congé et fort poliment affirma à la duchesse que les amis d'Honoré étaient ses amis. Il lui répéta combien il serait heureux de lire les premiers chapitres de ses Mémoires et s'en alla avec quelques maigres écrits de son auteur sous le bras. Sur le pas de la porte, Laure l'entendit encore tempêter :

– Et je vous rappelle que lorsque vous aurez à corriger les placards, pas de surcharge, ou vous augmenterez les frais de cent écus.

– Il me faudra bien retravailler le texte si celui-ci en a besoin ! s'insurgea Honoré.

– Oui, mais les cent écus, qui les payera ?

Quelques secondes plus tard, Balzac regagnait le salon.

– Alors ? fit-il.

– Alors, votre commanditaire est un atrabilaire, jamais je ne me risquerai à travailler avec lui !

– Il se montre plus méchant qu'il ne l'est, et, pour être franc, je lui reconnais quelque raison d'être irrité.

– Il n'en est pas moins vrai que je n'ai pas aimé ses façons cavalières. L'homme est peut-être connu sur la place de Paris, mais il a le cœur sec et le portefeuille étriqué.

– Vous avez bien deviné l'homme, madame, mais si je m'attache à la fonction, ce même personnage a publié *Wann-Chlore* et, bien qu'il n'eût pas gagné un sou, il m'a fait un contrat pour mon prochain roman. J'ai chaque fois obtenu une avance correcte et je n'ai pas lieu de me plaindre.

– Dans ce cas, je ne vois que deux solutions : soit ce Latouche est idiot, soit il a du flair !

15 septembre, en pays breton

Ce matin-là, Balzac reçut une lettre de son éditeur, qui le sommait de rentrer.

Malgré de vives douleurs aux dents, il fit ses valises et, avec regret, apprit à ses hôtes qu'il devait repartir pour Paris.

Le lendemain, il se leva à l'aube. Avec nostalgie, il regarda la petite chambre où il avait tant aimé travailler. Située au dernier étage, elle avait la plus belle vue du château. Ses fenêtres donnaient sur une succession de vallons, de bois touffus où déjà l'automne avait jeté sa rouille. La campagne qui s'étendait à perte de vue était le décor qu'il avait choisi pour son roman.

Durant les deux mois qu'il avait passés chez ses amis, il avait pris des notes, enregistré avec soin les particularités du pays, repéré un accident de terrain, croqué les paysages en quelques traits de crayon. Il n'avait pas hésité à parler avec les gens qu'il rencontrait, à entrer dans les fermes, à caresser les têtes blondes, tout en buvant une bolée de cidre avec les paysans. Il rentrait exténué et radieux, des découvertes plein son sac, posait le butin de la journée sur la table qui lui servait de bureau et, en attendant l'heure du dîner, remettait de l'ordre dans ses notes. Le repas servi, il s'arrachait à son travail et consacrait le reste de son temps à ses hôtes. Dès le seuil franchi, il avait déclaré que, sans le sou, il comptait payer sa pension en histoires. C'est ainsi que chaque soir sa verve, sa perpétuelle bonne humeur mettaient en joie son entourage.

Balzac prit ses maigres bagages, le nouveau chapeau que Mme de Pommereul lui avait offert, puis monta dans la diligence qui devait le ramener à Paris.

La baronne songeait que le départ du jeune homme, presque un fils, allait créer un grand vide. Elle se remémora les termes de la lettre qu'il lui avait écrite au printemps :

Je vais reprendre la plume et il faut que l'aile agile du corbeau ou de l'oie me fasse vivre et m'aide à rembourser ma mère. (...) Ma première pensée a été pour vous et j'avais résolu d'aller vous demander asile pour une vingtaine de jours, (...) la muse, son cornet, sa main de papier et moi, ne sommes certes pas gênants, (...) un lit de sangle et un seul matelas, une table pourvu qu'elle soit comme les quadrupèdes et non invalide, une chaise et un toit sont tout ce que je réclame avec votre bienveillance si précieuse et si charmante (...).

Il avait demandé asile pour vingt jours, il était resté plus de deux mois. Et voilà que le château de Fougères, en perdant son enchanteur, allait retomber dans sa torpeur. Assise devant son écritoire, Mme de Pommereul éprouva le besoin de parler de son jeune protégé. L'évoquer, n'était-ce pas prolonger son souvenir ?

(...) Vous ne pouvez pas comprendre ce front et ces yeux-là, vous qui ne les aviez pas vus, écrivait-elle à une amie : un grand front où il y a comme un reflet de lampe et des yeux bruns remplis d'or qui expriment tout avec autant de netteté que la parole (...). Quand il nous arriva, il était plutôt maigre et nous parut affamé. Il dévorait, le pauvre garçon ! Enfin que vous dirai-je ? Il y a dans tout son ensemble, dans ses gestes, dans sa manière de parler, de se tenir, tant de confiance, tant de naïveté, tant de franchise qu'il est impossible de le connaître sans l'aimer. Et puis ce qu'il y a d'extraordinaire chez lui c'est sa perpétuelle bonne humeur, tellement exubérante qu'elle devient contagieuse. En dépit des malheurs qu'il vient de subir, il n'avait pas été un quart d'heure au milieu de nous, nous ne lui avions pas encore montré sa chambre, et déjà il nous faisait rire aux larmes, le général et moi.

En son ermitage

Depuis plusieurs mois, la duchesse d'Abrantès œuvrait à ses Mémoires avec un acharnement dont elle ne se serait jamais crue capable.

Afin de profiter du jardin, elle travaillait devant les portes-fenêtres qui donnaient sur le perron. Ainsi elle n'avait rien perdu des nuances du jour, des variétés de gris des heures pluvieuses, du mouvement de la lumière les beaux jours et même de la montée des poussières fines lorsque Anselme ratissait les allées.

Depuis quelques jours, l'automne s'annonçait à pas de loup. Plus que toute autre, elle aimait cette saison où la nature allait flamboyer, jeter ses derniers feux. Ce moment de l'année correspondait à ses états d'âme. N'était-elle pas elle-même à l'automne de sa vie ?

Tôt le matin, elle rédigeait, ainsi que tard le soir. Entretemps elle s'occupait de son jardin. Elle cueillait les fruits que les derniers orages avaient épargnés, les faisait porter à la cuisinière qui mettait les plus beaux en bocaux et transformait les plus abîmés en confitures.

Ces mois d'été, Laure les avait vécus en ermite et ne s'en plaignait pas. Elle avait retrouvé la sérénité et rien ne la portait à quitter son ermitage. Ses enfants faisaient leur vie loin d'elle. D'actrice, elle était devenue spectatrice, et son rôle avait changé de registre sans qu'elle y prît garde. C'était comme si elle était descendue de son piédestal. Autrefois mère à plein temps, elle s'était vue reléguée au second plan. Un peu comme un meuble précieux dont on n'aurait plus l'usage.

En juillet et août, elle avait reçu assez régulièrement des nouvelles de son amant. Septembre était venu et il n'avait pas répondu à ses deux dernières lettres. Pourquoi ce silence soudain ? Avait-il regagné Paris ? Avait-il, malgré ses protestations, rejoint Mme de Berny ? Elle se risqua à lui écrire un mot un peu sec l'accusant de ne pas la mettre au courant de ses projets. Elle l'avait envoyé au château de Saché, ne sachant pas s'il y était encore. Ce matin, elle avait enfin reçu une réponse :

Saché, dernière décade de septembre

Chère Marie,

En ce moment je suis hors d'état de répondre ; je suis en proie aux souffrances les plus cruelles. (...) Je crois qu'elles sont causées par la naissance d'une très grosse dent, et quand elle aura percé, je ne souffrirai plus.

Ne crois pas, ma chère Marie, n'être point aimée. Que puis-je faire passer en ton âme la confiance qui est en la mienne. Crois surtout que jamais être ne s'est plus laissé aux mouvements de son cœur, en causant ainsi par écrit avec celle qu'il aime.

(...) N'imagine pas, chère Marie de bonté, que mon amour ne soit pas plein de peines. Ô chère, ne t'ai-je pas déjà dit que c'était ajouter pour toi des malheurs à des malheurs ; je te l'ai annoncé, et cette persévérance à m'aimer m'a étonné ; je l'ai admirée, elle a touché mon cœur et je t'aime.

J'écris cette lettre en souffrant de telle manière que rien ne peut rendre mes angoisses ; à peine si je vois le papier. Cependant mon âme est pleine de gracieuses caresses et de souvenirs. Une phrase qui te fera sourire, ma chère Marie aimée, c'est que je serai à Versailles le 5 ou 6 octobre, dussé-je m'embarquer avec mes douleurs...

Je te pardonne, mon ange aimé de toutes les grondes que vous m'avez envoyés, et j'espère m'enivrer bientôt de ce cher regard, voir cette tête céleste. Je ne partirai pas d'ici avant le 4 octobre ; ainsi je puis recevoir encore une gentille lettre de ma Marie, mais pas Marie la grondeuse, Marie l'adorée, Marie que j'aime. Je ne veux pas voler vers toi, ma chère, sans avoir une lettre d'amour et de réconciliation ; je viendrai à toi reconnaissant ; et maintenant tu peux compter sur mon retour... Je ne puis rien envoyer, rien que les fleurs les plus douces de l'âme, les plus tendres caresses, le baiser le plus brûlant et toutes ces richesses du cœur que les mots ne peuvent peindre, mais que l'autre cœur reçoit et comprend dans toute leur magnificence.

(...) Songe, ma chère, qu'aussitôt ta lettre reçue, je pars. Adieu.

***

L'automne s'installait.

Les feuilles commençaient à jaunir, les tourterelles à moins roucouler et les soirées à devenir plus fraîches.

Et toujours point de Balzac.

Laure s'inquiétait : Honoré serait-il encore malade ? Mais aucun mal de dents, aussi pénible soit-il, ne pouvait raisonnablement l'empêcher de lui faire parvenir des nouvelles ! Chaque matin elle espérait et chaque matin la retrouvait un peu plus déçue. Elle dut se rendre à l'évidence : il avait changé ses projets et, une fois de plus, s'était laissé attendrir par Mme de Berny.

« Pauvre homme ! Pauvre homme ! » se répétait-elle, furieuse.

Le 9 octobre, par pli spécial, elle reçut enfin un mot :

Je serai rendu à Versailles le 9 au soir par la dernière diligence… Si vous voulez encore de moi…

Il était vingt-deux heures et la dernière diligence arrivait à la demie. Son premier mouvement fut d'interdire sa porte et de monter se coucher. Elle gagna l'étage. Une fois dans sa chambre, elle sonna Julie pour qu'elle l'aidât à se préparer pour la nuit.

Dans le miroir, Laure regardait la femme de quarante ans qui lui faisait face. Que voulait-elle au juste ? Vivre ce dernier amour jusqu'au bout et n'en rien perdre ? Ou fermer sa porte là, tout de suite, et ne plus jamais le revoir ? Partir en beauté ne serait jamais qu'un mouvement d'orgueil qu'elle risquerait de regretter. Elle réfléchit et soudain ordonna :

– Julie, va chercher ma robe en poult-de-soie à manches amadis. Vite !

Elle jeta un coup d'œil à la pendulette : dix heures passées de quelques minutes. La diligence était rarement à l'heure. Elle avait le temps de se préparer.

Vingt minutes plus tard, debout dans le vestibule, la duchesse donnait ses ordres. Jamais elle ne s'était sentie si vivante.

***

La soirée était divine. Laure sursauta quand, sur son passage, des effraies qui nichaient dans les aspérités du vieux mur s'envolèrent en poussant leur cri.

Le nom de Mme de Berny la hantait à chaque pas. Maintes fois, elle faillit rebrousser chemin, mais elle se raisonna et se persuada que si les explications d'Honoré ne lui paraissaient pas claires, elle aurait toujours la possibilité de le mettre à la porte. Ne l'avait-elle pas déjà fait ?

À cette heure tardive, il n'y avait guère de monde dans les rues. Quelques rares voitures passaient, parfois des bruits de sabots se faisaient entendre, pour aussitôt s'évanouir dans la nuit : « Sans doute quelques retardataires sortis du théâtre », se dit-elle. Enfin, après un moment d'attente, la lourde voiture s'annonça à grands coups de grincements d'essieux et de cahotements sur les pavés versaillais. Un homme âgé sortit en premier, suivi de deux jeunes gens, puis d'une femme qui portait dans ses bras un petit chien. Enfin, dans la pénombre, elle vit descendre un homme dont la stature imposante pouvait bien être celle de Balzac. Laure s'avança.

– Vous ? dit-il, tout heureux et sans avoir l'air d'y croire. Vous ? répéta-t-il.

Il parlait d'abondance tandis qu'elle se taisait. Trop de questions se bousculaient en elle. Quand enfin ils atteignirent le chemin, que de trop rares becs de gaz laissaient dans une quasi-pénombre, il s'arrêta, attira à lui la femme qu'il aimait, l'embrassa et murmura :

– Merci d'être venue, chère Marie. J'avais tellement peur…

Elle le repoussa, faussement en colère :

– Et qu'auriez-vous fait si je n'étais pas venue à votre rencontre ?

– Je me serais posté sous tes fenêtres et je t'aurais appelée comme un certain soir d'été.

– Et si j'étais sortie ?

– Je t'aurais attendue !

– Sachez que je vous en veux de ne pas avoir été prévenue de ce contretemps. Quinze jours de retard, aussi ne croyez pas vous en tirer à si bon compte !

Assis devant les portes-fenêtres du salon, Balzac faisait honneur à la collation préparée à son intention. Si la duchesse s'était occupée du bien-être de son hôte, elle n'en oubliait pas moins ses griefs. Elle attaqua :

– Alors, mon cher, expliquez-moi ce retard, je vous prie.

La question avait été prononcée avec humeur et le regard noir ne le lâchait pas. Si Honoré était navré par la sévérité qu'affichait la maîtresse des lieux, il était en même temps flatté. Tel un chat elle ronronnait si on la câlinait, mordillait si on lui manquait et griffait si elle ne recevait pas son plein d'amour. Elle avait une nature passionnée et donnait autant qu'elle réclamait. Femme de chair, voluptueuse et sensuelle, ses reproches étaient à la hauteur de ce qu'elle accordait.

– J'avais bouclé mes valises avec la ferme intention de vous rejoindre à Versailles. Mais la veille de mon départ, je reçus un mot de mon éditeur qui me pressait de lui remettre la dernière partie de mon manuscrit, sinon il me menaçait de réclamer le remboursement de l'avance qu'il m'avait versée. Je pris peur. Cet argent, comme vous pouvez le deviner, a été dépensé. Qu'est-ce que mille malheureux francs quand on n'a pas de quoi vivre ? L'emménagement près de l'observatoire, le renouvellement de ma garde-robe sont autant de frais. J'ai commandé chez Buisson afin d'être présentable dans le monde.

– Parce que vous avez l'intention d'aller dans le monde ?

– Ce n'est pas tout d'écrire, il faut aussi vendre ses œuvres !

– Les manières de ce Latouche ne m'étonnent pas, je ne vous ai pas caché ce que je pensais de lui.

– Après avoir quitté Fougères en toute hâte, j'arrivai fourbu et malade rue Cassini, tard le soir. J'y découvris un mot dans lequel Latouche me prévenait qu'il était parti pour sa propriété, où il m'attendait. Dès le lendemain matin, je dus reprendre un mauvais coucou qui me jeta à Sceaux. De là, je parcourus dix bonnes lieues à pied, pour parvenir enfin près d'Aulnay, où se trouve sa maison. Je n'ai laissé à cet atrabilaire qu'une partie de mon manuscrit, car il n'est pas fini… Nous avons discuté,

Latouche était finalement de bonne humeur et j'ai réussi à obtenir de lui un délai.

– Une fois à Aulnay, pourquoi n'avez-vous pas pris la peine de me prévenir ? questionna Laure dont le sens pratique refusait de comprendre.

– J'avais pensé que mon bourreau me libérerait dès le lendemain, mais il insista pour me garder un jour de plus. J'espérais rattraper mon retard en me rendant directement à Versailles, mais je n'ai trouvé aucun moyen de locomotion. Je dus repasser par Paris, et c'est seulement alors que j'ai pu vous faire parvenir un mot.

– Et ma lettre ?

– M. de Pommereul avait pour mission de me la faire suivre le jour même rue Cassini.

Il la tira de la poche intérieure de sa redingote.

– Je l'ai reçue ce matin, je l'ai lue et relue, madame, les termes enflammés m'ont fait littéralement voler jusqu'à vous. Et je suis là.

– Vous étiez bien sûr de vous ! Car, après un tel retard, vous auriez pu trouver porte close !

– Rentrez vos griffes méchantes. Vous voir, vous toucher… j'ai rêvé de ce moment. Allons, regarde-moi, gentille Marie, quitte cet air sévère, cela fait des semaines que j'espère ce moment et je me suis juré de ne point te décevoir.

Dans le salon de son ermitage

Crayon à la main, Balzac biffait, rajoutait, notait ses réflexions en marge. Après deux bonnes heures de travail, il referma le maroquin rouge.

– Voilà, dit-il, j'ai fini !

Lui qui ne supportait pas que quiconque fît la plus petite remarque sur ses textes, il avait prévenu Laure qu'elle risquait de se cabrer si elle restait auprès de lui le temps qu'il corrigeât. Elle ne l'avait tout d'abord pas cru, pensant que ses talents d'écrivain en herbe seraient assez humbles pour supporter des contradictions, mais elle avait eu tort. Plusieurs fois elle s'était levée, mais, comme aimantée, était revenue sur le lieu de douleur.

– Alors ? fit-elle à l'adresse de son bourreau.

– Alors, madame, à part quelques réflexions que je vous ferai à haute voix et quelques raccourcis pour un peu plus de fluidité dans le texte, tout est bien, très bien même !

– Cependant, toutes ces annotations dans la marge ?

– Ainsi donc, quand je vous croyais occupée par votre ouvrage, vous me surveilliez ! Ces annotations ne sont que des suggestions, au pire des remarques dont je vous laisse seul juge. L'auteur est roi.

– Et pour le reste ? s'enquit-elle.

En quête de quelque compliment, elle alla de son doigt effleurer le cou de son amant. L'agacerie fit merveille, Balzac se leva, la prit dans ses bras et la serra avec passion. Cette femme, qui l'avait d'abord subjugué par sa verve, l'étonnait, maintenant, par l'aisance de sa plume.

– De vous avoir entendue hier soir évoquer le sort de ce malheureux prince a soulevé chez moi une grande émotion.

Il prit une voix câline pour demander :

– Je t'en prie, Marie, parle-moi encore de lui.

– Mais si je vous dis tout, vous n'aurez plus de plaisir à me lire, se défendit-elle.

Balzac sourit de ce sourire qui la faisait fondre, et bientôt elle capitula. Elle prit place dans son fauteuil préféré, redressa le buste et, en un clin d'œil, redevint la duchesse d'Abrantès.

– Alors, cher ami, puisque vous me le demandez, je vais vous donner mon sentiment vrai et sensible sur ce sujet. Je dirai tout ce que je pense intimement sur les rapports que Marie-Louise entretenait avec son fils. J'étais encore en Espagne lors de l'accouchement, aussi passerai-je assez rapidement sur cet événement. On sait combien elle souffrit pendant le travail et l'attachement que l'Empereur témoigna à sa femme durant ces heures difficiles. Ce qui est certain, c'est qu'il l'aimait, et qu'il l'aimait d'amour, surtout à cette époque. Aussi, lorsque le baron Dubois fut le trouver pour lui annoncer le danger que courait l'Impératrice, il s'écria : « Surtout ne songez qu'à la mère ! Sauvez la mère ! Ne perdez pas la tête ! » Et lorsqu'il fut arrivé près d'elle, il l'embrassa en lui demandant de prendre courage, de songer à lui, à lui qui l'aimait tant. Il prenait sa main, la baisait, la serrait doucement dans les siennes. L'enfant présentait les pieds et la tête, il paraissait tellement engagé que Dubois était inquiet. Il fallut employer les fers, et lorsqu'elle fut délivrée, l'Empereur, qui était au moment de se trouver mal, se précipita dans sa chambre et courut l'embrasser sans jeter un seul regard à son fils, qui pouvait être cru mort, car il fut près de dix minutes sans donner aucun signe de vie. On l'enveloppa dans des serviettes chaudes, on lui souffla quelques gouttes d'eau-de-vie dans la bouche et, enfin, le royal enfant poussa un faible cri. Napoléon courut avec l'impétuosité d'un jeune homme de vingt ans auprès de ce fils que la fortune lui avait réservé pour la plus haute, mais aussi pour la dernière des faveurs !

» Et, je le répète, qui n'a pas vu Napoléon sous l'influence de ses émotions intérieures, causées par des peines ou des joies domestiques, ne l'a pas connu comme il devait l'être. Dans ces moments, c'était un peu de son âme qui apparaissait.

» C'est Mme de Montesquiou qui fut choisie pour s'occuper du royal poupon. Mais celle-ci ne fut pas aimée de l'Impératrice.

– Selon vous, quelle était la cause de l'éloignement ? C'est votre avis qui m'intéresse, votre avis le plus intime.

– Le fait dans toute sa vérité, simple et nue, c'est que Marie-Louise portait, en tout, une apathie de cœur et d'affection.

– Vous suggérez par là que Marie-Louise n'aimait personne, mais son fils… ?

– Ne m'avez-vous pas demandé de vous dire la vérité ? Je n'invente rien. J'ai vu Marie-Louise arriver auprès de cet enfant quand elle descendait de cheval, lui faire quelques signes de tête et passer son chemin ; d'autres fois, lorsqu'elle ne sortait pas, elle allait le voir à quatre heures. Elle avait avec elle un ouvrage de tapisserie auquel elle travaillait par manière de contenance, en regardant le petit roi par intervalles et lui disant en remuant la tête : « Bonjour ! Bonjour ! »

» Un quart d'heure était à peine écoulé qu'on venait l'avertir que M. Isabey ou M. Paër l'attendaient dans ses appartements, l'un pour sa leçon de dessin, l'autre pour sa leçon de musique.

» Entre nous, Marie-Louise aurait bien dû rester plus longtemps chaque jour pour prendre des leçons de maternité de celle qui la remplaçait si bien. Mais, en fait, elle avait raison de partir : aimer son enfant ne s'apprend pas.

– Vous ne semblez pas apprécier la nouvelle impératrice.

– Comment aimer une femme dont le cœur est sec ? Qui de nous n'a pas présent encore à la mémoire cet enfant si beau, si charmant, si gracieux…

Laure se leva, alla prendre sur une étagère une gravure qui était encadrée :

– Voyez-le sur cette gravure où il est représenté à genoux, ses petites mains jointes. Tous les huissiers de la chambre l'adoraient. L'un d'eux, en me parlant de lui, il n'y a pas si longtemps, pleurait au souvenir si gracieux du roi de Rome, accourant le matin dans les grands appartements et arrivant seul à la porte du cabinet de l'Empereur, car il allait si vite que sa gouvernante peinait à le suivre. L'aimable enfant levait sa belle tête blonde vers l'huissier et lui disait de sa voix argentine mais impérative : « Ouvrez-moi, je veux voir papa. – Sire, je ne peux ouvrir à Votre Majesté. – Pourquoi cela ? Je suis le petit roi ! – Mais Votre Majesté est toute seule. »

» C'était l'Empereur qui avait donné l'ordre de ne laisser entrer son fils qu'avec sa gouvernante. L'enfant attendait Mme de Montesquiou, et aussitôt qu'elle arrivait saisissait la main de sa gouvernante. Puis, regardant fièrement l'huissier, il lui disait : « Ouvrez ! Le petit roi le veut ! » Et alors l'huissier ouvrait la porte du cabinet et annonçait : « Sa Majesté le roi de Rome ! »

» On a beaucoup parlé de sa violence. Il est vrai qu'il se mettait facilement en colère. Mme de Montesquiou chercha à l'en corriger. Un jour, au milieu de l'accès le plus vif, elle fit fermer, en plein jour, les volets de toutes les fenêtres ; l'enfant, étonné de voir remplacer le jour par de la lumière, en demanda à sa gouvernante la raison. « Pour qu'on ne vous entende pas, Sire. Les Français ne voudraient jamais de vous pour leur roi, si vous êtes méchant. – Est-ce que j'ai crié bien fort ? – Sans doute. – M'a-t-on entendu ? – Je le crains pour vous. » Alors l'enfant repentant jeta ses petits bras autour du cou de sa gouvernante. « Je ne le ferai plus jamais, maman Quiou ! Pardonne-moi ! »

» Un jour il arriva que le roi de Rome, allant voir l'Empereur, entrât dans son cabinet comme le conseil venait de finir. Comme il aimait passionnément son père, il courut à lui sans faire attention à personne ; Napoléon l'arrêta et lui dit : « Vous n'avez pas salué, Sire. Allons, saluez ces messieurs. »

» Le prince se tourna et, se penchant légèrement en avant, envoya un baiser avec sa petite main à la troupe ministérielle. L'Empereur l'enleva tout aussitôt dans ses bras et dit aux ministres : « Ah ça, j'espère, messieurs, qu'on ne dira pas que je néglige l'éducation de mon fils. Et il sait très bien sa *civilité puérile et honnête.* »

– Sa civilité puérile et honnête ? reprit Balzac, étonné.

– Ne vous avais-je pas prévenu que lorsque je ferais parler Napoléon, je garderais autant que possible les expressions qu'il employait ? Eh bien en voilà une dont il aimait à user ! Au reste, le petit roi était bon. Je sais une foule de traits touchants qui indiquent son bon cœur. Ainsi, lorsqu'il était à Saint-Cloud, il aimait beaucoup qu'on se mît à la fenêtre pour voir tous ceux qui passaient. Un jour, il aperçut à quelque distance une jeune femme en grand deuil, tenant par la main un enfant, vêtu tout de noir comme elle et à peu près de l'âge du prince. Il tenait à la main un grand papier qu'il élevait souvent vers la fenêtre du roi de Rome. « Pourquoi donc est-il tout en noir ? demanda le jeune roi à sa gouvernante. – Parce que, sans doute, il aura perdu son père. Souhaitez-vous savoir ce qu'il veut ? »

» L'Empereur avait ordonné que son fils fût très accessible de bonne heure à tous les malheureux qui le viendraient solliciter. L'enfant et la mère furent introduits. C'était une jeune veuve dont le mari était mort depuis trois mois des suites d'une blessure reçue en Espagne, et elle sollicitait une pension. Son fils était à peu près de l'âge du roi de Rome. L'Empereur était à la chasse et il ne pouvait lui remettre toutes ses pétitions que le lendemain à son déjeuner. Il fut triste tout le jour, et lorsque le lendemain il sortit de son appartement pour aller rendre ses devoirs à son père, il eut soin de mettre la pétition du petit garçon à part de toutes les autres. « Tiens, papa, voici une pétition d'un petit garçon. Il est habillé tout en noir, dit-il, car l'habillement lugubre de l'enfant avait vivement frappé son imagination. Son papa a été tué à cause de toi et sa maman demande une pension, parce qu'elle est pauvre et a du chagrin. – Ah ! Ah ! dit l'Empereur en attirant son fils à lui, tu donnes déjà des pensions, toi ! Diable ! Tu commences de bonne heure. Voyons un peu ce que c'est que ton protégé. »

» La veuve de l'officier avait des droits. Mais peut-être n'auraient-ils été reconnus qu'un an ou deux ans plus tard. Le brevet de sa pension lui fut expédié dans la journée et une année d'arriérés ajoutée à l'ordonnance.

– C'est une bien charmante histoire.

– Napoléon aimait son fils d'un amour pur et passionné. Qui de nous a oublié cette journée où l'Empereur présenta le roi de Rome à une revue qui eut lieu au Champ-de-Mars ? Il était radieux en entendant les cris de joie délirante de ses vieux grognards. Il le tint dans ses bras pendant des heures entières et semblait puiser dans les regards de cet ange un bonheur jusque-là inconnu de lui.

Laure se leva et alla se blottir dans les bras de son amant.

– À présent, parlez-moi de votre séjour à Saché ! Et d'abord, pourquoi Saché ?

– Simplement parce que le général baron de Pommereul est un ami de la famille. C'est grâce à lui que mon père fut nommé à Tours dans les substances militaires. Leur amitié date de la Révolution. Alors que les biens de M. de Pommereul avaient été confisqués et que son épouse se trouvait sans ressources, mon père avait prêté à celle-ci 10 000 écus. M. de Pommereul n'oublia pas le geste de mon père. Retraité avec le grade de maréchal de camp honoraire, il s'est retiré à Fougères. Il habite avec sa femme dans un château aux environs de la ville. Je lui écrivis pour lui dire que je travaillais à un ouvrage sur la guerre des chouans, que je brûlais d'envie de mieux connaître le pays et que je lui serais très reconnaissant s'il acceptait de m'héberger quelque temps chez lui. La réponse ne tarda pas : « Votre chambre est prête. Venez ! » Je n'avais pas un sou, aussi je pris le moyen de locomotion le moins cher.

– Vous avez fait le chemin à pied ?

– Pas exactement. Je montai en Turgotine, un cabriolet à deux roues au fond duquel deux personnes adultes tiennent difficilement. Le siège n'est autre qu'un coffre réservé à la poste. Aussi, à chaque village traversé, je dus me lever pour permettre de retrouver les lettres. Ce fut un voyage long, rempli d'inattendu, et c'est quelque peu fourbu que j'ai atteint cette bonne ville de Fougères. Le changement d'air me fit du bien ; je me refis une santé physique et morale. En province, la vie est lente et la réflexion a le temps de se développer. Le dimanche, on allait passer la soirée chez une vieille demoiselle, parente de M. de Pommereul et qui reçoit, ce jour-là, la bonne société du pays. Il y avait dans le salon des tables de jeu et on servait des rafraîchissements peu coûteux.

– Vous jouiez aussi ?

– J'avais bien mieux à faire : j'observais ! Je ne voulais rien perdre de ces moments. Les visages, les gestes, les maintiens, les réactions, les conversations, tout était, pour moi, sujet à réflexion. Un soir, je me retrouvai assis auprès d'un causeur obstiné ; n'en pouvant plus du gêneur, je le priai de me laisser regarder. Il me toisa et finit par s'éloigner. Sans doute passai-je pour un mal élevé, au mieux pour un farfelu, mais j'étais enfin libre d'examiner cette société de province qui m'intéressait au plus haut point.

» En ce beau pays breton, j'étais heureux comme rarement. À chaque lettre, ma mère me priait de rentrer, elle me disait que je perdais mon temps, alors que je ne cessais de travailler ! Mais comment lui expliquer que je m'imprégnais de l'âme du pays breton que j'aime tant ?

Paris, rue Cassini

De retour chez lui, Balzac trouva du courrier. Il souleva le paquet, mit de côté les factures de fournisseurs et emporta la lettre de Latouche et deux de Mme de Berny. Il parcourut la première et lut avec attention celles de sa chère Dilecta.

Si vous aviez été gentil, vous m'auriez fait dire hier en m'envoyant la revue que vous ne seriez pas chez vous à trois heures. Mais…

Ne voulant pas encore aujourd'hui me faire dire par tous les gens de votre maison que vous n'y êtes pas, je vous prie de me faire dire si je peux malgré le soleil ou la pluie m'aventurer jusqu'à la rue Cassini à trois heures.

Adieu Didi, on t'aime quand même, on t'aime avec tes colères, avec tes myriades de caprices, avec tes manques d'usage, avec toutes tes imperfections qu'on aime elles-mêmes, heureuse d'avoir à te les pardonner pour que tu en pardonnes d'autres. On t'aime malgré la corde qui te manque, mais on t'adore pour toutes celles qui font vibrer ton gentil cœur et ta belle âme. Adieu toi.

Même si les reproches restaient feutrés, la chère femme se plaignait. En partant sans la prévenir, il l'avait blessée. Mais que lui dire et comment le lui dire ? Elle devinait si bien quand il mentait… Mal à l'aise, il décacheta la deuxième lettre, ne s'appesantissant que sur les passages où, avec des prodiges d'intelligence et de tact, la Dilecta lui rappelait leur tendresse partagée, son amour indéfectible et aussi ses craintes :

(…) Si tu étais ici, ô si tu étais là sur ce canapé à cette sainte place, j'irais près de toi, je prendrais ta main chérie, par un regard je verserais toute mon âme sur la tienne et je te dirais, Chère et tendre créature, rends à notre âme chaste sa pureté, rends la paix à mon cœur, le calme à mon âme, à ma pensée toute sa noblesse, tout s'est terni depuis trois mois, viens ami te retremper au feu de tant de sentiments, que nous seuls entre tous avons unis, fais-en jaillir une lumière céleste ; (…) Ô quelle joie du cœur, quelle fête du ciel si je gagnais ma cause, comme je me complairais dans l'oubli de mes chagrins, avec quel charme je les verrais se dissiper comme un songe pénible, et que la douce réalité de ton cher amour me serait précieuse, ô je ne t'aimerais pas davantage, non, je ne le puis, mais je serais d'autant plus heureuse que j'aurais craint le malheur. Ô chéri, l'imagination est fille du ciel, je te vois, je t'entends, tu es là, je me livre à la joie au bonheur, je t'accable de baisers, de caresses.

À d'autres endroits, la Dilecta s'en prenait ouvertement à la duchesse. Elle accusait son amant de faiblesse et la duchesse de ne pas savoir l'aimer :

(...) Je ne crois pas que cette femme puisse ou veuille t'être utile. Si elle le pouvait il me semble que déjà elle aurait donné quelques preuves, (...) car ce n'est pas à Versailles que tu pourrais trouver fortune et t'éloigner d'elle ne serait pas, je pense, de son goût.

Comme il se sentait lâche : il aimait Mme d'Abrantès et cependant ne pouvait rompre avec Mme de Berny !

Il prit la plume afin de rassurer sa vieille amie. Il en profiterait pour lui dire qu'il défendrait sa porte contre toute visite tant qu'il n'aurait pas fini son roman. Il lui expliquerait et elle comprendrait : ne comprenait-elle pas toujours tout ?

Il sécha l'encre et sonna Flore pour la prier de déposer la lettre au plus vite. Mme de Berny habitait rue d'Enfer avec son acariâtre de mari.

Il écrivit aussi à sa sœur Surville pour lui faire comprendre qu'en aucun cas la famille ne pourrait le déranger :

Je ne vous verrai qu'après la parution du Chouan, *et je vous préviens que je ne veux en entendre parler par personne, soit en bien, soit en mal. Une famille et des amis sont incapables de juger un auteur.*

Ces tâches accomplies, il se sentit enfin prêt à se laisser happer par la création. En sourdine, son imagination préparait le travail comme un paysan prépare sa terre avant de semer. Tel un automate, il se dirigea vers la table où sa plume l'attendait. Elle était le seul témoin de ses heures acharnées, l'unique confidente de ses peines ou de ses joies. Elle avait vu toutes ses misères, connu tous ses projets, entendu toutes ses pensées. Elle était son meilleur compagnon. Avec des gestes précis mais onctueux, semblables à ceux d'un prélat qui va dire sa messe, il se prépara, compta les pages, qu'il choisissait d'un blanc légèrement bleui pour ne pas fatiguer ses yeux, remplit d'encre noire l'encrier, le même qu'il avait gardé de ses années où il était étudiant. Sur sa droite, il remit bien alignés les carnets de dessins et de notes pris sur le vif. Il alluma une à une les six bougies du chandelier en argent et alla tirer les rideaux sur la nuit. À partir de cet instant, pour lui, le reste du monde n'existait plus. Il se vêtit de sa robe de moine, passa la cordelière autour de sa taille sans serrer car rien ne devait l'entraver, puis il prépara le café qu'il laisserait sur le réchaud.

Enfin, il s'assit, remonta ses manches. Tendu à l'extrême, il s'imprégna du silence, suivit du regard les ombres que les flammes des bougies projetaient sur les murs. Il resta ainsi jusqu'à ce que l'envahisse à nouveau son monde, le seul monde qui compterait jamais pour lui, le monde visionnaire qui, à flux tendu, allait le maintenir en haleine jusqu'à l'aube.

Les images se bousculent, le voilà face à ses héros. Il les voit, les entend. Il connaît chaque caractère, il sait leurs faiblesses, leurs travers, mais aussi leur courage. Il voit le chemin, la masure…

L'écrivain n'a plus qu'à suivre. Il prend la plume, la trempe dans l'encrier, trace le premier mot. Il doit d'ici le lever du jour tuer une demi-rame de papier. Dans le silence de sa thébaïde, sa plume court sur le papier dans un léger crissement, elle ne va jamais assez vite, pourtant elle court, elle court derrière ses visions intérieures.

Une heure, deux heures… six heures passent.

Derrière les rideaux le jour point, sonne l'angélus du matin. Paris s'est remis au travail, les marchés se sont installés à ciel ouvert, les boutiques ouvrent, les passants affluent, les chevaux caracolent.

Balzac ne s'est aperçu de rien. Balzac est à la tâche.

Après plusieurs heures d'un labeur acharné, quand son bras paralysé par une crampe ne lui obéira plus, quand le bouillonnement intérieur se fera brouillon, quand ses fantômes s'évanouiront, il se lèvera, se fera couler un bain et plongera son corps dans l'eau bienfaisante. Il y restera un long moment afin d'éteindre le feu qui le consume, afin d'apaiser les tensions accumulées. Les images se bousculent encore, mais avec moins d'impatience. Elles vont bientôt s'effacer pour laisser place à l'autre vie, celle qui a un corps sensible, un estomac vide, des poches trouées, des factures en instance, des lettres de réclamation.

Sorti de son bain, il enfilera un peignoir, prendra le petit-déjeuner que cette bonne Flore lui apportera. Comme d'habitude, il lui demandera quel temps il fait, quelles sont les dernières nouvelles, si quelqu'un est venu. Au travers de ce bavardage, il redeviendra un simple vivant. Néanmoins, il n'a pas fini sa journée : son éditeur lui a fait déposer des épreuves à corriger, il doit écrire, en urgence, un article pour *Le Figaro*, répondre à un ami qui se propose de lui rendre visite, afin qu'il ne vienne pas le voir. Surtout pas ! Il n'est là pour personne car, après quelques courtes heures de sommeil et force café, il se remettra au travail ; on ne lutte pas contre son destin.

Balzac a une œuvre en train, une œuvre de longue haleine qui lui prendra tous les jours de son existence tant que Dieu lui prêtera vie.

Et personne ne peut comprendre, pas même lui, quelle volonté l'habite, quel feu le dévore.

19 juin 1829, quartier du Marais

Victime d'un stupide accident de la circulation, Bernard-François Balzac s'était fait transporter chez son vieil ami le docteur Nacquart. Honoré, s'étant porté le premier à son chevet, l'avait veillé jusqu'à ce que Mme Balzac accourût de Versailles.

À ses rares apparitions, elle ne disait mot et restait absente. C'est dans cette atmosphère lourde que les Surville se joignirent à eux, ainsi que son frère Henri qui avait été appelé d'urgence de son collège.

Après trois jours d'agonie, Bernard-François quitta ce monde. Il était dans sa quatre-vingt-quatrième année, faisant ainsi mentir les pronostics par lesquels il avait prédit qu'il survivrait à tout le monde en atteignant alertement ses cent ans. Bâti en force, il disait volontiers de lui-même : « Je suis beau comme un marbre et fort comme un arbre. » Mais, à la suite d'un accident qu'il n'avait pas prévu, l'arbre avait chu. Cela s'appelait le destin.

M. Balzac père fut enterré au cimetière du Père-Lachaise. Il faisait beau, il faisait chaud et Honoré pensait que l'été n'était pas une saison faite pour abriter le chagrin et les larmes.

Au sortir du cimetière, il prit congé de la famille, des amis, et c'est à pied qu'il décida de regagner la rue Cassini. Il ne connaissait pas de meilleur remède qu'une longue flânerie pour remettre ses idées au clair. En longeant le jardin du Luxembourg, il se sentit moins oppressé. Il s'arrêta pour écouter le chant des moineaux et regarder le ciel bleu : la vie continuait malgré tout. Quand il amorça la lente montée vers l'observatoire, ses réflexions furent happées par les soucis du jour. Son dernier livre, *Les Chouans*, tiré à mille exemplaires et publié en mars dernier, se vendait mal. Mais il était déjà accaparé par d'autres projets et il gardait une inaltérable énergie.

En son ermitage

Juché sur une échelle, Anselme cueillait les cerises tandis que, dans un grand panier, la duchesse les triait ; autour d'eux, la chienne Semba courait après les papillons.

Afin d'accomplir ces travaux sans avoir à souffrir de la chaleur, Laure s'était levée aux aurores. En cette heure matinale, il faisait doux et l'air sentait bon. Cela faisait à peine deux heures qu'elle travaillait quand Julie courut la rejoindre.

– Madame la duchesse, un monsieur vous demande ! dit-elle, essoufflée.

– Bien, dit Laure distraitement, et que veut-il ?

– C'est un huissier, chuchota la servante, embarrassée.

– Ah ! fit Laure sans se décontenancer, tu n'as qu'à lui dire que je n'ai pas le temps, une autre fois !

– C'est qu'il s'est installé dans le salon sans qu'on l'y invite. Il a dit qu'il attendrait toute la journée s'il le fallait.

– Bien, j'arrive. Anselme, continuez sans moi, je serai de retour dans quelques minutes.

Tout en enlevant le tablier qui couvrait sa robe d'été, elle traversa la terrasse, monta les marches du perron.

Auguste se précipita à sa rencontre.

– Madame la duchesse, je n'ai rien pu faire !

– Ce n'est pas grave, comptez sur moi pour chasser l'importun.

À peine eut-elle le temps de terminer sa phrase que l'homme, aux favoris broussailleux, lui fondit dessus en brandissant des documents.

– Voici, madame la duchesse, ce dont vous êtes redevable ! Des impayés et encore des impayés ! Cette fois, je ne partirai pas d'ici que vous n'ayez soldé vos arriérés !

Sans se départir de son calme, elle enleva son chapeau de paille, qu'elle tendit en même temps que son tablier à Auguste.

– Apportez-nous quelques rafraîchissements, commanda-t-elle.

Se retournant vers l'huissier, elle l'invita à reprendre place sur le fauteuil qu'il occupait.

Décontenancé par ses manières courtoises, l'homme s'exécuta.

– Bien, cher monsieur, et maintenant voyons ces documents.

Laure les feuilleta distraitement.

– C'est à payer sur-le-champ ! grogna-t-il.

– Avec quoi ? Je ne suis pas solvable.

– Ce n'est pas mon affaire !

Elle se leva, se dirigea vers la table bureau sur laquelle elle travaillait, et calmement tira chaque tiroir.

– Voyez par vous-même, il n'y a pas la plus petite pièce de monnaie !

Elle retourna les poches de sa robe :

– Rien dans les tiroirs, rien dans les mains, rien dans les poches ! Alors monsieur, puisque je n'ai pas d'argent sur moi, prenez ce que bon vous semblera ! J'ai encore en ma possession quelques pièces rares et…

– Je ne veux pas de meubles, ni de tableaux, ni rien de tout cela ! Juste de l'argent !

– Vous êtes décidément têtu.

– Je ne partirai pas d'ici sans la somme réclamée par vos créanciers, dussé-je attendre un an !

Devant une telle détermination, Laure sonna, et dit à Julie de l'air le plus sérieux :

– Prépare la chambre d'invités, monsieur est résolu à ne sortir d'ici que quand il sera payé.

Le créancier, voyant qu'on se moquait de lui, tempêta.

Trouvant que la plaisanterie avait assez duré, Laure finit par proposer :

– Afin de vous prouver ma bonne foi, je vais vous montrer le contrat que je viens de signer avec les éditions Mame. On m'a promis une avance que je devrais percevoir d'ici quelques jours, acceptez que je vous signe une reconnaissance de dette.

– Non, madame, répondit l'homme plus buté qu'une mule, si vous dites vrai, allez chercher cet argent, j'attendrai !

– Mais la librairie Mame est à Paris !

– J'attendrai, vous dis-je !

– Si vous ne voulez pas prendre pension chez moi, il faudrait que je loue un cabriolet, et, comme vous le voyez, je n'en ai pas les moyens !

Contre toute attente, l'huissier fouilla ses poches et en sortit quelques pièces.

– Bien, dit-elle, le temps de me changer et je pars.

Elle recommanda à Auguste de veiller à ce que son hôte ne manquât de rien en son absence et promit de revenir dès que possible. Elle lui rappela que M. Balzac devait arriver dans l'après-midi et qu'il n'aurait qu'à le faire patienter dans la bibliothèque où il aurait tout loisir de travailler en attendant son retour.

Paris-Versailles-Paris

Comme convenu, la duchesse s'était rendue à la librairie, mais le directeur des éditions étant absent pour plusieurs jours, elle rentra bredouille.

Par souci d'économies, elle reprit non pas un cabriolet mais la Gondole, et vers cinq heures fut rendue à Versailles. Ce n'était pas la première fois qu'elle avait affaire à un de ces hommes de loi, d'habitude elle trouvait toujours un compromis. Pourquoi tant d'intransigeance ? Cette course à Paris s'était révélée aussi inutile que fatigante.

En regagnant son ermitage, elle passa par le marché aux fleurs, avisa un rosier aux pétales nacrés et merveilleusement parfumés, compta son argent : il lui restait juste de quoi se l'offrir. Elle repartit tout heureuse de son acquisition.

De retour chez elle, Auguste l'avertit que Balzac était arrivé. Elle entendit des voix d'hommes qui provenaient du salon. Le rosier dans les bras, elle entra et découvrit

Honoré, debout un verre à la main, en grande conversation avec l'huissier.

– Eh bien, je vois que vous avez fait connaissance, dit-elle dans un large sourire.

– Vous avez la somme, duchesse ?

– Par malchance, monsieur, vous aurez attendu pour rien : le directeur était absent !

– Vous m'avez floué !

– Pas le moins du monde, monsieur, j'ai fait ce tout que vous m'avez demandé ! Mais à l'impossible nul n'est tenu.

– Alors, rendez-moi mon argent ! cria-t-il hors de lui.

Laure, toujours souriante, lui remit le rosier entre les mains.

– C'est tout ce qui reste de ma course. C'est une merveille, je n'ai pu résister devant une telle rareté, prenez-le !

Balzac médusé avait d'abord, et sans rien dire, admiré l'aplomb de la duchesse. Mais devant la scène burlesque du rosier remis entre les mains de l'huissier qui avait davantage l'habitude de palper les billets que de caresser les pétales, il ne put se retenir d'éclater de rire.

Laure le regarda et, à son tour, se laissa gagner par une folle hilarité.

Rageur, l'huissier se débarrassa du rosier et hurla qu'on aurait affaire à lui. Avant de prendre la porte il lança, à plusieurs reprises :

– C'est une maison de fous !

Ce qui eut pour effet de faire redoubler de rire ceux qui étaient restés au salon.

Balzac le premier retrouva ses esprits :

– Je connais bien cette espèce d'homme sans foi ni loi qui poursuit les plus démunis. Moi aussi, j'ai des dettes, mais je n'en demeure pas moins un honnête homme ! Je rembourserai jusqu'au dernier centime, pourvu qu'on m'en laisse le temps. Un livre, une œuvre, ne se fait pas en un jour, à quoi servirait-il de me pourchasser ? Ce n'est que dans le calme que je donne le meilleur de moi-même. Je réclame du temps, juste un peu de temps... Est-ce trop demander ? Pour subsister je n'ai d'autre moyen que de promettre des manuscrits que je fais payer en billets. C'est le début d'un système dans lequel je m'emprisonne. Mais comment faire autrement ? Ce n'est pas une vie que de courir sans cesse après le moindre sou. Tant de labeur et si peu de récompense.

– Mon pauvre ami, cela fait des années que je dois faire face à des créanciers qui me poursuivent à boulets rouges. Après mon veuvage, à chaque audience du tribunal, il y en avait plusieurs qui prenaient contre moi jugement par défaut. C'était alors de noires processions d'huissiers qui pratiquaient la saisie du vide et du néant, pour, en définitive, dresser un procès-verbal de carence puisque ma pension est inaliénable. J'étais peut-être légère de ne pas avoir mis d'argent de côté, mais qui aurait pu dire alors que tout s'écroulerait ? Il y eut les temps heureux et puis les heures de souffrance. Revenir sur ses souvenirs, c'est revivre une nouvelle agonie, une nouvelle mort.

– À quel moment avez-vous compris que le vent tournait ?

– 1813... Oh ! 1813 ! dit-elle, la voix pleine de larmes. Le malheur fondit sur nous comme un tremblement de terre qui aurait tout dévasté. Oh ! que j'ai longtemps souffert, bien souffert, mon Dieu. Je ne parle pas ici du brisement de mon existence, du total renversement de ma fortune, jamais les pertes de ce genre n'ont eu le pouvoir de me faire verser une larme. Mais la France, mais son armée… La guerre contre la Russie était décidée. Le duc d'Abrantès, qui avait repris des forces aux eaux de Barèges, avait demandé à servir activement. Il fut attaché à la personne de l'Empereur et, en même temps, commanda en second le 4e corps, avant de commander le 8e.

» Les nouvelles de Russie étaient aussi rares qu'affreuses. Quand une lettre arrivait, nous courions chez nos amis ou nos connaissances pour les comparer et avoir ainsi une juste idée des événements. Ce fut alors que parvint à Paris le premier bruit de l'incendie de Moscou. Les détails de ce désastre sont trop connus pour que je les renouvelle ici. Ce que je sais, c'est que Junot n'entra pas dans Moscou et demeura à quelques lieues pour veiller sur les ambulances. Le froid commençait à faire ressentir son effet. Il ne s'agissait plus de combattre des hommes ; c'était un ennemi dont la force inconnue apportait la mort aussitôt que son souffle vous frappait au visage.

» Napoléon voulut exiger de ses généraux ce qu'ils ne pouvaient plus lui donner. Cette conviction d'une guerre éternelle produisit une sensation qui bouleversa toutes les pensées. Alors – et je parle d'après beaucoup de voix qui révélèrent leurs souffrances dans ces jours de mort – on se demanda pourquoi ces titres, pourquoi ces cordons, ces ordres, tout ce faste de récompenses, si jamais, jamais on ne pouvait en jouir en repos !

» Malgré la distance qui nous séparait des lieux où se jouait ce drame effrayant et terrible, la vérité sur les difficultés de l'armée nous vint éclairer de sa triste lumière.

» Le 23 octobre 1812 commença l'évacuation de Moscou. Junot me disait à son retour de Russie :

Je n'ai dans toute ma vie rien vu d'aussi admirable que Ney pendant la retraite de Moscou. C'est fabuleux de bravoure, de talent, et de tout ce que l'homme peut demander et obtenir de Dieu, quand il commande son armée.

» Ney, qui allait périr comme on le sait sous les balles françaises !

Laure s'y reprit à deux fois pour avaler sa salive ; elle avait la gorge nouée. Elle regarda son interlocuteur, dont l'attention était tendue comme un fil prêt à se rompre. Courageusement, elle dit :

– Maintenant, c'est la plainte amère d'un cœur brisé, d'une âme ulcérée, d'une mère, d'une veuve, dont le devoir est de faire connaître les grandes vérités, qui vous parle. Sans doute, c'est un devoir pénible mais, dans mes Mémoires, je les mettrai noir sur blanc sans rien omettre.

Telle une noyée, elle prit une grande respiration avant de replonger dans les eaux sombres de ses souvenirs :

– Avec le 29e bulletin daté du 3 décembre cessa pour toujours l'enchantement qui nous fascinait. Cette fois l'Empereur avait été d'une cruelle franchise avec nous. Il fut noblement vrai. Il mit entièrement à découvert les pertes de la France. Napoléon avait arrêté son retour au milieu des désastres de la retraite : « Je pèserai plus sur mon trône aux Tuileries qu'à la tête de l'armée », disait-il aux rares personnes qui l'entouraient au moment de son départ. « Si vous l'aviez entendu, me disait Duroc qui fut le premier à être dans la confidence, vous l'auriez admiré plus qu'en toute autre circonstance de sa vie. »

» Le 19 décembre, à minuit un quart, l'Empereur arriva devant les premières grilles des Tuileries. L'Impératrice venait de se coucher. Il est impossible de rendre l'excès de sensibilité auquel l'Empereur fut entraîné lorsqu'il embrassa Marie-Louise, et surtout son fils.

» Le 20 décembre, le canon des Invalides gronda pour annoncer aux Parisiens que l'Empereur était revenu. J'étais alors trop malade pour aller au château. J'y envoyai mon frère. Je voulais avoir des nouvelles de Junot. Albert y fut et me dit à son retour que jamais le lever de l'Empereur n'avait été aussi beau. Il comprenait toutes les inquiétudes et rassurait de la plus touchante manière ceux qui venaient à lui pour avoir des nouvelles. Sa position était tout autre que le jour de son départ pour la campagne de 1812. Alors il était le grand tout, l'unique lumière. Maintenant il n'en était plus ainsi : la France se plaçait devant Napoléon et lui demandait des comptes.

– Vous dites, madame, qu'au retour de l'Empereur vous étiez souffrante ? s'étonna Balzac.

– Les inquiétudes que j'avais éprouvées depuis un an s'étaient portées au pylore. De plus, je commençais une nouvelle grossesse, depuis plusieurs semaines je gardais la chambre. Aux Tuileries, mon frère n'avait pas réussi à approcher l'Empereur dans son particulier. J'attendis quelques jours. Comme je ne reçus aucune nouvelle de Junot, j'écrivis à Napoléon.

» Le lendemain, je vis arriver mon bon Duroc. L'Empereur me faisait dire d'être parfaitement tranquille et que Junot se portait bien. « Mais je sais le contraire, lui dis-je en le regardant très fixement. Et vous aussi, mon cher duc, vous le savez bien. » Duroc baissa les yeux et ne répondit pas. Je pris ce silence comme un aveu. « Dites-moi la vérité. Qu'est-ce donc qu'il y a entre l'Empereur et Junot ? – Mais rien de nouveau », répondit-il. Il n'avait aucun tort de me répondre ainsi. Il croyait que je connaissais les deux bulletins, mais mon entourage me les avait cachés pour ne pas augmenter mes inquiétudes déjà si vives. Une lettre de Junot qui avait été retardée en route (les estafettes ne passaient qu'avec de grandes difficultés) venait seulement de m'être remise. Malgré le ton de gaieté qu'il voulait lui donner, j'avais démêlé une vive souffrance, et je voulais en connaître la cause. Qu'est ce bulletin du 23 ? De quel mois ? Je demandai tout cela à Duroc. Il me répondit de façon si embrouillée qu'il me laissa plus inquiète qu'à son arrivée.

– Que s'était-il passé ? questionna Balzac, intrigué.

– Je mis du temps à le savoir, mais voilà ce que j'appris : pendant sa marche sur Smolensk, Junot avait fait six lieues au lieu de huit. Il comptait rattraper son retard le lendemain. De plus, un de ses lieutenants, le général Tharreau, avait désobéi et ne rejoignit le corps d'armée que le lendemain, à la nuit. Ce général était mal vu de l'Empereur. Junot ne voulut pas le déférer à un conseil de guerre, et sa trop grande bonté lui fut fatale. Le maréchal Ney avait amorcé un mouvement pour écraser les Russes. Ces derniers s'étaient retirés de Smolensk et semblaient tenir à Valoutina. Junot devait les prendre par le flanc. Certains dirent qu'il ne tint pas compte de cet ordre pour exécuter un ordre reçu précédemment et qui lui prescrivait d'aller protéger la construction des ponts sur le

Dniepr. Je crois sincèrement que l'Empereur, n'ayant pas réussi à Smolensk, voulut rejeter sur quelqu'un la faute de cet insuccès : Murat lui dit que Junot ne voulait pas venir au secours de Ney. Et je ne peux croire à cette version !

– Murat ne portait pas votre mari dans son cœur.

Laure balaya l'air de sa main.

– La vérité était que les ponts n'étaient pas terminés et que par conséquent l'artillerie ne pouvait passer. À peine les premières pièces eurent-elles franchi le fleuve qu'elles coururent prendre part au combat, mais l'ennemi restait hors de portée. Il est possible que Junot, exaspéré d'être retenu loin du combat par des ponts inachevés et de recevoir des ordres de Murat qu'il détestait, ait répondu vertement. Murat l'interpréta comme un refus absolu d'obéir et dit à l'Empereur que Junot ne *voulait pas* marcher.

– Junot avait certes un caractère peu patient, mais je ne peux pas croire qu'il ait refusé de marcher ! Cela ne lui ressemble pas, il y a autre chose…

– Quand, de retour à Paris, il me raconta l'affaire, il me dit textuellement en me parlant de Murat : « L'homme aux mille panaches imagina cette vengeance pour me perdre auprès de l'Empereur. »

» Par la suite, Napoléon fit au général Junot une scène de reproche très vive. Il lui enleva son commandement pour le donner à Rapp, mais en bon camarade celui-ci le refusa. C'est ainsi que Junot le conserva jusqu'à la fin de la campagne. Et c'est bien ce qui me trouble encore aujourd'hui, car si mon mari avait vraiment été fautif, croyez-vous que l'Empereur lui aurait rendu son commandement ? Le connaissant comme je le connaissais, permettez-moi d'en douter.

» Je reçus bientôt une nouvelle lettre de Junot par laquelle il me demandait de solliciter une audience de l'Empereur et de demander pour lui un congé car il souffrait horriblement. Il avait des douleurs rhumatismales et sa dernière blessure reçue en Espagne lui causait des crises de migraine. Je me souviens encore des termes de celle qu'il m'avait écrite le 1er janvier 1813 :

Ma chère Laure, il est quatre heures du matin... je ne dors pas, je pense à toi et je me lève pour t'écrire... l'Empereur pourra-t-il me refuser d'aller voir ma Laure dans l'état où elle est, quand je suis sûr que ma présence pourra la soulager. Ce climat augmente chaque jour mes douleurs, et hier il ne m'a pas été possible de revenir de chez moi à pied. On a dû faire mettre des chevaux à ma voiture...

» Quand on sait, dit Laure les larmes aux yeux, combien Junot était dur au mal, on peut juger de ses souffrances.

» Malgré ma faiblesse, je résolus de me rendre aux Tuileries. Je demandai une audience, qui me fut accordée. Aussitôt que l'Empereur me vit, il fit une exclamation qui témoignait à quel point il était frappé de mon changement. « Mon Dieu, madame Junot, qu'avez-vous donc eu ? Vous êtes bien malade ! C'est vrai cela. Je vois bien que ce ne sont pas des *manières de vapeurs.* Ah ! C'est qu'on m'avait dit que vous faisiez *la malade.* » Je levai sur lui des yeux fiévreux et lui montrai mes mains, dont les doigts effilés et amaigris ne pouvaient retenir aucune bague. « Croyez-vous que ce soit de la comédie ? – Ma foi non ! répondit l'Empereur avec un naturel et une bonne foi adorables. Seulement, je crois avoir entendu dire que c'était pour ne point faire votre service chez Madame, avoir un prétexte pour donner votre démission, et rester dame honoraire. – Mais il me semble, Sire, que je n'avais nul besoin de prétexte pour faire une chose aussi simple. La gouvernante de Paris a des devoirs à remplir qui l'empêchent d'avoir aucune place à la Cour. »

» L'Empereur me regardait toujours attentivement. Nous étions debout tous deux. Je me sentis un moment une telle faiblesse que, m'appuyant à ma table, je respirai des sels. Napoléon s'en aperçut et, me prenant la main, il me jeta plutôt qu'il ne me fit asseoir sur un fauteuil et se plaça près de moi. « Ah ça, que voulez-vous ? C'est pour Junot, n'est-ce pas ? Eh bien, il reviendra ! Mais en attendant, il se plaint beaucoup de moi, n'est-ce pas ? Il se plaint. Allons, dites la vérité. – Non, Sire, il ne se plaint pas. Jamais il ne me parle de Votre Majesté qu'avec respect et amour. – Comment, il ne se plaint pas ? répéta-t-il encore. – Non, Sire. »

» L'Empereur me regarda de nouveau et chercha dans mes yeux si je lui cachais ma pensée. Mais je lui avais dit la vérité. Je ne savais rien et, mes amis m'ayant tout dissimulé, j'en étais à tout apprendre. Mais ce n'était pas l'Empereur qui m'aurait instruite ; il savait alors qu'il était loin d'avoir agi comme il devait le faire avec un vieil ami. Et je savais qu'il avait de la honte intérieure, si ce n'est du remords. Il jouait avec un gant blanc qui se trouvait sur son bureau. Ce gant était extrêmement petit, je suppose qu'il appartenait à l'impératrice Marie-Louise. Napoléon gardait le silence. Enfin, il le rompit et me demanda :

« Pourquoi ne pas avoir apporté les lettres de Junot ? Je suis curieux de voir comment il se plaint de moi ! Lui aussi ! » Se levant, il jeta le gant avec une si grande force qu'il fit tinter la vitre contre laquelle il alla buter. Et il poursuivit, avec une colère croissante : « Oui, lui aussi se plaint ! Ils se plaignent tous ! Tous ! Je n'ai fait que des ingrats. Dans cette foule d'hommes que j'ai faits rois, il n'y en a pas un, non, pas un seul, qui soit reconnaissant, pas un qui ait un cœur, une âme, pas un qui m'aime ! » Dans ce moment il me regarda et s'arrêta tout à coup, comme effrayé. Les dures paroles de l'Empereur m'avaient saisie à l'âme.

» Il vint près de moi, me prit la main et me dit avec une sorte de bonté rude qui lui était particulière : « Allons, allons, à qui diable en avez-vous ? Est-ce parce que j'ai dit que j'avais fait des ingrats ? N'en avez-vous pas fait aussi ? Quel est celui qui se trouve au-dessus des autres et qui n'en fait pas ? » Ces paroles eurent pour effet de me mettre en colère. Je me levai et déclarai : « Votre Majesté devait faire une exception. Elle frappe ainsi sans miséricorde sur tout ce qui l'entoure. Sans doute ce n'est pas moi qui répéterai à Junot ce que Votre Majesté vient de dire. Mais d'autres oreilles peuvent entendre et une autre bouche peut le redire. Et savez-vous le mal que vous feriez, Sire, le savez-vous ? Ce serait la mort pour celui qui vous aime comme vous n'avez jamais été aimé. » Puis je retombai sur mon fauteuil. J'étais épuisée. Je ne sais d'où me venait tant d'audace, mais dans ce moment j'aurais dit des choses encore plus fortes.

» Napoléon fut quelque temps à me dévisager avec une sorte de mécontentement qu'il voulait taire, mais que son front révélait. « C'est vraiment inconcevable comme vous ressemblez à votre mère quand vous vous fâchez, me dit-il en souriant à demi. Vous êtes, pardieu, aussi emportée qu'elle. – Vous n'êtes pas généreux, Sire, lui répondis-je d'une voix encore tremblante. Vous savez que je ne puis quitter la place et cependant il y a déjà bien longtemps, plus de dix ans, Sire, que j'ai dit à Votre Majesté que je n'entendrais *jamais* de sa bouche un mot sur ma mère, s'il n'était pas tel qu'il doit être. – Eh bien, répliqua-t-il avec une expression fort étrange et en se rangeant comme pour faire place, qui vous retient ? Qu'attendez-vous ? – Votre réponse, Sire. – Quelle réponse ? – Celle que je suis venue vous demander pour Junot. Je ne quitterai pas Votre Majesté que je ne l'aie obtenue, dussé-je beaucoup supporter d'elle. »

» Il s'arrêta, m'observa quelques instants, puis il murmura, comme se parlant à lui-même : « Singulière femme ! Caractère de fer. Ah ça ! Comment vous arrangez-vous avec cette mauvaise tête de Junot ? – Le voulez-vous savoir, Sire ? – Oui. – Eh bien, j'aurai l'honneur de vous envoyer quelques-unes de ses lettres. – Il est donc bien souffrant ? – Il paraît que oui, Sire. Votre Majesté doit se rappeler que sa malheureuse tête est couverte de cicatrices. Il y en a dont l'origine date de bien loin. – Oui, oui, et cette origine est noble et belle, pardieu ! C'était un brave garçon que Junot ; il allait au feu comme au bal. »

– Je ne crois pas qu'à la Cour beaucoup auraient osé s'adresser à l'Empereur avec une telle liberté, remarqua Balzac.

– Nous nous connaissions depuis trop longtemps pour que lui ou moi puissions tromper l'autre. Je ne pouvais le toucher qu'en étant vraie. Cette dernière phrase sur Junot me mit du baume au cœur, mais avec Napoléon il ne fallait jamais croire que l'on avait gagné, et notre discussion était loin d'être terminée. Aussi je voulus pousser mon avantage : « Sire, il y a peu de temps encore, Junot a prouvé à Votre Majesté que le soin de sa vie lui était peu de chose quand il s'agissait de la servir et de servir son pays. » Il me regarda comme pour me demander d'expliquer ma pensée. C'était ce que je voulais. Je poursuivis : « Il est vrai que Votre Majesté a trouvé moins de mémoire pour les faits récents que pour les anciens. Mais, je le répète, Junot ne regarde ni à son sang ni à sa vie, quand il s'agit de votre service. »

» Alors, comprenant mon allusion, il parut se rappeler. Et voici les faits. Lorsque nous revînmes à Paris, dans l'été de 1811, Junot était encore souffrant des suites de la blessure qu'il avait reçue au Portugal. Sa physionomie en était altérée. Le premier dimanche après notre retour, il se rendit à Saint-Cloud pour la messe. Lorsque l'Empereur fut devant lui, il s'arrêta, lui dit bonjour, et se mit à l'examiner avec une grande attention. « Ah ! Ah ! dit-il enfin, voilà donc cette fameuse blessure. Elle t'a rendu bien laid, monsieur Junot. » Mon mari me répéta ce mot et je vis qu'il en était blessé. Je lui parlai longtemps pour essayer de le convaincre de ne pas se laisser faire. Le dimanche suivant, l'Empereur, en passant devant le gouverneur de Paris, répéta cette phrase terrible : « Mon Dieu, Junot, elle t'a rendu bien laid ! » Junot devint pâle, puis très rouge, à ce que me dit ensuite Duroc, mais son émotion fut de courte durée. Il s'inclina très bas, puis il dit à l'Empereur, avec une expression particulière : « Je me vois différemment, Sire, je trouve même qu'elle m'embellit, l'ayant reçue pour le service de Votre Majesté. » L'Empereur demeura court. Il le regarda longuement, puis passa outre.

– Ne vous êtes-vous jamais demandé pourquoi l'Empereur avait longuement regardé Junot ? intervint Balzac.

Sa voix de stentor dérangea les tourterelles qui, perchées sur le toit, roucoulaient en se lissant les plumes. Elles s'envolèrent et, après plusieurs volutes, se posèrent plus loin. Tout en les suivant des yeux, Laure répondit :

– Certainement parce que la réaction de Junot l'avait étonné.

– Certes, mais encore ?

– Je ne sais.

– Parce qu'il vous avait devinée derrière cette phrase ! Ne vous avait-il pas surnommée « petite peste » ?

– Qui sait ? Mais le but était atteint : plus jamais l'Empereur ne fit allusion à cette blessure. Au reste, si je suis rentrée dans tous ces détails, c'est parce qu'ils font parfaitement connaître Napoléon : il n'avait pas changé, ce qu'il disait portait coup et faisait mal.

Fontainebleau

Mme de Berny avait loué au comte de Beaumont l'ancien rendez-vous de chasse situé non loin de Fontainebleau. Elle y séjournait fréquemment avec deux de ses fils.

Cet été-là, elle y invita Balzac en lui promettant de le laisser travailler tout en s'occupant maternellement de lui. Et elle tint ses promesses. Silencieuse, elle veillait sur lui, l'entourant de ces mille soins discrets, de ces prévenances continuelles dont il ne se lassait pas.

Le travail de la journée fini, ensemble ils faisaient de longues promenades en forêt, dans la campagne, ou encore sur les bords du Loing.

Le soir, l'écrivain se remettait à la tâche. Dans la campagne silencieuse où seuls quelques aboiements dans le lointain venaient de temps à autre briser la monotonie de la nuit, point besoin n'était pour lui de se calfeutrer comme il le faisait dans sa thébaïde.

Dans la nuit du 10 août, alors qu'il s'était retiré dans sa chambre, quelqu'un vint frapper à sa porte. Il laissa sa plume et se leva pour aller ouvrir : souriante, la Dilecta se tenait en peignoir sur le pas de la porte, un bougeoir à la main. Elle lui demanda s'il travaillait, car pour sa part le sommeil l'avait fuie. Lui non plus ne parvenait pas à écrire, il faisait trop chaud, une grosse mouche bourdonnait entre ses quatre murs et l'air était comme chargé d'électricité. Depuis le matin aucune brise n'était venue apaiser la touffeur du jour, et le temps tournait à l'orage. Soudain, un grondement sourd provint du fond du ciel, suivi d'un éclair qui le déchira de part en part.

– Viens voir, c'est si beau un orage, murmura-t-elle.

Elle se posta devant la fenêtre, dont elle ouvrit en grand les croisées.

Bientôt, un vent violent se leva, de nombreux éclairs strièrent le ciel, le tonnerre se déchaîna. Balzac s'était placé derrière la Dilecta. Dans un mouvement naturel de protection, il plaça ses mains sur les bras de la chère femme. Ils restèrent un long moment sans bouger. La tempête s'apaisa, puis la pluie se mit à tomber, tout d'abord à grosses gouttes molles, puis fine et serrée.

Mme de Berny repoussa les croisées. Elle se retourna, regarda Honoré avec cet air de tendresse auquel il n'avait jamais su résister. Il lui disait que cela faisait des jours qu'elle espérait un moment d'intimité avec lui, que chaque nuit sa porte était restée ouverte et que pas une seule fois il ne l'avait poussée. Ses yeux remplis de mélancolie lui demandaient encore où étaient passés ses transports amoureux d'autrefois.

Elle alla s'asseoir sur le lit :

– Viens, Didi, près de moi, viens ! l'invita-t-elle avec douceur.

Balzac s'exécuta. Il posa sa tête sur l'épaule accueillante qui jamais ne se déroberait, il posa sa main dans la main qui lui resterait toujours tendue.

Et même s'il y avait lassitude pour lui, même si ses sens aspiraient à autre chose, même si le corps vieillissant de sa maîtresse ne l'attirait plus comme avant, l'affection était toujours là. Ces deux êtres se connaissaient si bien, et depuis si longtemps, que, ce soir d'orage, tout naturellement ils retrouvèrent les gestes, les baisers qui devaient les remettre sur le chemin de l'intimité.

En son ermitage

Assise sous la tonnelle, Laure savourait l'air du soir.

Elle se gorgeait du parfum des roses parties à l'assaut des arceaux et dont les têtes épanouies tombaient en grappes au-dessus d'elle. Sous les guirlandes fleuries, elle songeait à son amant. Balzac se montrait dans l'intimité comme il était dans la vie : passionné, fragile et d'un égoïsme monumental. Un reste d'enfance subsistait chez cet homme qui voulait tout et ne cédait rien.

Avant de partir, il lui avait avoué qu'il résiderait une partie de l'été à la Bouleaunière, une maison de campagne qu'il avait louée avec Mme de Berny. Elle avait reçu la nouvelle comme un coup de poignard en plein cœur.

Pour la consoler, Balzac lui avait dit qu'il y aurait avec eux les deux fils de son hôtesse et qu'ils n'auraient, par conséquent, pas un seul moment d'intimité. « Je m'y rends pour travailler au calme », avait-il expliqué. Et, pour apaiser ses craintes, il avait ajouté : « Mme de Berny n'est qu'une maternelle amie, rien de plus. » Rien de plus ! Vraiment ?

Laure regardait décliner le jour en se demandant quand son amant lui reviendrait. Pour elle avaient sonné l'heure de la maturité et les derniers feux de la séduction. Et demain, oui, demain, qu'adviendrait-il d'eux ? Car dans un temps proche ce ne serait plus Mme de Berny sa rivale, mais une femme plus jeune, plus brillante, contre laquelle elle n'aurait aucune chance. Aussi comprenait-elle qu'elle devrait se battre sur un autre plan.

Avant de partir, Balzac lui avait soumis le manuscrit de la *Physiologie du mariage* auquel elle avait apporté son expérience, sa touche féminine ; il lui avait aussi fait part de son projet d'entamer *Les Contes drolatiques*. Il fut un temps, pas si lointain, où c'était elle qui lançait les écrivains, les artistes. Combien elle avait vu de ces jeunes talents heureux de passer une soirée chez elle ! Maintenant que ses Mémoires allaient paraître, ne serait-ce pas le moment de renouer avec ses relations ? En introduisant Balzac dans les salons littéraires, elle ferait ainsi d'une pierre deux coups : elle reprendrait contact avec le monde des lettres et se rendrait indispensable à son amant.

De ce moment, son plan fut arrêté.

Paris, rue de Sèvres

Par-delà les murs, la duchesse admira les toits de l'imposante bâtisse qui avait servi de prison sous la Terreur. Depuis, l'Abbaye-aux-Bois avait retrouvé son lustre. Elle avait été acquise par les chanoinesses de Saint-Augustin pour y exercer leurs talents pédagogiques.

De se retrouver ici lui rappelait cette époque où son médecin l'avait envoyée, fort malade, faire un séjour à Aix, en Savoie. Avant de partir, elle avait placé ses deux filles à l'Abbaye-aux-Bois. Junot, qui accompagnait alors Napoléon dans sa campagne de Russie, lui avait écrit pour la féliciter de son choix : c'était au printemps 1812.

(...) Ton projet de mettre les filles au couvent est fort bon, et tu ne peux mieux faire. Il n'y a pas de mal qu'elles éprouvent un peu la différence qu'il y a entre une bonne mère et une bonne maîtresse et lorsqu'elles rentreront à leur première école, elles en sentiront mieux le bien. Seulement il faut bien faire connaître leur différent esprit

à la supérieure ; ce sont deux enfants à qui les mêmes moyens d'éducation ne conviennent pas. Personne ne peut mieux que toi les faire connaître, personne ne les a mieux étudiées.

L'institution lui rappelait le temps béni où ses filles étaient encore enfants. Émue, Laure franchit les derniers mètres qui la séparaient du porche d'entrée. Penchée devant le mouchard grillagé, elle déclina son identité. La porte s'ouvrit sur une nonnette qui souriait de tous ses yeux sous sa cornette. À sa suite, elle traversa les jardins et la cour d'honneur jusqu'à ce qu'elle fût introduite dans une pièce sombre qui dégageait une forte odeur de cire. Dans cette atmosphère recueillie si bien protégée du dehors, il lui semblait étouffer : « Mais comment ces femmes font-elles pour être heureuses », se demandait-elle en pensant à Joséphine. Jusqu'à ce jour, jamais elle n'avait eu le courage de rendre visite à sa fille.

La mère supérieure vérifia ses registres et confirma qu'il restait un appartement vacant. Non seulement les chanoinesses tenaient un pensionnat de jeunes filles et un externat gratuit, mais elles louaient aussi des appartements à des veuves ou à des demoiselles âgées. Et c'est précisément ce qui l'amenait aujourd'hui.

– Il est fort exigu, la prévint-elle, mais à l'abri des bruits de la ville, puisqu'il ouvre en plein midi et sur les jardins.

– Cela conviendra. Je cherche un pied-à-terre au loyer modéré qui me permettra de renouer avec mes connaissances parisiennes en attendant de quitter Versailles au profit d'une installation définitive dans la capitale.

La sœur choisissait ses locataires avec soin, car il fallait non seulement que ces dames fussent issues du même monde, mais aussi qu'elles fussent de connaissance. Et la duchesse connaissait bien Mme Récamier, la plus illustre pensionnaire.

Après que Laure eut reçu l'agrément de la supérieure, elle visita les locaux et fut charmée par le calme et la vue sur les jardins. En une demi-heure l'affaire fut réglée. Elle signa un engagement en bonne et due forme et versa le prix du premier semestre de location. Avant de franchir la porte, elle se retourna pour admirer la façade du XVIIIe siècle ; au deuxième étage, elle repéra les deux fenêtres aux volets fermés qui abritaient l'appartement qui serait désormais le sien.

Heureuse d'avoir trouvé un logement, la duchesse partit pour le Quartier latin, où habitait son fils. Elle sonna : un valet qu'elle ne connaissait pas lui ouvrit.

– Le duc d'Abrantès vous attend, madame la duchesse, annonça-t-il.

Quand Laure pénétra dans le salon, Léon se leva :

– Je ne vous avais pas entendue venir, mère !

Bien qu'elle se fût promis de ne faire aucune critique, elle ne put s'empêcher de dire :

– Encore un nouveau valet ?

– Tous des ingrats ! s'exclama-t-il en riant, mais il faut les comprendre : comme ils sont peu ou mal payés, ils se lassent !

Ayant décidé, coûte que coûte, de rester de bonne humeur, c'est avec un sourire qu'elle prit place sur le fauteuil qui lui fut avancé.

– Vous paraissez bien heureuse ?

– Et toi bien préoccupé ! Je vois que tu lisais les nouvelles, seraient-elles mauvaises ?

– Martignac ne commet que des fautes et Charles X donne caution à son ministre ! Tout à l'heure, avant que vous ne soyez ici, je me rappelais que lors de la démission de Villèle, la dauphine avait dit au roi : « Sire, c'est la première marche de votre trône que vous descendez ! » Cette phrase était prophétique. Le bateau prend l'eau : un coup de barre à droite, un coup de barre à gauche ! Si c'est comme cela que notre ministre tient le gouvernail, ce seront bientôt toutes les marches du trône que Charles X descendra.

– Quand on a connu à la tête de notre pays un génie comme Napoléon, on ne peut être qu'irrité de la façon dont la France est gouvernée.

– Il nous manque un chef, un vrai, et je regrette ces temps glorieux. Mais peut-être que ce retour sur le passé marque un début de sénilité ?

Laure éclata de rire.

– Sénile, à ton âge ! Alors, si cela est, toute la France est sénile !

– Il vaut mieux le dire de soi avant que ce ne soit les autres qui le disent ! Il est vrai que j'ai encore un peu de temps devant moi, admit-il, faussement sérieux.

Léon avait hérité de sa mère un tempérament enjoué, de son père le côté batailleur. Il la regarda, prit ses mains dans les siennes avec cette façon très particulière de mettre ses pouces sur le dos de sa main comme s'il tenait des rênes. « Exactement comme Junot le faisait », se dit Laure.

– Alors, petite maman, que me vaut cette mine réjouie ?

– Je viens de louer à l'Abbaye-aux-Bois un appartement, trois pièces exiguës mais ensoleillées et avec vue sur les jardins !

– Je suppose que ce n'est pas pour devenir une nouvelle Récamier ? Alors dans quel but ?

– Celui de me trouver un logement convenable à Paris. Ce ne sera pas de gaieté de cœur que je quitterai Montreuil, tu sais combien je suis attachée à mon ermitage. Mais cette maison n'a plus lieu d'être, elle est trop vaste, trop coûteuse pour une femme seule.

– Vous pensez sérieusement venir vous installer à Paris ?

– Je me laisse encore du temps avant de prendre une décision définitive.

Avec un peu de retard, Balzac se fît annoncer.

Il entra. La taille brève, la carrure puissante, le front haut, un franc sourire aux lèvres, il parcourut rapidement les quelques pas qui le séparaient de la duchesse, prit avec cérémonie la main qui lui fut tendue. Enfin, il se tourna vers son hôte et lui adressa un salut de la tête.

– Monsieur !

Le jeune homme lui répondit en lui donnant une franche poignée de main, comme il l'aurait fait à un ami de longue date, ce qui eut pour effet de détendre l'atmosphère. Sa mère lui avait parlé à plusieurs reprises de l'écrivain et il avait souhaité le connaître. Il avait lu avec passion *Les Chouans*. Il en fit compliment à son auteur, qui se montra flatté. À table, Balzac parla de sa dernière œuvre publiée. Il en avait longuement débattu avec la duchesse et il lui rendait hommage dans son introduction.

– *La Physiologie du mariage*, voilà un vaste programme ! intervint Léon.

– Je m'attends à ce que ce livre me fasse des ennemis. Je pars du principe qu'il n'y a pas de mariage heureux possible s'il n'y a pas une connaissance parfaite des deux époux ! Et je dis bien des *deux* époux.

– Avec des idées si neuves, c'est un véritable cataclysme que vous vous apprêtez à déclencher ! s'exclama Léon.

– À l'époque où j'étudiais le droit français, le mot « adultère » me causa une singulière impression. Jamais il n'apparaissait à mon imagination sans traîner à sa suite un lugubre cortège : le malheur s'attache à ce mot. Plus tard, en y regardant de plus près, je trouvai que la somme des mauvais ménages était de beaucoup supérieure à celle des mariages heureux. C'est que, voyez-vous, trop de femmes restent dans l'ignorance du plaisir physique. Toujours dans cette idée, j'ai proposé à l'éditeur Mame une suite à la *Physiologie*. Les textes réunis sous le titre *Scènes de la vie privée* seront traités non plus comme une comédie, mais comme un drame. J'y parlerai d'hommes et de femmes dont les unions sont presque toutes malheureuses.

– Les exemples ne manquent pas ! Il n'y a qu'à regarder autour de soi pour comprendre que tout cela n'est qu'une vaste hypocrisie !

Laure écoutait les deux hommes débattre : « C'est quand même un peu fort, se disait-elle, aucun des deux n'est marié et tous deux pérorent sur le sujet ! »

– À vous entendre, intervint-elle avec humeur, vous savez tout sur le mariage. N'est-ce pas étonnant car, enfin, aucun de vous d'eux n'a encore convolé, que je sache !

En chœur ils se récrièrent :

– C'est parce que chaque jour nous sommes témoins de mariages malheureux que nous nous gardons bien de nous laisser prendre à ce jeu !

– Les femmes, ajouta Balzac, sont trop souvent la proie d'hommes malhonnêtes. Mais ce n'est pas tant aux maris que j'en veux qu'aux pères qui abusent sciemment de la naïveté de leurs filles.

– Et les mères ! renchérit Léon, oui, les mères qui ont subi un mari jaloux, un mari joueur, un mari volage, que sais-je encore ! Et qui, le jour où viendra le temps de marier leur propre fille, se tairont sur la faillite de leur vie privée en se rendant complices d'une société criminelle ?

Laure les regarda tour à tour : n'affichaient-ils pas le même cynisme, la même désinvolture devant l'existence ? À cela près que Léon était un jouisseur et Balzac un immense travailleur. Si tous deux se montraient égoïstes, l'un l'était par nonchalance, l'autre par obligation : un génie ne se devait-il pas de préserver son œuvre ?

Mais son fils… Il y a quelques mois, elle lui avait trouvé un beau parti. Une jolie jeune femme, riche et bien née, qui rêvait de porter le titre de duchesse. Le futur beau-père exigea, avec raison, que son gendre travaillât. Comme

Léon entendait ne rien changer à ses habitudes, le mariage ne se fit pas.

Laure se leva de table, donnant ainsi le signal que le repas touchait à sa fin.

– Allons plutôt refaire le monde au salon, où un café nous attend.

Elle passa dans la pièce d'à côté au bras de son fils et fit en sorte de retrouver le sourire.

– Comment la presse a-t-elle accueilli *La Physiologie du mariage* ? questionna Léon.

– Fraîchement ! Jules Janin a qualifié l'œuvre de « livre infernal », et le public s'est montré scandalisé.

– Ce qui compte, répliqua Laure, c'est que le sujet donne envie au public d'en savoir davantage.

Elle fit silence, puis reprit à l'adresse de son fils :

– J'ai une surprise pour toi ! Grâce à M. Balzac, j'ai signé avec les éditions Mame.

– À quand les premières épreuves ? Mère, j'ai hâte de vous lire !

– Oh ! Pas si vite, dit Laure, je dois d'abord avancer dans mon travail pour être sûre de le mener à bien. Je prévois de nombreux volumes… et peut-être au bout la fortune, sait-on jamais !

– Duchesse, à votre fortune ! lança Balzac en levant sa tasse de café.

Puis, se tournant ostensiblement vers le jeune homme, il ajouta :

– La mode est aux Mémoires, beaucoup sont fabriqués à la va-vite par des plumitifs sans talent. Mais ceux de madame votre mère, authentiques et signés d'un nom fameux, toucheront par leur originalité et leur véracité !

Tout en devisant, Honoré raccompagna Laure jusqu'à la diligence.

– Vous connaissez à présent presque tous mes enfants, lui dit-elle. Il ne vous reste plus qu'à rencontrer Alfred, le sage de la famille. Léon a manqué d'un père, il est un touche-à-tout qui veut trop embrasser. Naturellement doué, il a remporté des récompenses au concours général. Il sait la musique, la danse, l'escrime et la natation, il parle et écrit l'allemand, l'italien, l'anglais, il a fait des études en vue d'une carrière d'ambassadeur. Il avait toutes les qualités requises pour ce poste, mais ses excentricités ont atteint le monde diplomatique.

– Votre fils aîné est un de ces êtres que la nature a peut-être trop bien dotés : belle allure, belle intelligence, beau nom… Il a du panache. Vraiment, madame, j'ai eu grand plaisir à le rencontrer. Pour le décrire, je dirais qu'il est un homme étincelant, séduisant, qui attire tous les regards. Il se ruine en filles et, par idéal politique, passe son temps dans des duels ! Laissez-le mûrir, tôt ou tard il tracera son chemin.

– Il ressemble à son père au même âge, bouillonnant et plein de vie, mais le contexte n'est pas le même. La chance de Junot fut que, très jeune, sa route croisa celle de Bonaparte. Il n'a pas trouvé sa voie, c'est encore un feu follet qui est à la recherche d'un idéal.

– Comme Mlle Joséphine aura une place dans mes écrits, Léon aura la sienne. J'ai ainsi toute une galerie de portraits qui ne demandent qu'à trouver un rôle dans mes prochains ouvrages. Je suis un grand collectionneur.

– La vie n'est pas un roman.

– Mais un roman se nourrit de la vie.

– Et pour quand, ces œuvres ?

– Elles font leur chemin, je les rumine !

L'Abbaye-aux-Bois

Balzac montait les deux étages sans se presser, regardant devant lui se dérouler l'escalier en pierre aux marches usées en leur milieu. Il apprécia la rambarde ouvragée, la rampe dont le bois ciré laissait apparaître les dommages du temps. Il s'imprégnait de l'endroit, se plaisant à penser que ces murs épais avaient abrité des générations de sœurs.

Avant de pénétrer dans ce lieu de silence et de prière, jamais il n'avait pensé qu'un jour il serait reçu à l'Abbaye-aux-Bois, où seules les femmes étaient admises à séjourner.

Il atteignit le deuxième étage au moment où la cloche du couvent annonçait l'angélus du soir. Selon un code convenu, il frappa avec le pommeau de sa canne trois coups brefs sur la porte. La duchesse parut, habillée d'une robe demi-saison de couleur réséda.

– Entrez, dit-elle avec entrain tout en s'effaçant pour laisser passer son visiteur. Je suis seule, j'ai envoyé Julie porter un pli. Elle ne devrait plus tarder.

À la suite de son hôtesse, Balzac pénétra dans un salon carré aux proportions harmonieuses, au fond duquel se tenait une alcôve.

– Voilà, fit-elle en virevoltant sur elle-même, mon salon, mon bureau et ma chambre ! Ce n'est pas vaste, mais j'ai la plus jolie vue qui se puisse avoir.

Elle alla se mettre devant les fenêtres ouvertes, prit une grande respiration, ferma les yeux.

– Sentez, mon cher, ce parfum de rose, voyez ces arbres plusieurs fois centenaires. À la fin du jour vous entendrez des centaines d'oiseaux qui chantent et se répondent. Et tout cela en plein Paris !

Tandis qu'Honoré se penchait pour admirer la vue, elle prit un air rêveur pour ajouter :

– Mon frère me protège, et peut-être plus encore que de son vivant. Il est si présent ! Vous arrive-t-il de sentir comme une ombre se tenir résolument à vos côtés quand vous êtes dans le silence et la réflexion ?

– Si les fées ne se sont pas penchées sur mon berceau, les muses m'accompagnent. Il m'arrive de me retrouver dans un état second, d'écrire sous la dictée comme si quelqu'un me soufflait les mots. À d'autres moments, je n'ai plus qu'à décrire ce que je vois, je me sens comme accompagné, guidé ; comme si mon œuvre s'écrivait sans moi, comme si je n'étais somme toute qu'un support.

Balzac laissa errer son regard sur les toits de Paris avant d'ajouter :

– Serait-ce cela, la création ? En serions-nous l'objet avant d'en être l'acteur ?

Après un long silence où seules bruissaient les pensées, la duchesse finit par déclarer :

– Ici, les ombres me parlent. Je suis en compagnie, mais en bonne compagnie, savez-vous ? Assise à cette place, je me suis sentie tout de suite à mon aise, c'est important, n'est-ce pas ?

Absorbé par ses propres pensées, Balzac ne répondit pas tout de suite. Ce monde caché qui, chaque soir ou presque, venait le hanter faisait partie de lui, s'il n'était pas lui. Depuis tout jeune, il était en relation avec un monde sensible. Si l'imagination avait sa part, elle n'expliquait pas tout.

– Madame, vous et moi sommes sans doute faits d'une autre fibre, appelez-la sensibilité, émotivité, intuition… que sais-je ?

Laure réfléchit mais, d'humeur primesautière, elle changea de sujet :

– Que pensez-vous de mon installation ?

Et, sans attendre de réponse, elle ajouta :

– Tenez ! Pas plus tard que la semaine dernière, j'ai travaillé pour vous, je suis allée rendre une visite de courtoisie à notre illustre voisine.

– Est-elle toujours aussi jolie qu'on le dit ?

– Son charme est intact, et je dois dire que le bonheur lui sied. Si elle a pris un peu d'embonpoint, sa taille, ses traits n'en demeurent pas moins superbes, et toujours cette fraîcheur de teint. J'étais heureuse de renouer et de constater que nos liens d'amitié n'avaient pas souffert du temps.

– Avez-vous rencontré le vicomte de Chateaubriand ?

– Je n'ai pas eu la chance de le voir mais, dès la semaine prochaine, je suis invitée à gravir l'escalier d'honneur qui mène au saint des saints et elle m'a assuré de sa présence.

Elle a quitté la Cellule, un petit trois-pièces, pour emménager il y a peu dans un appartement situé au premier étage. Celui-ci est plus confortable, et d'un goût parfait. Mme Récamier et M. de Chateaubriand ont gardé le même rituel : chaque matin de bonne heure, le grand homme lui adresse un petit billet. Sa ponctualité est exemplaire ; à trois heures précises, il se présente rue de Sèvres. Ils restent environ une heure en tête à tête, et vers quatre heures les premiers visiteurs arrivent.

– Quels sont-ils ? s'informa Balzac, qui rêvait de rencontrer celle que l'on nommait la Belle des Belles.

– Je vous le dirai, monsieur, quand j'y serai allée ! Ce que je sais, c'est que Juliette veut inaugurer une nouvelle vie mondaine. En plus des réunions vouées à la conversation, elle donnera deux fois par mois une grande réception. Le thème en sera aussi bien un concert, une déclamation poétique… qu'une lecture.

– Une lecture ! s'exclama Balzac.

La duchesse ironisa :

– J'avancerai votre nom, c'est promis, mais un peu de patience, mon cher !

Une porte claqua.

– Julie est de retour, constata Laure, nous allons pouvoir passer à table,

D'un pas léger, presque glissé, elle sortit du salon pour donner ses ordres.

– En juillet dernier, vous fûtes invité par M. Hugo, reprit-elle, rejoignant son hôte. Comment se passa la soirée ?

– Le plus agréablement du monde. Il habite avec sa jeune famille rue Notre-Dame-des-Champs, un appartement spacieux et confortablement meublé. C'est là que se réunit le nouveau « cénacle ».

– En feriez-vous partie ?

– Comme chacun le sait, je me réclame non pas du « romantisme » mais du « naturalisme », et je suis bien trop indépendant pour faire partie d'un mouvement littéraire. Mais les invités étaient de marque. J'y vis Musset, Vigny, Delacroix, Alexandre Dumas, Mérimée et bien sûr les fidèles comme les frères Devéria, Louis Boulanger et Sainte-Beuve.

– Je goûte fort la poésie de M. Hugo, et vous verrez que lui aussi comptera parmi les grands de la littérature.

– Il lut son texte devant cette belle assemblée. Il a une voix puissante, claire, bien timbrée, le verbe aisé. Chacun frémit, s'exalta, les cris d'admiration montèrent, tandis que je gardais un silence prudent. Si cette littérature n'est pas mon affaire, je dois reconnaître que *Marion Delorme* est une belle œuvre. Enfin, ce fut une soirée mémorable qui me permit de frayer avec des confrères. Un écrivain doit se montrer, pour se faire connaître.

– À ce propos, avez-vous entendu parler des soirées du baron Gérard ?

– Elles sont fameuses, mais je n'ai pas encore eu la chance d'y être introduit.

– La semaine dernière, j'y ai accompagné mon amie Mme Ancelot. Autrefois, le baron Gérard fréquentait mon hôtel des Champs-Élysées, c'est avec beaucoup de plaisir que je le revis et…

– Et ?

– Et nous nous y rendrons mercredi prochain, si cela vous convient.

Pour toute réponse, Balzac alla baiser avec fougue la main qui lui fut reprise tout aussitôt.

– Vous êtes un enfant, un peu de patience, le dîner s'annonce !

Laure savait qu'elle avait gagné son pari : Balzac avait besoin d'elle pour aller dans le monde et ne s'en cachait pas. Depuis qu'elle avait un pied-à-terre à Paris, sa vie avait changé. Le jour, elle écrivait et le soir, elle sortait, renouant ainsi avec ses amis.

Elle divisait son temps entre Versailles et la capitale, entre son amant et sa studieuse solitude.

Et elle s'en trouvait bien.

Le couvert fut promptement dressé sur une table demi-lune transformée en table ronde. C'était la première fois que la duchese recevait dans son appartement de l'Abbaye-aux-Bois. C'était un peu comme jouer à la dînette : un traiteur lui avait livré le repas et Julie ferait le service.

La conversation roula sur Mme Récamier. Honoré, qui brûlait de faire sa connaissance, voulut en savoir davantage sur les liens qui unissaient les deux femmes.

– Juliette Récamier était davantage une amie de Junot que la mienne. Mais j'avais appris à la connaître et je l'appréciais. Je me souviens que lors de ma dernière rencontre avec l'Empereur, il me demanda tout à coup, avec assez d'aigreur, pourquoi je me rattachais toujours à ses ennemis. Il me nomma Mme Récamier, et ajouta d'un ton fort impératif : « Que comptez-vous qu'il vous adviendra en vous obstinant à *me braver* ? – Votre Majesté est bien bonne d'employer de si grands mots pour une chose naturelle. Je me suis arrêtée à Lyon pour y voir Mme Récamier, parce qu'elle est l'amie intime de mon mari, qui a pour elle autant d'estime que d'attachement. Et puis je l'ai fait parce que je l'aime, parce qu'elle est malheureuse de son exil, malheureuse à en mourir… – Mme Récamier a beau être l'amie de Junot, je n'ai rien à lui dire, si ce n'est que sa maison et celle de son père ont été trop longtemps le rendez-vous, le club de tout ce que le faubourg Saint-Germain a de plus démoniaque. – Mme Récamier vit dans une auberge où elle est mal établie, souffrant chaque jour de privations, car elle n'est plus riche, Sire, vous le savez sûrement. – Allons donc », fit Napoléon en haussant les épaules. Et il continua son éternelle promenade. « J'ai l'honneur de vous l'affirmer, Sire… – Mais de quoi se plaint-elle ? Ne l'ai-je pas envoyée dans sa ville natale ? – Elle ne se plaint de rien, Sire, je dois dire qu'elle ne m'a nullement donné mission de parler à Votre Majesté. Maintenant, Sire, que Votre Majesté considère qu'elle fera une bonne action en rappelant Mme Récamier. Oh ! Sire, je vous en conjure, soyez bon pour l'exilée ! Accordez-moi cette grâce, Sire. – Non, non, répondit Napoléon, pourquoi rappeler auprès de moi une personne qui me hait et ne voit que des gens qui me haïssent ? – Mais c'est une erreur, et je puis… – Ah ! Voilà certainement plus que je n'en veux entendre. Je vais trancher la difficulté : je ne veux pas que Mme Récamier revienne à Paris. »

– Ce fut une réponse sans appel, mais qui eut le mérite d'être claire. La proscrite sut-elle que vous l'aviez défendue devant son bourreau ?

– Je me gardai de lui en souffler mot. Cependant, lors de notre dernier entretien, elle me dit qu'à son retour à Paris des amis communs lui apprirent que j'avais pris sa défense. Je n'avais rien fait là que de bien naturel.

Balzac égrenait une grappe de raisin. Par les croisées laissées ouvertes sur les jardins s'engouffraient les parfums du soir. Les cloches sonnèrent, faisant vibrer, à chaque coup, l'air léger d'un automne à peine amorcé.

– Mme Récamier était-elle donc si gênante pour l'Empereur ?

– Cet ange encourut la disgrâce de l'Empereur seulement parce qu'elle ne voulut pas laisser une amie dans l'affliction.

– Mme de Staël.

– En effet !

– Quand vous la vîtes à Lyon, dans quel état moral était-elle ?

– Je la trouvai dans cette chambre d'auberge aussi calme, aussi belle, aussi gracieuse que par le passé. Et, pour ma part, je ne puis rendre avec exactitude l'impression que j'éprouvai en entrant dans une vaste chambre dont un paravent marquait la distribution, et qui formait à elle seule tout l'appartement ! Elle que j'avais vue dans son magnifique hôtel de la rue du Mont-Blanc, entourée du luxe le plus recherché. Je me souviens qu'elle brodait, lorsque j'entrai chez elle. « Ne vous ennuyez-vous pas ? lui demandai-je tout émue, en la voyant dans une telle solitude. – M'ennuyer ! me répondit-elle de sa voix douce, je ne le puis. J'ai quelques occupations mais, lorsque je me retrouve seule avec moi-même, je pleure car suis fort malheureuse loin de la capitale. »

» Elle avait un piano, des crayons, des métiers, des livres, tout ce qui aide à supporter la vie, mais qui ne la remplit pas. Nous étions alors sur un des balcons donnant sur la place Bellecour. Elle était en cheveux, avec une robe blanche, et la plus ravissante personne qu'on puisse voir, malgré son abattement. Elle parlait si bas qu'il fallait la deviner.

» Je passai ainsi quatre jours à Lyon. Je fus heureuse de remplir ce devoir d'amitié et je savais que Junot me saurait gré de cette attention. Il m'écrivit de Russie :

(...) Je suis bien aise qu'en passant à Lyon tu aies vu la bonne et aimable Juliette. C'est un être bien pur et bien rare (...)

Quelque temps après, il arriva de sa campagne de Russie. Ce fut une déchirante entrevue. Enceinte de mon cinquième enfant, la grossesse se passait mal. J'étais amaigrie, pâle défaite, mais Junot... Oh ! Junot ! Je le retrouvai changé d'une manière alarmante ; il portait en lui une destruction morale. Je le connaissais si bien ! Je voyais dans son cœur. Je lisais dans cette âme malade tout ce qu'elle avait souffert, tout ce qu'elle souffrait, tout ce qu'elle devait souffrir ! Tout !

– Jusqu'à deviner cette terrible fin... ?

– Oh ! Non ! s'écria la duchesse, non, mes pensées n'allaient pas à cette conclusion terrible. Je ne pouvais m'imaginer pareille issue.

Dans la pénombre, le visage de Laure s'éclaira d'un pâle sourire :

– Ce jour de retrouvailles, ses quatre enfants beaux comme des anges étaient autour de lui, l'embrassant, lui donnant de ces joies qui inondent le cœur. Mais ce n'étaient plus que des éclairs qui jaillissaient de cette âme assombrie. Un poids immense s'était affaissé sur elle et lui donnait une mort lente et torturée.

» J'étais si faible que je ne pouvais me lever. La première nuit, Junot ne quitta pas mon chevet et voulut se transformer en garde-malade. Une chose caractéristique de sa nature, c'était une grande disposition au sommeil. Il pouvait s'endormir à volonté en n'importe quel lieu. Aussi lui dis-je en plaisantant que le métier de garde-malade était le plus mauvais qu'il pût choisir. Pourtant, chaque fois que la pendule annonçait l'heure marquée pour mes potions, il se soulevait et demandait doucement : « Laure, dors-tu ? » Une nuit, je l'entendis soupirer profondément. Et ce soupir douloureux venait d'une âme brisée. Enfin, j'entendis un gémissement.

» En m'approchant pour l'embrasser, je sentis son visage couvert de larmes. Je le pressai de me dire ce qu'il avait.

» Ce fut alors que j'appris l'histoire de Smolensk, celle du retard du corps d'armée et enfin le terrible bulletin. « Et tu ne me parlais pas ? À moi ta plus sûre, ta meilleure amie ! »

» Posant sa tête sur mon épaule, il pleura. Ses larmes étaient brûlantes. Je lui demandai s'il avait vu l'Empereur en particulier. Il me répondit que oui, qu'il avait été excellent avec lui. Il lui aurait même parlé avec une sorte de confiance qui était peu en accord avec ce qui s'était passé. En racontant cette entrevue qui avait eu lieu l'avant-veille, il s'étonnait qu'elle ne lui eût fait aucun bien. « Et sais-tu pourquoi ? me demanda-t-il avec une sombre expression. C'est qu'en me disant qu'il m'aimait encore, l'Empereur n'était pas vrai. »

– Comment vivre quand dans un corps de soldat se cache une âme si sensible ?

– C'était en effet son drame. Napoléon avait, comme tous les souverains, la passion d'être aimé. Et, chose étrange, il ne faisait en général rien pour les hommes qui lui étaient les plus dévoués par le cœur, autrement qu'en leur donnant des récompenses toutes matérielles. Comme si un seul mot de l'âme allant à l'âme ne payait pas plus !

» Après quelques mois, l'Empereur l'envoya gouverner les Provinces illyriennes et de Venise. J'étais toujours fort souffrante de ma grossesse, et les morts successives de deux amis bien chers, Bessières et Duroc, avaient porté un coup terrible à une santé déjà si altérée. Hélas, il me restait à recevoir le coup mortel.

» Un jour, des éclats de voix parvinrent jusqu'à ma chambre. La porte s'ouvrit et le duc de Rovigo, malgré les protestations de mon frère alors installé chez moi, apparut. « Monsieur le duc, dit Albert, la voix tremblante de colère, c'est une indignité ! Ma sœur est malade et ne peut vous recevoir en ce moment. – Je viens de la part de l'Empereur, rétorqua le duc, et toutes les portes doivent s'ouvrir en son nom ! »

» Je vis alors dans la pénombre le duc s'approcher du canapé, Albert le devança et me dit, la voix brisée d'émotion : « Ma bonne Laure, écoute-moi ! M. le duc t'apporte une nouvelle pénible : une grave maladie vient d'attaquer Junot. »

» Alors Rovigo jeta sur mes genoux une lettre pour moi, qui en renfermait une autre. C'était une lettre que Junot, dans son premier délire, lui avait envoyée par un courrier extraordinaire et que Napoléon me renvoyait :

Madame Junot, voyez ce que votre mari m'écrit. J'ai été péniblement affecté en lisant cette lettre. Elle vous donnera une juste mesure de son état, et vous prendrez des mesures pour y remédier aussitôt. Partez sans perdre une heure. Junot doit être bien près de France en ce moment, à ce que m'écrit le vice-roi.

» Je regardai le duc de Rovigo sans comprendre. « L'Empereur me charge de vous dire que vous devez partir aussitôt pour aller au-devant de Junot, mais une chose sur laquelle insiste Sa Majesté, c'est que vous n'ameniez pas Junot à Paris et que vous ne l'ameniez même pas dans les environs. C'est la volonté précise de l'Empereur », ajouta le duc d'une voix péremptoire.

» Alors, je ne sais quelle force m'anima, je me mis devant lui et, croisant les bras, je lui déclarai avec un grand calme : « Monsieur le duc, vous vous êtes chargé d'une mission qui n'est pas celle d'un bon camarade… je ne dis pas d'un ami… vous n'avez jamais été celui de Junot… – Oh ! Si vous comptez faire des scènes, je m'en vais, dit le duc en ouvrant la porte pour sortir. – Vous ne sortirez pas, monsieur ! lui répondis-je en lui barrant la porte, vous me direz avant de me quitter ce que signifie cet *ordre* de ne pas conduire mon mari à Paris ? N'est-ce pas là que se trouvent les meilleurs médecins ? Où voulez-vous que je le conduise ? – Que voulez-vous que je fasse ? J'ai des ordres !

– Je partirai demain dans la nuit. Il me faut ce délai pour que ma dormeuse soit prête et que je puisse me mettre en route sans un danger positif pour l'enfant que je porte. J'irai sans m'arrêter d'ici à Genève. J'y ai quelques amis ; de plus, Buttini est un des médecins les plus habiles d'Europe. En louant une maison sur les bords du lac, j'y pourrai placer mon malade et le faire soigner. Reste à savoir par quelle route Junot revient en France, le savez-vous ? – Non, on ne m'en a rien dit. – Eh bien, écrivez à Lyon par le télégraphe et donnez les ordres que, si le duc d'Abrantès vient par le mont Cenis, on le dirige à l'instant même par Genève, je me trouverai à son passage et je me charge du reste. »

» Nous partîmes à quatre, Mme Thomières, une femme de chambre et mon cher Albert qui ne devait plus me quitter. Nous étions le 17 juillet à onze heures du soir, et j'allai sans m'arrêter jusqu'à Genève. C'est alors que je reçus une lettre écrite à Lyon. Elle était d'un jeune neveu de Junot qui lui servait de secrétaire. En voici la teneur :

Ma chère tante, en arrivant à Lyon avec mon oncle, nous avons trouvé un ordre télégraphique de M. le duc de Rovigo pour conduire le duc à Genève. L'officier qui m'accompagne a décidé que cet ordre ne serait pas suivi, attendu que le prince Eugène avait, lui, ordonné que mon oncle serait conduit dans sa famille. Et comme l'état de santé de mon oncle le met hors d'état de décider la chose lui-même, nous partons pour Montbard…

» Cette nouvelle m'anéantit. Dans la nuit les douleurs de l'enfantement me prirent. Le chagrin avait été trop vif et l'enfant était mort dans mon sein.

» Je demandai à Albert de se rendre à Montbard. À l'arrivée de Junot dans la maison paternelle, la plus vive confusion régna. Albert se dévoua à son beau-frère et, s'établissant à son chevet, il ne le quitta plus.

Laure se tut, happée par ses visions intérieures. Dehors, un voile gris s'était étendu sur le jardin. Au clocher, sept coups tintèrent comme un glas dans le silence du soir.

– Le 29 juillet à quatre heures du matin les souffrances de Junot se turent pour toujours.

Sur ces mots, la voix de Laure se brisa :

– Monsieur, j'ai retenu que vous donniez foi au mystérieux, aux signes, aux rêves.

– Je crois en la destinée, mais aussi en la Providence et aux signes que cette dernière nous envoie.

– Aussi, à vous, je peux conter ce que je vécus alors. C'était dans la nuit du 22 au 23. Je sommeillais, lorsque je fus saisie par une sensation tout à fait inconnue et douloureuse en même temps. Je vis distinctement, auprès de mon lit, Junot, vêtu du même habit gris foncé qu'il portait le jour de son départ pour l'Illyrie et me regardant avec une expression douce et mélancolique. Je poussai un cri, car son visage était pâle et profondément triste. Il semblait déjà que nous fussions séparés ici-bas ! Mais le plus terrifiant pour moi, c'était de le voir marcher légèrement autour de mon lit alors qu'il avait une jambe cassée ! Le croiriez-vous, monsieur, je voyais par une révélation intime l'état dans lequel était mon mari. Et cependant, aucune nouvelle ne m'était encore parvenue et ne pouvait l'être puisque l'événement se passait en ce moment.

» Avec effroi, je suivais de l'œil l'apparition qui tantôt s'approchait de moi, tantôt se retirait dans un coin obscur de la chambre, en me faisant signe d'aller à elle ! Ce ne fut que vers le matin qu'elle s'effaça par degrés et devint comme un nuage presque indistinct.

– Cela prouve, madame, que lorsque deux êtres sont unis par l'âme, le temps, la distance qui séparent les humains sont abolis. Je l'ai toujours su : l'âme pénètre, communie, s'accorde quand il y a échange et réciprocité. La bêtise humaine avait levé des barrières entre vous et, dans son immense souffrance, sa profonde solitude, Junot les fit sauter pour se présenter à vous. Sans qu'il fît usage de la parole, vous avez su ses tourments, compris ses supplices. Vous avez vécu là une expérience forte, unique…

– Je n'explique pas ce phénomène, aussi je le raconte tel quel, sans omission et sans ajout.

– Mais cette jambe cassée ?

– C'est peut-être ce qui m'étonna le plus. Je ne comprenais pas ce qui avait bien pu se passer. Je n'en eus l'explication que lorsque Albert fut de retour. En envoyant Junot dans sa famille, ce que j'avais prévu arriva. Mon beau-père, mes belles-sœurs ne surent pas évaluer à sa juste mesure l'état du malade. Ils eurent l'imprudence de le laisser seul un instant. Dans ses délires, Junot se leva, se mutila avec une paire de ciseaux, qu'on n'avait pas eu la précaution de retirer de sa chambre, et se jeta par la fenêtre. Dans sa chute, il se brisa une jambe et acheva de mourir le 29 juillet 1813.

» En vous révélant ces détails intimes je savais, mon cher Honoré, que vous me comprendriez. Comme vous, je pense que ce phénomène a un rapport immédiat entre deux âmes liées par tant de nœuds qu'elles formaient une seule âme. Je crois fermement que les mystères de la Providence ont une profondeur que notre œil ne peut pénétrer.

– Et l'Empereur ? Quand et comment apprit-il la nouvelle ?

– Avant de quitter Montbard pour me rejoindre, Albert lui avait adressé un courrier à Dresde. Il habitait le palais Marconi et, au moment où la dépêche lui fut remise, il se trouvait dans le cabinet du secrétaire de service. Il la décacheta aussitôt. Après en avoir lu les premières lignes, il se frappa violemment le front. Comme la dépêche lui échappa, il la releva avec la rapidité de l'éclair et s'écria : « Junot ! Junot ! Ô mon Dieu ! » Et il joignit les mains si fortement que la dépêche en fut toute froissée… « Junot ! répéta-t-il avec cette expression qui venait du cœur et qui dénotait une douleur réelle. Voilà encore un de mes braves de moins ! Junot ! Ô mon Dieu ! » À ce que me rapporta le témoin oculaire de cette scène, Napoléon marchait dans son cabinet avec une irrégularité qui frappait ceux qui l'entouraient. Il parlait à voix basse, sans qu'on pût entendre ce qu'il disait. Mais l'expression de ses yeux et de sa physionomie révélait que ses paroles sortaient du cœur.

– Qu'advint-il de vous ?

– Ma convalescence fut longue. Le matin du 25 août, une calèche en poste entra dans la cour de Sécheron. M. Geouffre, qui était le mari de ma sœur décédée, en descendit. Il me remit une lettre, par laquelle le ministre me demandait officiellement la correspondance particulière de l'Empereur et de Junot. Puis il ajouta : « Le duc de Rovigo m'a chargé de vous dire qu'il a reçu l'ordre de l'Empereur de vous retenir à cinquante lieues de Paris, c'est-à-dire de ne pas approcher au-delà de cette distance. » Albert fit un saut de sa chaise jusqu'à M. Geouffre et lui dit d'une voix tonnante : « C'est faux, l'Empereur n'a pas commandé cette infamie ! »

» Mais je n'étais pas au bout de mes surprises. Dans ma maison de la rue des Champs-Élysées existait un coffret secret dans lequel Junot mettait tout ce qu'il y avait de plus précieux. Il était scellé dans le mur de sa chambre. Lorsque Junot partait, il me disait le mot qu'il choisissait, il l'écrivait pour lui dans son portefeuille. Nous étions ainsi les seuls à le connaître. Mon mari gardait toujours la clef du coffre sur lui, attachée à une chaîne qu'il portait autour du cou. Eh bien vous me croirez ou non, quand le duc de Rovigo se présenta chez moi, il avait non seulement la clef mais aussi le mot de passe !

– Cela ne m'étonne pas, sa police était bien faite, ses espions étaient partout et vous savez comme moi que tout s'achète ! Après le décès, cela lui fut facile de soudoyer une femme de chambre.

– Depuis, j'ai eu le temps de penser et repenser à tout cela. C'était bien sûr une machination montée de toutes pièces par le duc qui n'en était pas à une avanie près. Il emporta la correspondance de l'Empereur, et celle d'une autre personne de sa famille.

Balzac sursauta.

– Ah, je vois ! C'étaient les lettres de la reine de Naples.

– Mais cette dernière correspondance n'était pas complète. Il me reste quelques lettres que je conserve précieusement, dit la duchesse, les yeux brillants. Bien qu'extrêmement faible, je décidai sur-le-champ de regagner Paris. J'arrivai chez moi le 17 septembre à neuf heures du soir. Il y a des dates qui ne s'oublient pas. Vers dix heures, je me couchai. Le suisse venait de fermer la grande porte de l'hôtel, lorsque j'entendis frapper fortement. Une voiture entra rapidement sous la voûte et quelques secondes plus tard mon valet de chambre annonça M. Savary duc de Rovigo. « Comment ! s'écria-t-il, vous osez revenir dans votre maison, après ce que je vous ai fait dire. Mais vous n'écoutez donc aucune voix ? » Je le regardai avec calme. Dans l'après-midi, je lui avais fait parvenir une lettre, dans laquelle je le prévenais de mon intention de rentrer chez moi. « Monsieur le duc, je suis revenue dans ma maison parce que ma place est auprès de mes enfants, dont je suis la tutrice *légale et naturelle*. J'ai ensuite des intérêts personnels auxquels je dois veiller. Et puis, où vouliez-vous que j'aille ? Dans une terre ? Je n'en ai pas. – Il fallait aller en Bourgogne, à Montbard par exemple ! Mais, écoutez donc, le temps de la vanité est passé. – Je vous prie de me laisser… – Et moi, me dit-il avec une voix tremblante de colère, je suis ici pour vous demander compte de votre désobéissance aux ordres de l'Empereur ! – Monsieur le duc, je ne crois pas que l'Empereur m'ait exilée. Quel motif peut-il alléguer contre moi ? Je ne me suis jamais mêlée de politique. Eh bien, écoutez à votre tour ce que je vous prie de faire savoir à l'Empereur. Je suis la veuve de Junot ! Je suis la fille de la femme qui prit soin de sa jeunesse. Maintenant, cette veuve est dans sa maison. Elle n'en sortira pas ! – Oh ! Oh ! fit-il en me toisant, les linottes commencent à chanter ! On voit bien que le maître est loin. Mais je suis ici, moi, et nous verrons ! » Je me levai : « Maintenant, monsieur le duc, si vous voulez me faire arrêter, vous savez où je suis. Il n'y aura que la force ou la violence qui pourront m'arracher d'ici, et mes cris apprendront aux Parisiens que la veuve de Junot est enlevée de sa maison par les gendarmes ! – Mais vous êtes un démon ! Écrivez à l'Empereur. – Non ! – Pourquoi ? – La mort de Junot germait depuis bien des mois dans sa pauvre âme souffrante. La défense de l'amener à Paris pour l'y faire soigner a mis le comble à tout ce qui a été préparé. Je respecterai l'Empereur, mais je résisterai à l'oppression injuste si elle veut s'essayer sur moi. Voilà ma détermination. – Quelle tête vous avez, mon Dieu ! Au lieu de prier, vous commandez ! Réfléchissez. – Je ne reviendrai pas sur ce que j'ai dit. – Vous n'avez donc pas lu la lettre de Junot que l'Empereur vous a renvoyée ? Savez-vous bien que cette lettre lui a donné de l'humeur contre lui et que votre conduite en ce moment achèvera de l'irriter ? »

– Quelle était donc la teneur de cette lettre, pour qu'il vous en parlât avec une telle insistance ? questionna Balzac.

– Ce qu'elle renfermait était la volonté de tous ceux qui servaient l'Empereur, mais personne n'osait le dire. Junot lui-même l'aurait toujours caché, si le mal terrible qui le terrassait n'avait ôté toute entrave entre sa parole et sa pensée. De mémoire, je vais vous en citer quelques passages :

Moi qui suis tout à vous, écrivait-il, eh bien, cette guerre éternelle qu'il faut faire pour vous, je n'en veux plus ! Je veux la paix ! Je veux enfin reposer ma tête fatiguée, mes membres endoloris, dans ma maison, au milieu de ma famille, de mes enfants, avoir leurs soins, ne leur être plus étranger. Je veux, enfin, jouir de ce que j'ai acheté avec un trésor plus précieux que les trésors de l'Inde, avec mon sang, le sang d'un honnête homme, d'un bon Français, d'un vrai patriote ! Eh bien, je demande, enfin, la tranquillité, acquise par vingt-deux années de services et dix-sept blessures par où mon sang s'est échappé pour ma patrie, d'abord, et puis pour votre gloire.

– C'était la lettre d'un homme qui sentait venir sa fin prochaine… un testament.

– Et j'étais fière, oui, fière que Junot eût le courage de dire tout haut ce que beaucoup pensaient tout bas.

Saint-Cyr-sur-Loire, juillet 1830

Mme de Berny et Balzac avaient loué une demeure pour la belle saison. La Grenadière était accrochée au flanc du rocher qui domine le fleuve. La maison ancienne était charmante. On y accédait par une rampe en pente douce taillée dans une faille de la falaise, puis par un chemin creux, entre des terrasses plantées de vigne et d'arbres fruitiers. Le jardin avait vue sur la Loire. Le jour, Honoré ne se lassait pas de regarder glisser les bateaux à grandes voiles blanches et d'admirer, de l'autre côté, la ville de Tours dont il apercevait les clochers, les pignons pointus, les toits gris.

Le 4 juin, ils embarquèrent sur un bateau jusqu'à Saint-Nazaire. De Saint-Nazaire, ils gagnèrent Le Croisic, puis Guérande. Le temps était au beau et pour la première fois le romancier voyait la mer. Comme de toute nouvelle expérience, Balzac en fit un roman. Dans *Un drame au bord de la mer*, on retrouve cette phrase : « Le ciel était sans nuages, la mer était sans rides ; (...) deux steppes bleues (...). »

Après cette escapade, le couple regagna la Grenadière. Un matin de fin juillet, Mme de Berny se précipita vers Balzac, le journal à la main :

– Charles X a abdiqué ! C'est la révolution à Paris !

Mais même pour tout l'or du monde, les Trois Glorieuses n'auraient pas fait sortir Balzac de sa retraite.

Il écrivit à Victor Ratier, directeur du journal *La Silhouette* : « Quand on voit les beaux cieux par une belle nuit, on est prêt à se déboutonner pour pisser sur la tête de toutes les royautés. »

Juillet 1830, l'Abbaye-aux-Bois

Le 28 juillet au matin, la duchesse travaillait à ses Mémoires quand, par les fenêtres grandes ouvertes sur les jardins, elle entendit le tocsin de la Grève sonner à grande volée.

Son quartier fut d'abord tranquille, mais cela ne dura pas. De mauvais papiers jetés par poignées annonçaient que le roi Charles X avait abdiqué et qu'il s'était retiré à Compiègne. Dans la capitale, les coups de feu devinrent terribles vers la fin de la journée. En bas de chez elle, rue de Sèvres, un homme faillit se faire égorger par une foule en délire.

Son fils cadet, qui était à Saint-Cyr, lui inspirait les plus vives inquiétudes. Elle savait que le roi avait fait venir à Saint-Cloud l'école tout entière, pour avoir un moyen de défense en plus. Et cette pensée que ses deux fils, l'un appelé au service du roi, l'autre du parti de l'Empereur, pouvaient se trouver dans un face-à-face lui fit quitter Paris comme une insensée. Elle se jeta dans la Gondole et, bravant les émeutes, partit pour Versailles, où régnait une grande agitation. Comme il lui fut impossible de trouver un fiacre, elle se rendit à Saint-Cyr à pied. Elle marchait rapidement sans rien regarder, quand elle croisa un des professeurs de l'école.

– Où allez-vous donc, madame ? lui demanda-t-il. L'école est fermée ; mais demain à sept heures du matin, vous aurez la possibilité de rentrer et de prendre monsieur votre fils. Soyez rassurée : il n'est rien arrivé.

Le lendemain à huit heures, elle était à Saint-Cyr. Elle y trouva Alfred, qu'elle ramena avec elle, ainsi que trois autres jeunes gens qui demandèrent à se joindre à eux afin de regagner la capitale. Le groupe prit le chemin de Paris par la Gondole de trois heures. Mais à peine étaient-ils au lieu-dit de la Patte-d'Oie que des cris furieux les arrêtèrent… La duchesse cria au cocher de prendre vers Viroflay. Tout redevint calme jusqu'à Sèvres, où ils trouvèrent d'autres troupes tout aussi hideuses et qui, comme les précédentes, se rendaient à Rambouillet où, disait-on, le roi s'était réfugié.

Ils furent arrêtés plusieurs fois. Comme la Gondole était de service public, ils passaient. Au Point-du-Jour, ils furent arrêtés de nouveau. Sous prétexte de voir s'ils n'avaient pas d'armes, on fit descendre tous les occupants de voiture. C'est alors qu'une troupe de misérables les entoura en regardant l'uniforme des jeunes élèves, qui arborait la fleur de lys aux basques de l'habit. Laure trembla que ces hommes ne voulussent emmener les jeunes avec eux… Et son fils qui les toisait !

Incommodée par une chaleur et une poussière excessives, machinalement Laure prit un éventail qu'elle avait dans son sac. Celui-ci singeait les trois couleurs du drapeau. Sans qu'elle sût pourquoi, des cris de joie s'élevèrent d'un seul coup. Tout étonnée de ce changement soudain, elle souriait convulsivement en saluant la foule de son éventail, et ce n'est que bien plus tard qu'elle comprit que cet objet lui avait sauvé la vie !

Paris-Versailles

Balzac était rentré radieux de son voyage.

Il resta à Paris le temps de mettre ses affaires à jour, puis il partit pour Versailles.

Il était impatient à la pensée de revoir la duchesse. Ses confidences lui manquaient. Mais aussi sa présence, ses boutades, sa gaieté, ses traits d'esprit et même sa passion parfois par trop dévorante pour lui. Il avait été si sage, si raisonnable durant l'été !

Ce matin, il avait quitté la rue Cassini plein d'entrain ; pourtant, au fur et à mesure qu'il s'approchait de Versailles, le doute le prenait : voilà plus de trois mois qu'il avait délaissé la capitale pour s'installer sur les bords de la Loire. Il avait travaillé et encore travaillé, ne s'octroyant que quelques rares moments de liberté. Mais la duchesse avait certainement appris son escapade en compagnie de Mme de Berny. Tout finissait toujours par se savoir, dans le monde étroit qu'il fréquentait.

C'est ainsi que, chemin faisant, il se mit à douter de l'accueil qui lui serait réservé.

En son ermitage

La duchesse était au verger quand Auguste vint lui annoncer la venue de M. Balzac.

– Ah ! fit-elle, prise au dépourvu. Faites attendre monsieur au salon et dites-lui que je serai là dans un moment !

Auguste reparti, elle ne contint plus sa colère : son amant osait se présenter chez elle alors qu'il était de notoriété publique qu'il avait passé tout l'été en compagnie de Mme de Berny ! À grands pas, elle allait et venait sous les arbres dont les derniers fruits pourrissaient au pied des troncs. Elle donna plusieurs coups de bottine dans les pêches gâtées, qui explosèrent en vol. Enfin, les premiers mouvements de mauvaise humeur passés, elle avisa un banc, s'y assit. Son cœur, qui battait à tout rompre, reprit avec peine un rythme plus régulier. Ah ! cette Mme de Berny ! En serait-il jamais guéri ? Elle avait entendu dire par quelque âme bien-pensante que cette femme était devenue vieille et laide... Pourtant, ce voyage à deux ?

Honoré parut en haut du perron au moment où Laure quittait le verger. De loin, elle aperçut sa silhouette. Il était vêtu d'un paletot poussiéreux et boutonné jusqu'au col, d'un pantalon noir que son œil expert jugea trop court. « Quelle allure » ! se dit-elle, contente de ne lui trouver que des défauts.

Il vint à sa rencontre. Parvenu à sa hauteur, il la regarda. Et, à travers ce simple regard, elle sut qu'elle était heureuse de le revoir.

– C'est que je ne vous attendais pas ! dit-elle.

Prudent, il gardait le silence. Connaissant le caractère entier de son hôtesse, il savait que le plus petit mot pourrait faire éclater sa colère. Quant à elle, elle l'observait sous sa capeline, pas mécontente de le voir faire profil bas.

– Bien, attaqua-t-elle, ce voyage en Bretagne ?

« Nous y voilà », pensa Balzac, qui décida de jouer franc jeu :

– Pour la première fois, je vis la mer et ce fut pour moi un émerveillement. Elle est émouvante, grandiose et changeante, si changeante, et c'est en cela qu'elle est intéressante, comment s'en lasser ? Elle est comme…

– Comme… ?

– Comme vous, madame ! »

Laure fronça les sourcils :

– Qu'espérez-vous par cette comparaison hasardeuse ? Me flatter, peut-être !

Et, d'une voix plus dure :

– C'est tout de même un peu fort ! Vous disparaissez plusieurs mois, et avec qui, je vous le demande ?

– J'étais avec une dame qui n'était préoccupée que de mon bien-être et qui ne me cherchait pas querelle !

– Mais ce voyage ?

– Marie, je n'aime plus cette femme... Elle le sait. Elle en souffre, mais elle ne se plaint pas car elle ne veut pas me perdre.

– Et moi, je ne souffre pas ?

– Vous, madame, vous êtes faite d'un autre bois : vous avez comme moi l'écriture pour compagnie.

Prise dans les rets de ses réflexions, Laure examinait le jeune homme, dont le regard semblait se perdre dans l'immensité du ciel. Elle savait, depuis le premier jour, que toute liaison avec lui serait coupée de lacunes, d'absences, de disparitions, le travail commandant absolument la vie de l'écrivain qui avait sacrifié à ce dieu jaloux les joies et les distractions de l'existence. Bien qu'il eût le cœur très bon, très tendre, il avait nécessairement l'égoïsme des grands travailleurs. De même, elle savait qu'il n'y avait qu'à prendre patience, et que l'œuvre parachevée, il reparaîtrait comme si de rien n'était, donnant l'impression qu'il vous avait quittée la veille et reprenant la conversation là où il l'avait laissée quelques mois plus tôt.

Soudain, Balzac eut pour elle un sourire solaire, magnifique. Et ce sourire la bouleversa. N'était-ce pas le feu du génie qui éclatait en la personne de cet homme ? Dans toute son existence, un seul autre sourire l'avait captivée : celui de l'Empereur.

Balzac, n'ignorant pas dans quel dédale Laure se débattait, voulut faire diversion. Il montra du doigt la presse du jour posée sur la table de jardin.

– Je vois que, malgré un travail acharné, vous restez informée.

– C'est qu'à chaque changement de gouvernement, je reprends espoir.

– En cette fin juillet, j'étais tellement absorbé par mes écrits que je n'ai eu ni l'envie ni le temps de m'intéresser aux événements qui secouaient la capitale.

– J'étais en première ligne. Alors que je me tenais sur la terrasse qui se trouve devant le couvent de l'Abbaye-aux-Bois, tout à coup j'aperçus à ma droite le drapeau tricolore, qui avait remplacé le drapeau blanc.

– Drapeau tricolore et drapeau blanc ne seront jamais que des symboles si nous n'avons personne pour porter haut nos fières couleurs. Le duc d'Orléans se sera contenté de ramasser une couronne qui gisait à terre. Il nous manque un homme d'envergure.

– Laissons à Louis-Philippe une chance de nous prouver ses mérites. Pour ma part, j'ai vu tant de gouvernements se faire et se défaire.

Sans qu'ils y prissent garde, le dialogue s'était tout naturellement renoué. Si la passion charnelle des premiers mois s'était refroidie, la création littéraire les unissait. Ils se retrouvaient assis sous le marronnier, lui à sa place, elle à la sienne. Lui heureux d'être là, elle heureuse qu'il fût là. Comme deux vieux amis à qui la vie n'avait pas fait de cadeaux. Balzac s'empara machinalement du journal. Il jeta un coup d'œil sur les gros titres, et dans une grimace conclut :

– Ah, si seulement l'Empereur était encore de ce monde !

– Combien de fois dans mes songes éveillés ai-je vécu et revécu les derniers jours de Napoléon. Je n'étais pas auprès de lui, certes, mais les amis les plus fidèles me racontèrent en détail certaines scènes. Lorsque j'y pense, elles me bouleversent. Comme elles me bouleverseront jusqu'à mon dernier souffle de vie. Retiré à Fontainebleau, il était là avec Berthier, Bertrand et la plus grande partie des maréchaux.

– Sous la menace, les rangs durent se resserrer, pensa tout haut Balzac, à moins… Oui, à moins que les trahisons ne prirent le pas sur les bons sentiments ?

Laure poussa un profond soupir.

– À commencer par Berthier ! Il se passa une scène dont le souvenir me porte presque à la haine. Berthier était au château de Fontainebleau avec l'Empereur, quand il balbutia une excuse pour le quitter. Il avait, disait-il, des papiers importants pour l'Empereur lui-même à mettre à couvert et qui nécessitaient sa présence à Paris. Tandis qu'il parlait, celui qui fut le maître du monde le regardait avec une surprise douloureuse que l'autre ne vit pas ou ne voulut pas voir. « Berthier, lui dit-il en lui prenant la main, Berthier, vous voyez comme j'ai besoin de consolation, combien surtout j'ai besoin d'être entouré par mes vrais amis ! Vous reviendrez demain, n'est-ce pas, Berthier ? – Certainement, Sire », répondit-il. Et il sortit du cabinet de l'Empereur, la tête déjà pliée sous le poids de la trahison… Lui, Berthier !

» Napoléon le suivit longtemps des yeux. Son regard était profondément triste. Il fixa le parquet pendant plusieurs minutes. Enfin, il alla vers le duc de Bassano et, posant sa main sur son bras, il le serra avec force. « Il ne reviendra pas ! » dit-il. Et il tomba, accablé, dans un fauteuil.

» Ce fut le 2 avril que l'acte de déchéance fut prononcé, poursuivit Laure d'une voix lasse. Tout s'écroulait avec une rapidité effrayante. Il y avait comme un souffle de Dieu sur le pouvoir qui tombait en s'effaçant ! C'était affreux ! Pourtant, le fidèle duc de Bassano me disait que l'Empereur ne lui avait jamais paru plus admirable que dans ce moment. Seulement, toute cette journée, il parla sur des sujets profondément tristes, et surtout de suicide. Il en parla si souvent que Marchand, son premier valet de chambre, et Constant en furent frappés. Ils se consultèrent, et tous deux d'un commun accord retirèrent de sa chambre un poignard arabe et de sa boîte de pistolets toutes les balles qui s'y trouvaient.

» Le duc était dans ses appartements depuis quelque temps lorsque Constant accourut, pâle et tremblant, en s'écriant : « Monsieur le duc, venez à l'instant, l'Empereur est fort mal ! » Il se précipita au chevet de l'Empereur, qui s'était empoisonné.

» Lorsqu'il était parti pour la campagne de Russie, son médecin, Corvisart, lui avait donné un poison d'une telle subtilité qu'en quelques minutes, quelques secondes même la vie était éteinte. Il le portait constamment sur sa poitrine, dans une bague renfermée elle-même dans un petit sachet de peau hermétiquement clos. Comme il avait toujours un gilet de laine sur la peau, il y avait longtemps que ce sachet n'avait pas frappé la vue de Marchand, et il lui était sorti de l'esprit. Le poison était, comme je l'ai dit, d'une extrême violence, mais sa subtilité même le rendait aussi plus capable de s'altérer, et c'était ce qui lui était arrivé. « Ah ! Sire, qu'avez-vous fait ? » s'écria Bassano en fondant en larmes. L'Empereur ouvrit les yeux : « Vous voyez, Dieu ne veut pas que je meure. Lui aussi me condamne à souffrir ! » L'Empereur eut de violentes nausées et des coliques très douloureuses ; le poison fit tout son office, la mort exceptée.

» La nouvelle de l'abdication eut un effet étrange sur moi. Je ne crois pas qu'il y avait à Paris une âme plus touchée de ces malheurs que ne l'était la mienne.

» Nous avions été battus par les troupes russes et celles-ci avaient envahi Paris. C'est alors que je reçus la visite de l'empereur de Russie en mon hôtel. Il fut bon pour moi, parla longuement des mérites de Junot, jusqu'à ce que la conversation roulât sur Napoléon : « Ah ! Madame Junot, vous ne savez pas, vous ne pouvez savoir combien je l'ai aimé ! J'étais fier d'être l'ami de cet homme au génie gigantesque. Abusé par ses paroles amicales, je me crus un moment l'objet de son affection, alors qu'il me trahissait ! Tenez, mon amitié était si profonde que, lorsque je dus enfin déclarer que tout était décidément rompu entre les deux États, j'éprouvai le même brisement de cœur qu'on ressent alors que dans une passion plus vive on rompt avec une personne aimée. Oh ! S'il avait voulu ! »

– Sont-ce les paroles exactes du tsar ?

L'étonnement avait saisi Balzac avec une telle force qu'il se leva, fit quelques pas sur la terre soigneusement ratissée. Il dépassa de quelques mètres l'ombre que le marronnier jetait sur le sol. Brusquement, il se retourna :

– Dans vos Mémoires, il faudra tout dire de cette entrevue, ne rien oublier…

– Je n'ai rien oublié de ce moment et je puis vous affirmer que ce sont les propres paroles de l'empereur de Russie. Il avait un grand charme dans la conversation et parlait français sans nul accent. Il vint me voir une deuxième fois dans mon hôtel des Champs-Élysées. J'écrivais mes conversations avec lui aussitôt qu'il m'avait quittée, de sorte que dans mes Mémoires, je n'omettrai rien de tout ce qu'il m'a dit.

Balzac se rassit, resta un moment silencieux, puis s'enquit :

– Quand aurai-je l'honneur de lire les prochains chapitres ?

Laure montra du doigt un volumineux paquet de feuilles posé sur un coin de la table de jardin.

– J'étais justement en train de les relire ! Elles sont pour vous, actuellement je termine le deuxième volume.

– Vous avancez, c'est bien !

– J'ai promis à mon éditeur de rendre le tout avant la fin de l'année.

– Vous serez donc dans les temps.

Laure acquiesça et reprit :

– Cet après-midi-là, à peine avais-je refermé la porte sur mon illustre visiteur que j'aperçus, entrant par une autre porte… le duc de Rovigo ! « Ah, mon Dieu, m'écriai-je, d'où venez-vous donc ? – Eh ! Pardieu ! me répondit-il en jurant à demi, je viens de chez vos enfants ! Ils m'ont dit que le tsar, ce *bouffon d'empereur*, était ici, et je me suis bien gardé d'entrer. »

» Cette conversation dura un moment sur un mode qui ne me plut guère. Soudain, je lui dis avec émotion : « Écoutez, mon cher duc, nous pouvons, vous et moi, sauver l'Empereur et le faire rentrer aux Tuileries. J'en suis certaine. » Rovigo me crut folle et me regarda sans me répondre. Je repris avec la même conviction : « Oui, l'Empereur peut être sauvé par la main qui l'a perdu. Asseyez-vous et écoutez-moi ». Et me voilà racontant toute ma conversation avec l'empereur de Russie. Enfin je conclus : « Il estime toujours Napoléon. » Rovigo secoua la tête : « Ce qu'il fait ne le prouve guère… Mais quel serait votre projet ? – Il faudrait que tous deux se vissent et puissent se parler… – Et le moyen ? – Il est bien simple. Que l'Empereur vienne déguisé dans Paris. Qu'une fois arrivé, il vienne dans ma maison. Elle est hors de soupçon. D'ici il pourrait observer le moment favorable pour parler à l'empereur Alexandre. » Le duc de Rovigo marchait à grands pas dans la chambre. Tout à coup, il se plaça devant moi : « Vous êtes de bonne foi, n'est-ce pas ? » Comme je le foudroyais du regard, il reprit : « Dans une affaire de cette importance… car il y a du bon dans ce que vous dites. Il y a du bon. Mais quel serait votre plan pour le faire arriver sain et sauf jusque chez vous ? – Mon Dieu, le plus simple serait le mieux. Que plusieurs officiers demandent des laissez-passer pour venir à Paris. L'Empereur viendrait avec eux, il n'existe aucune surveillance. – Plus je réfléchis à ce projet, plus il me sourit. Mais aussi, plus je réfléchis en même temps au plan, plus il m'effraie. – Cependant, comment faire pour qu'ils se voient ? La demande formelle d'une entrevue serait refusée, j'en suis sûre. Si l'on admet une chance de réussite dans ce que je propose, il faut le tenter. Mais l'Empereur le voudra-t-il ? – Il ne reculera jamais devant une chance offerte par la fortune. Je le connais ! – Quant à moi, je serais heureuse de prouver à l'Empereur que mon admiration pour lui a résisté à son injustice. D'ailleurs, Junot est mort et mon devoir est de le remplacer. » Je me rappelle que le duc de Rovigo me regarda alors fixement et me dit : « Vous êtes une singulière femme ! Savez-vous qu'il y a de l'homme en vous… et de l'homme remarquable ? – Croyez-vous me faire un grand compliment ? Une femme ne vaut-elle pas un homme ? »

» J'étais sincèrement furieuse de la tournure que prenait la conversation mais le duc, qui n'en avait cure, continua sur sa lancée : « Eh bien, que faisons-nous ? L'Empereur ne me croira pas lorsque je lui dirai cette affaire. Il me prendra pour un songe-creux. – Voulez-vous que je lui écrive ? – Vous le feriez ? – Et pourquoi non ? » Alors, il me prit par le bras, m'entraîna en courant dans mon cabinet et, me faisant asseoir devant mon bureau, me dit : « Écrivez ! Eh quoi, avez-vous peur de vous compromettre ? » Je pris aussitôt une plume, cachetai la lettre avec mes armes et la lui tendis.

» Les jours s'écoulèrent et nulle nouvelle ne me parvint. Jusqu'au jour où je reçus un mot de Fontainebleau m'annonçant que l'Empereur était fort malade depuis qu'il avait tenté de s'empoisonner.

– Mais votre lettre ? insista Balzac, pressé de connaître le dénouement.

– Rovigo me dit ensuite qu'il ne l'avait pas remise. Cela est-il vrai ? Je n'en sais rien.

Le lendemain du jour où je reçus cette lettre de Fontainebleau, je fus à la Malmaison.

– Oh ! fit Balzac presque sursautant, comme si soudain il se trouvait devant une revenante. L'impératrice Joséphine ! Qu'advenait-il de cette pauvre femme ?

– Je savais que l'impératrice Joséphine était fort inquiète de tout ce qui se passait et les nouvelles que j'avais reçues devaient lui être bien précieuses. Lorsque j'arrivai à la Malmaison, il était de bonne heure, elle était encore couchée, et aussitôt qu'elle m'aperçut, me tendant les bras, elle s'écria en fondant en larmes : « Ah ! madame Junot ! Madame Junot ! » Elle me fit une peine profonde. Je savais qu'elle aimait l'Empereur véritablement. Lorsque je lui dis que j'avais reçu une lettre de Fontainebleau, elle me répondit avec une impétuosité que je ne lui avais jamais vue : « Oh ! Je vous en prie, je vous en prie, lisez-moi cette lettre ! Lisez-moi tout. Je veux tout savoir ! » Cette lecture était bien triste pour l'impératrice Joséphine, parce qu'il y avait beaucoup de passages où il était question du roi de Rome et de Marie-Louise. « Que pensez-vous de cette femme ? me demanda l'Impératrice en me regardant avec une expression singulière. – Moi, madame ? Ce que j'en ai toujours pensé, que c'est une femme qui n'aurait jamais dû passer la frontière de France et d'Allemagne. Je le dis du fond du cœur. »

Laure chercha le regard de son interlocuteur en affirmant :

– Et cette pensée est la même vingt ans plus tard. Ce jour-là, l'impératrice Joséphine me toucha, en ce moment elle ne souffrait plus pour elle-même, mais pour Napoléon. « Madame Junot, me dit-elle, j'ai bien envie d'écrire à Napoléon ! Savez-vous pourquoi ? Je voudrais qu'il me permît d'aller avec lui à l'île d'Elbe si Marie-Louise n'y va pas. Croyez-vous qu'elle ira ? – Je ne pense pas. Elle n'en est pas capable… » Toutefois, je lui objectai qu'il était plus que douteux que l'Empereur lui-même consentît à ce qu'elle fût à l'île d'Elbe. Elle parut étonnée : « Et pourquoi le refuserait-il ? – Parce que ses sœurs iront certainement, et que Madame Mère ira sûrement aussi. Que Votre Majesté se rappelle tout ce qu'elle a souffert, étant sur le trône de France ! Si à l'époque les sœurs de Napoléon ne respectaient pas votre repos, madame, que feraient-elles donc aujourd'hui ? – Je crois que vous avez raison, me dit-elle après avoir profondément réfléchi, ce qui ne lui était pas habituel, et elle répéta : Oui, je crois que vous avez raison… » On vint l'avertir que le déjeuner était servi. Nous passâmes dans la salle à manger du matin. Et, là encore, de parlants souvenirs vinrent me troubler. Comment pouvait-elle y échapper elle-même ? Je ne l'ai jamais compris.

– C'est que vous, madame, renouiez avec l'atmosphère de la Malmaison après un long temps d'absence ; tandis que l'Impératrice se consolait en vivant au milieu de ses souvenirs. Les ombres, madame, quand il ne reste plus qu'elles, ont le pouvoir de combler le vide. Pour cela il faut que la vie se trouve derrière soi et non devant. Ce n'était pas votre cas.

– Vous avez raison, je n'avais que vingt-sept ans ; j'étais bien jeune encore… Alors que je prenais congé, l'Impératrice me dit : « Vous savez que la Malmaison est un lieu où vous pouvez venir pour y rester toujours. L'Empereur a été injuste envers vous et envers Junot. C'est à moi de réparer. Votre fille est ma filleule, je dois faire pour vous et pour elle ce que je suis sûre que Bonaparte (dans l'intimité elle l'appelait souvent ainsi) aurait fait s'il était resté sur le trône. » Ses paroles m'émurent, l'impératrice Joséphine était bonne et, si la légèreté de son caractère lui donnait une apparence frivole, elle avait des qualités de cœur qui rachetaient tout.

» Ce jour-là, je revins à Paris fort tard. Chez moi je trouvai une lettre qui m'annonçait le départ de l'Empereur pour le lendemain. Je restai dans un profond abattement.

– Quelle fut la réaction des Parisiens ?

– Que croyez-vous ? Tandis que Louis XVIII s'acheminait, tout en boitant, vers le trône de Clovis, portant de belles guêtres de velours, Paris sablait les rues. On faisait des couplets, des cocardes, des guirlandes. Enfin, on faisait comme à la fédération, comme aux fêtes du Directoire, comme à celle du Consulat, comme à celle du couronnement, comme à celles des victoires de l'empire. C'était la même chose, et si bien la même chose que c'étaient d'une part et d'autre les mêmes gens qui criaient !

– Le peuple est versatile, sans suite dans les idées…

– Si j'aime la France passionnément, je me défie des Français. Je suis née sous l'Ancien Régime, j'ai vécu la Révolution, j'ai vu naître une étoile… Mais, tenez, cela me rappelle une anecdote qui concerne l'Empereur alors qu'il partait pour l'île d'Elbe.

» Un peu avant Lyon, l'Empereur soupa, puis, son repas à peine achevé, il sortit et marcha sur la route. Un ecclésiastique respectable que mon oncle l'abbé de Comnène connaissait bien, se retrouvait en même temps sur cette route, mais dans le but de rencontrer l'Empereur et de lui parler. Napoléon chantait à mi-voix ; enfin, il s'arrêta, s'appuya contre un arbre et regarda le ciel. La nuit était admirable. Après avoir observé une étoile, il reprit sa marche silencieuse et ne fit plus entendre que quelques soupirs profonds. Le prêtre se trouva alors face à lui. Napoléon tressaillit. Il mit sa main sur son sein. « Qui êtes-vous ? – Je suis ecclésiastique, Sire, et curé de cette commune. – Ah ! Depuis longtemps ? – Depuis que Votre Majesté a rendu le culte à la France », répondit le prêtre en s'inclinant devant l'Empereur. Napoléon continua sa promenade. Tout à coup, il examina le ciel avec une extrême attention. « Quelle est cette étoile ? Autrefois, je savais le nom de toutes ces planètes… même la mienne ! Et maintenant ! » Il marcha quelques moments en silence, puis reprit : « Oui, maintenant, j'oublie tout ! Même les choses les plus simples ! » L'Empereur prit alors quelques napoléons dans sa poche et les donna au curé : « Je ne puis faire plus, mais les humbles sont grands devant Dieu. Priez-le pour moi et mon aumône fructifiera. – Ah ! Sire ! » Il y avait probablement dans cette exclamation un sentiment très prononcé, car, en l'entendant, l'Empereur tressaillit : « Oui. Peut-être avez-vous raison ! Peut-être ai-je trop voulu la guerre ! Mais c'est une question trop sérieuse, dit-il en souriant, pour être discutée sur un grand chemin ! Adieu, monsieur le curé, priez pour moi. »

Assis sur le fauteuil en osier, les deux mains posées à plat sur ses cuisses, les traits du visage adoucis par la clarté dorée de la fin du jour et le regard comme éclairé par une flamme venue de l'âme, Balzac dit :

– J'aime que vous me relatiez par quelques traits rapides les réflexions de l'exilé. Ses soupirs profonds, les agitations de sa pensée et cette solitude… la solitude vertigineuse de l'homme face à lui-même ! Comme j'aurais aimé être à la place du curé et pouvoir, un beau soir de printemps, parler en tête à tête avec Napoléon. Mais sans doute aurais-je trop voulu savoir, trop parlé, tandis que l'ecclésiastique, dans sa bonté, sut écouter et, d'une seule exclamation, toucher le point sensible.

– Quand mon oncle me rapporta cette réflexion de Napoléon, je ne pus faire autrement que de me rappeler les termes de la lettre de Junot adressée à l'Empereur. Les mots sont parfois plus puissants qu'un poison.

– Et Louis XVIII dans tout cela ?

– Vous avez raison, les années 1814 et 1815 appartiennent à Louis XVIII et je dois tout dire. Mon oncle le prince de Comnène, qui était resté fidèle au roi, me pressait, au nom de mes enfants, de demander audience. Napoléon, je le rappelle, m'avait laissée sans ressources alors que Junot était mort criblé de dettes. Après avoir pris conseil de mon frère, je me déterminai à aller faire ce qu'on appelait *ma cour.* C'est à Mme la duchesse d'Angoulême que je fus présentée le premier jour. Elle reçut toutes les femmes debout. Arrivée face à la princesse, je fis ma révérence. « Vous êtes Mme Junot ? – Oui, madame. – Vous avez bien souffert, dans votre dernier voyage en Espagne. Avez-vous conservé votre fils ? » me demanda-t-elle avec un véritable accent d'intérêt. Comme j'acquiesçais, elle ajouta : « Vous ne vous ressentez plus de vos fatigues ? » Je répondis que j'étais revenue depuis trois ans. Elle parut calculer et dit : « Ah ! C'est vrai ! » Il était évident que la duchesse d'Angoulême, sévère et rigide pour tout le monde, avait été particulièrement bienveillante avec moi.

» Lorsque je parlai, le soir même, à mon oncle et à mon frère de la bonté de la duchesse d'Angoulême, Albert me dit que je serais coupable si je n'allais pas aux Tuileries demander à Louis XVIII de rendre à mon fils aîné ce méchant majorat de 200 000 francs qu'il a sur le grand-livre. Le lendemain, j'écrivis. La réponse vint immédiatement : le roi me recevrait le surlendemain entre deux et trois heures.

» Je me disposai à toutes les questions qui pourraient m'être adressées et je ne fus plus en crainte au moment où j'entrai dans le cabinet du roi.

» On doit se rappeler que Louis XVIII avait un abord très doux, et même doucereux. Il était poli, avec cette mesure qu'apportent les rois, et qui vous dit : *Taisez-vous.* Cependant, malgré les bottes de velours noir, malgré sa ridicule tournure, je me trouvai tout d'abord aussi à l'aise avec lui que si je l'eusse connu depuis dix ans. Il me fit asseoir près de lui et aborda de lui-même le motif de mon audience, et avec une grâce charmante dit : « Le duc d'Abrantès n'est pas mort à mon service, mais un homme tel que lui honore le pays. Aussi, c'est la patrie qui doit payer sa dette. Je m'en charge. » Il me parla de mon oncle avec une fort gracieuse bonté. « Mais écoutez donc, reprit Louis XVIII en secouant sa main qui lui causait de la douleur, un jour il soupait chez moi à Brunoy. Nous fîmes assaut de mémoire et savez-vous ce que je leur ai dit, moi ? Tous les curés de Meudon ! »

– Les curés de Meudon ? reprit Balzac, incrédule.

– J'avoue que cette idée me parut si bouffonne que je ne pus m'empêcher de rire, fort peu respectueusement. Mais quand on rit de ce qu'ils disent et non pour s'en moquer, les rois pardonnent. Cependant, je gâtai mon affaire, parce que, avec mon imbécile franchise, je dis au roi : « Mais, Sire, c'est une drôle d'idée d'aller dire tous les curés de Meudon. Cela a dû être bien long et un peu ennuyeux pour Votre Majesté. » Sous-entendu : et pour eux aussi ! Mais le roi, loin de mal le prendre, fut heureux de me voir si joyeuse. Je pensai que c'était le bon moment : je lui remis ma pétition et lui demandai ses bontés pour mon fils. Je lui parlai aussi de mon frère. Il fut parfait, m'accorda tout, et je me retirai aussi contente de Louis XVIII qu'on peut être contente d'un roi.

Laure se mit à rire de bon cœur, mais très vite reprit son sérieux.

– Lorsque Junot fut envoyé à Lisbonne, l'Empereur lui donna l'ordre d'expédier en France tous les objets d'art. Ils étaient peu nombreux. Cependant il existait la fameuse bible de Lisbonne, manuscrit du XIIIe siècle, avec les miniatures de Lulio Clavio. Quand il apporta en France les douze gros volumes, Junot signala à l'Empereur que, puisqu'il avait à la bibliothèque les deux plus fameuses bibles de l'univers, il lui demandait cette bible en pur don. L'Empereur y consentit et la bible de Belem devint notre propriété personnelle.

» Quand les alliés entrèrent à Paris, le marquis de Palmella me réclama ce manuscrit comme à une femme de chambre qui aurait volé un châle. Je ne répondis pas, mais j'informai de la réclamation Louis XVIII, qui chargea le duc de Raguse et Blacas de traiter l'affaire. Les Cent

Jours interrompirent la négociation. Le roi de retour en France, Palmella revint à la charge et obtint la restitution de la bible. Mais je dois dire ici que le roi fut correct avec moi ; eu égard à ma situation, Sa Majesté me fit verser le prix de l'estimation.

– Dites-moi vos impressions sur ce roi.

– Si Louis XVIII fut un homme digne d'intérêt, il n'en était pas de même de son entourage. Le plus bouffon était M. Dandre, le préfet de police. Lorsqu'il sut que Bonaparte était débarqué en France, il ne fit que répéter : « Comment, il a osé venir ici ? Mais c'est trop heureux, on le fusillera ! » Et il se frottait les mains !

» On pourrait raconter de drôles de choses de cette Cour malheureuse. Elle était en 1815 ce qu'elle était en 1791, dans un aveuglement complet.

» Ce fut le 19 mars à minuit un quart que Louis XVIII sortit du château des Tuileries, qu'il avait revu après un exil de vingt-trois ans. L'escalier, les cours, toutes les avenues du château étaient remplis d'une foule immense, consternée et silencieuse. Au moment où la voiture attelée de huit chevaux s'approcha du vestibule, le roi descendait lentement car ses jambes le faisaient souffrir. Ce départ d'un prince infirme, au milieu de la nuit, quittant sa capitale en fugitif…

» Le lendemain, c'était le retour de l'Empercur ! L'aspect de Paris fut morne et triste le 20 mars au soir. Les spectacles furent fermés et, lorsque l'Empereur arriva aux portes des Tuileries, s'il trouva une immense foule, il remarqua l'absence de beaucoup de visages. Il le constata avec d'autant plus d'amertume que l'enthousiasme des provinces l'avait préparé au délire de Paris, qui pourtant était silencieux !

» Napoléon comprit à l'instant que la chance n'était plus de son côté. Que faisaient les maréchaux pendant ce temps ? L'un disait à Louis XVIII : « Sire, je vous l'amènerai comme une bête féroce, dans une cage de fer. » L'autre faisait une proclamation, dans laquelle il disait que Bonaparte était un scélérat. D'autres enfin l'abandonnaient lâchement. Oh ! ces trahisons-là furent infâmes !

» Le 20 mars est l'époque la plus importante peut-être de la vie de Napoléon. Aussi est-ce sur cette journée que, dans mes Mémoires, je quitterai Napoléon. Je l'aurai pris presque au berceau, pour le mener jusqu'à l'âge mûr. Toujours enfin je l'aurai conduit comme par la main au travers de ce monde qu'il éblouissait par ses merveilles. Demeurons sur les souvenirs de tant de grandes actions, d'œuvres lumineuses ! Aujourd'hui encore, je ne peux que m'incliner devant une destinée à nulle autre semblable. Je le fais dans un sentiment profondément religieux. Napoléon fut pour la France une providence tutélaire, une gloire qui resplendira par-delà les siècles, et je suis heureuse que mon nom soit attaché à cette collection d'événements de l'époque, destinée à en perpétuer le souvenir.

Balzac admirait la vaillance du ton quand, soudain, il vit jaillir des larmes des yeux de cette femme qu'il n'avait encore jamais surprise à pleurer. Alors il dit, avec une grande douceur :

– Regrettez-vous de n'avoir pas eu l'occasion de lui dire toutes ces bonnes pensées vous-même ?

– Je n'ai pas de regret pour moi-même, seulement une immense souffrance de n'avoir pu l'aider comme il méritait de l'être. Mais que pouvait une simple veuve ? Je suis sûre que Junot en vie, Junot en pleine possession de ses moyens, aurait accouru se mettre au service de celui qu'il n'avait jamais cessé d'aimer. Oui, je me plais à le croire.

L'Abbaye-aux-Bois

Vers trois heures de l'après-midi, la duchesse, rêveuse, s'était assise face aux hautes fenêtres qui ouvraient sur le parc.

Elle prit un livre, mais les mots ne retenaient pas son attention ; ces derniers jours, elle avait senti une forte douleur au pylore. Trop de travail avait eu raison de sa santé, mais elle avait tenu les délais et avait rendu les dernières corrections de son manuscrit. Les dés étaient jetés : dans quelques semaines, ses Mémoires se retrouveraient entre les mains de ses amis comme de ses ennemis !

Laure en avait vu d'autres et se tenait prête à faire front à toutes les critiques qu'elle ne manquerait pas d'entendre.

Elle se remit à la lecture, mais n'eut pas le temps de tourner la première page de son livre que Julie vint la prévenir de l'arrivée de M. Balzac. Honoré entra, rayonnant.

– Je suis impatient comme un enfant ! dit-il.

– Vous êtes en avance, c'est bien, ainsi nous n'aurons pas à nous presser. Comme vous le savez, Mme Récamier ne reçoit qu'à partir de quatre heures et elle apprécie la ponctualité. Nous n'aurons qu'à descendre les quelques volées de marches, prendre la prochaine entrée et emprunter l'escalier d'honneur jusqu'au premier étage. Un café ?

– Non merci, je ne pourrais rien avaler.

Laure ne l'avait jamais vu dans une telle inquiétude.

– Aujourd'hui, contentez-vous de me suivre et de bien regarder ! Il y aura les habitués tels que Ballanche, que vous connaissez, Mme Gay et sa fille Delphine qui nous déclamera avec talent de jolies poésies, quelques écrivains qui ne vous seront pas inconnus. Les jours voués à la simple conversation, Juliette Récamier prend soin de mettre en harmonie les invités en formant avec des sièges plusieurs cercles, assez distants les uns des autres pour que, les dames étant assises, les hommes puissent circuler et s'arrêter là où il leur convient. Ces après-midi de causerie, les invités doivent se suffire à eux-mêmes par la conversation. Et l'hôtesse veille à passer de cercle en cercle, adressant, avec ce tact qui lui est particulier, un mot amical aux uns, des paroles bienveillantes à tous ; poussant l'attention jusqu'à aller chercher les modestes dans les encoignures…

– Ainsi, tout est étudié.

– C'est ce qui s'appelle « l'art » de recevoir : faire en sorte que les invités se sentent bien avec naturel !

Quand les quatre coups sonnèrent à l'horloge du couvent, Laure se leva, prit son châle posé sur le dossier de son fauteuil.

– Allons, dit-elle, c'est l'heure !

Balzac lui donna le bras pour faire le chemin qui allait les mener jusqu'aux pieds de la Belle des Belles. Franchir le seuil du cénacle, c'était être reconnu comme écrivain, c'était recevoir les palmes d'or du talent, aussi est-ce le cœur battant que Balzac s'y rendit.

Comme toujours, ce fut Mme Lenormant, nièce de Mme Récamier, qui les accueillit. Ils franchirent ensuite deux petites pièces, avant d'atteindre le vaste salon aux tons dominants de bleu et de noir. À part un immense tapis qui couvrait le sol, tout était sobre. Le jour était filtré par des rideaux épais et tirés aux trois quarts devant les fenêtres, de sorte que les yeux devaient s'habituer à la pénombre. Il y avait encore peu de monde dans l'appartement, mais chacun parlait à voix basse.

À la suite de la duchesse, Balzac pénétra dans le saint des saints, et c'est seulement en s'avançant qu'il distingua, à contre-jour, deux silhouettes qui se tenaient de part et d'autre de la cheminée. Selon un rituel immuable, Juliette était assise à droite et M. de Chateaubriand debout à gauche. Encore quelques pas et Balzac fut devant Mme Récamier, qui était habillée d'une robe de mousseline blanche nouée par un ruban bleu. La duchesse s'adressa à son amie, qui lui répondit quelques mots affectueux, puis l'écrivain lui fut présenté. Alors, d'une voix faible et tremblante Mme Récamier lui dit dans un souffle :

– L'émotion que j'éprouve à la vue d'un homme supérieur ne me permet pas de vous exprimer comme je le voudrais toute mon admiration, toute ma sympathie... Mais vous devinez... vous comprenez... mon émotion en dit assez... J'espère, ajouta-t-elle, que nous aurons le plaisir de découvrir votre prochaine œuvre et que vous viendrez nous en faire lecture.

C'était à peu de chose près le même discours qu'elle tenait à tous ceux qui venaient chez elle pour la première fois, mais l'auteur des *Chouans*, le cœur reconnaissant, osa un regard vers cette femme que tous décrivaient comme une admirable beauté. Et il ne fut pas déçu : dans le clair-obscur, il vit une jolie figure aux traits délicats, éclairée par un charmant sourire et pleine d'une irrésistible séduction. Enfin, à la suite de la duchesse, il alla serrer la main de M. de Chateaubriand, le héros de la fête, le dieu du salon qui, pour s'occuper, jouait avec le chat de la maison.

Ils se retirèrent, et d'autres personnes prirent le relais ; ce fut comme un long défilé. Les premiers émois passés, le jeune auteur put tout à son aise promener un œil curieux. Il remarqua deux tableaux : l'un était un très beau portrait de Mme de Staël en Corinne, l'autre un portrait romantique du vicomte de Chateaubriand qui le représentait cheveux au vent. Laure, qui avait suivi le regard de son protégé, lui chuchota à l'oreille :

– M. de Chateaubriand aime à rappeler que c'est devant cette toile exposée au Salon de 1809 que Napoléon se serait exclamé : « Il a l'air d'un conspirateur qui descend de la cheminée ! »

Une fois les présentations faites et l'assistance confortablement installée, Mme Lenormant conduisit la jeune muse jusqu'au petit espace circulaire qui lui était réservé. Quelques murmures bienveillants l'accueillirent ; Mme Récamier demanda à la jeune fille comment elle voulait se placer. Pour toute réponse, celle-ci prit un siège, se tourna du côté du tableau de Corinne, et dit en souriant : « Je suis bien. »

Alors, la voix claire s'éleva ; elle était une ravissante personne au charme discret et disait les vers avec sensibilité.

Balzac l'écouta d'une oreille distraite et préféra penser à son avenir, car c'était ici que se décidaient les carrières littéraires. La prochaine fois, ce serait lui l'invité d'honneur, lui qui charmerait l'assistance en lisant sa propre œuvre, lui qui la tiendrait en haleine et la captiverait.

À cet instant, il se fit la promesse solennelle qu'il serait un grand homme de lettres qui laisserait à jamais son nom dans l'histoire.

Il serait Balzac, le grand Balzac, ou il ne serait rien.

Il était face à son destin. Il le savait, comme il savait qu'il devrait une reconnaissance éternelle à la duchesse d'Abrantès.

Épilogue

Le 5 octobre 1831, Balzac reçut une lettre.

Elle n'était pas signée, mais le papier, l'écriture, le contenu, tout lui laissait deviner qu'elle avait été écrite par une femme de haute naissance.

Son imagination se mit aussitôt en branle.

Sa curiosité éveillée, il adressa à l'inconnue une réponse de six pages. À cette liseuse de romans qui avait suivi pas à pas sa carrière d'écrivain, il confia que *La Peau de chagrin* n'était que la première pierre d'un édifice monumental. Et avant même de connaître l'auteur du billet, il était déjà décidé à l'aimer et à en être aimé.

La duchesse de Castries possédait une jolie figure, une superbe chevelure blonde, une tournure gracieuse rehaussée d'une grande séduction. Cette admirable créature était aussi une grande coquette au cœur sec qui dissimulait ses défauts sous des dehors raffinés.

Elle avait vingt ans quand elle épousa le duc de Castries. Quelques années après son mariage, elle s'éprit d'un jeune secrétaire de l'ambassade d'Autriche. Il s'agissait de Victor de Metternich, fils du prince qui avait été l'amant de la duchesse d'Abrantès. De cette liaison, elle avait eu un fils. Séparée de son mari, elle vivait dans son hôtel de la rue de Grenelle. Lors d'un accident de chasse, elle s'était brisé le dos, et c'est désormais alanguie sur un divan que la jolie femme passait toutes ses journées.

Cette même année, la vie de la duchesse d'Abrantès changea du tout au tout. Les quatre premiers volumes de ses Mémoires virent le jour et le succès fut immédiat.

Le 16 mai, *Le Journal des débats* annonçait leur prochaine publication en résumant les caractéristiques de la vie de la duchesse et en énumérant ses hautes relations. Des critiques bonnes ou moins bonnes saluèrent ses Mémoires. Parmi ses connaissances, elle apprit que la commère Gay, jalouse de ses succès, avait prononcé « une parole qui sent la pomme verte ». Et le prince de Talleyrand lui-même n'avait pu s'empêcher de faire un mot d'esprit. Comme quelqu'un lui demandait : « Et vos Mémoires, est-ce que vous ne les continuerez pas ? », il répondit : « Mes Mémoires ? Depuis que la duchesse d'Abrantès écrit les siens, on est dégoûté d'en faire ! »

De pareilles scènes, elle en apprenait tous les jours, mais cet ouvrage, amusant en dépit de ses défauts, bien fait pour éveiller la curiosité de ses contemporains, rencontra son public. Elle reconnaissait avec simplicité : « Mes Mémoires, tout bêtes, tout mal cuits, tout ennuyeux qu'ils sont, ont de la vogue, par une de ces bizarreries comme on en voit tant. Ils se vendent. »

Quand Balzac réclama sa part des honneurs, elle lui répondit :

Vous êtes piqué de ma défense, proclamée par moi, que vous n'avez pas travaillé à ces Mémoires. Comment voulez-vous que je fisse ? J'ai dû agir ainsi. Le succès de cet ouvrage a été grand. Juste ou non, c'est un fait. J'ai dans mon bureau les journaux français, anglais, italiens, espagnols, allemands qui tous en parlent et en parlent bien. Pourquoi voulez-vous que je me laisse ôter le peu de mérite qu'il peut y avoir dans cette pauvre œuvre ?

Confus, il n'insista pas.

Comme Balzac se l'était promis, il vint faire lecture de *La Peau de chagrin* chez Mme Récamier. Ce fut la première œuvre qu'il signa avec la particule. Et ce jour fut pour lui un jour de gloire.

La presse accueillit magnifiquement l'ouvrage et, au bout d'un mois, il était impossible d'en trouver un exemplaire. À *La Revue des Deux Mondes*, Émile Deschamps écrivit : « Ce n'est ni Rabelais, ni Voltaire, ni Hoffmann, c'est monsieur de Balzac. »

Désormais, les chefs-d'œuvre iraient en se succédant.

Lamartine, qui fut invité à cette lecture, prit la plume pour décrire le romancier. Jamais portrait ne fut plus précis :

Balzac était debout devant la cheminée de marbre du salon. Il n'était pas grand, bien que le rayonnement de son visage et la mobilité de sa stature empêchassent de s'apercevoir de sa taille ; mais cette taille ondoyait comme sa pensée. Tantôt il se baissait à terre comme pour ramasser une gerbe d'idées, tantôt il se redressait sur la pointe des pieds pour suivre le vol de sa pensée jusqu'à l'infini. Il était gros, épais, carré par la base et les épaules ; le cou, la poitrine, le corps, les cuisses, les membres puissants ; beaucoup de l'ampleur de Mirabeau, mais nulle lourdeur. Son âme portait tout cela légèrement, gaiement, comme une enveloppe souple, et nullement comme un fardeau. Son poids semblait lui donner de la force et non lui en retirer. Ses bras courts gesticulaient avec aisance ; il causait comme un orateur parle. Sa voix était retentissante de l'énergie un peu sauvage de ses poumons, mais elle n'avait ni rudesse, ni ironie, ni colère. Ses jambes, sur lesquelles il se dandinait un peu, portaient lestement son buste ; ses mains grasses et larges exprimaient en s'agitant toute sa pensée. Cette parlante figure, dont on ne pouvait détacher ses regards, vous charmait et vous fascinait. Les cheveux flottaient sur le cou en grandes boucles, les yeux noirs perçaient comme des dards émoussés par la bienveillance ; ils entraient en confidence dans les vôtres ; les joues étaient pleines, roses, d'un teint fortement coloré ; le nez bien modelé, quoiqu'un peu long ; les lèvres découpées avec grâce, mais amples, relevées par les coins ; les dents inégales, ébréchées, noircies, la tête souvent penchée de côté sur le cou et se relevant avec fierté en s'animant dans le discours. Le trait dominant du visage était, plus même que l'intelligence, la bonté communicative. Il vous ravissait l'esprit quand il parlait ; même en se taisant, il vous ravissait le cœur. Aucune passion de haine ou d'envie n'aurait pu être exprimée par cette physionomie : il lui aurait été impossible de n'être pas bon. Mais ce n'était pas une bonté d'indifférence ou d'insouciance, c'était une bonté aimante, charmante, intelligente, qui inspirait la reconnaissance et la confidence et vous défiait de ne pas l'aimer.

Lamartine dit encore :

Je l'aimais déjà quand nous nous mimes à table. Il me sembla que je le connaissais depuis mon enfance ; il me rappelait ces aimables curés de campagne de l'ancien régime, avec quelques boucles de cheveux sur le cou et toute la charité joviale du christianisme sur les lèvres. Un enfantillage réjoui, c'était le caractère de cette figure ; une âme en vacances quand il laissait la plume pour s'oublier avec ses amis ; il était impossible de n'être pas gai avec lui. Sa sérénité enfantine regardait le monde de si haut qu'il ne lui paraissait plus qu'un babillage, une bulle de savon causée par la fantaisie d'un enfant.

L'auteur, que chacun s'entendait à décrire naïf, puéril et bon, était celui que Mme de Castries s'amusait par désœuvrement à prendre dans ses rets. L'aguicheuse promettait sans jamais rien céder. Dès qu'il se faisait plus pressant, elle se faisait plus froide, invoquait mille prétextes pour ne pas aller plus avant.

Parallèlement, la relation de Balzac avec la duchesse d'Abrantès se poursuivait cahin-caha. À cette époque, il terminait ses lettres par : « Mille amitiés bien tendres et mille gracieusetés pour votre bonne fâcherie et votre doux pardon. » Ou encore : « Mille tendresses. Et ne me grondez plus car vous savez bien que je vous aime. »

Les amants avaient encore besoin l'un de l'autre :

Pour vous remercier de votre aimable coopération, écrivait Balzac, *je ne puis en vérité que tirer du fond de mon cœur un de ces mercis que je compte parmi mes trésors de tendresse, et je vous l'adresse avec une sainte reconnaissance. Permettez-moi de rester dans l'effusion de ce sentiment, surtout en pensant à cette soirée que je garde en mon cœur comme un cher souvenir. Je dirai comme vous adieu et au revoir.*

Toujours à court d'argent, Laure voulut écrire pour des journaux. Honoré lui vint en aide : « Rabou a votre article ; vous le recevrez en épreuves dans deux ou trois jours, et alors vous le lirez à votre aise. Vous avez du succès. Rabou l'a trouvé au-dessus de ce que je lui disais… »

Quand la duchesse tomba malade, Balzac alla lui rendre visite à plusieurs reprises sans pouvoir être reçu. Dès le lendemain, il lui fit part de ses tribulations :

Paris, jeudi 1832.

Je suis revenu de la manière la plus malheureuse. J'ai attendu une demi-heure à la porte de Versailles, et alors j'ai vu poindre dans l'avenue un malheureux coucou qui n'a pu me transporter qu'à Sèvres. À Sèvres, j'ai espéré pouvoir rencontrer un second coucou, et j'ai cheminé vers Paris à la lueur de ces belles et magnifiques étoiles que vous contempliez, et, comme vous, j'ai joui de ce silence imposant qui remplit l'âme. Mais je marchais ! Enfin, devers Auteuil – et là je pensais au pavillon mystérieux –, j'ai derechef entendu le bruit solitaire et nasillard d'un autre coucou, qui m'a jeté à minuit sur la place Louis XV ; et, faute de voiture, je me suis servi de mes pauvres pattes pour regagner mon logis.

En entrant dans mon lit, je me suis avoué à moi-même que le quart d'heure de plus passé sous votre fenêtre com-

pensait toutes ces tribulations, et, comme je m'étais endormi à près de deux heures et demie, je m'étais flatté de cette vague ressemblance entre nous, à savoir que vous dormiez aussi peut-être…

de Balzac

Un jour, Balzac partit avec la duchesse de Castries pour la Suisse. La coquette le rendit fou d'amour : « Cette liaison a été un des plus grands chagrins de ma vie », avouera-t-il par la suite. Rentré à Paris, il s'empressa d'envoyer un billet à celle qu'il continuait à appeler dans le privé sa « chère Marie » : « Je trouve à mon retour, au lieu du grand secret, une lettre venue trop tardivement avant mon départ pour que je la lusse. »

Ainsi y avait-il un endroit mystérieux connu d'eux seuls où Balzac recevait les lettres de sa maîtresse, et sans doute aussi les visites.

Pourtant, cet affamé d'amour s'était pris d'une nouvelle passion pour une inconnue qui lui écrivait : « Pour vous, je suis l'étrangère, et je le serai toute ma vie. Vous ne me connaîtrez jamais. » Encore une lettre de femme qui s'entourait de mystère. Le sentimental courut derrière ce nouveau rêve.

Si la duchesse de Castries fut bientôt oubliée, il n'en fut pas de même de la duchesse d'Abrantès. Elle ne le serait jamais. Quand leur amour toucha à sa fin, ce fut pour se muer en une amitié tendre et dévouée. Un jour qu'elle lui faisait parvenir les tomes XIII et XIV de ses Mémoires, ainsi que les volumes qu'elle avait trouvé le temps d'écrire sur *Les Femmes célèbres*, elle y joignit une invitation :

Maintenant, mon ami, voulez-vous affronter ce soir des gens qui dînent chez moi, et pour qui ce sera une bonne fortune bien immense de vous voir ? Mais comme vous pourriez n'en être pas aussi ravi, je vous en préviens pour deux raisons. La première, je viens de vous la dire ; l'autre, c'est qu'en maîtresse de maison, je ne pourrai être votre amie esclave, et faire ce que vous voudrez pour l'heure à laquelle nous dînerons, car vous savez que chez moi vous êtes chez vous et combien je suis heureuse quand vous êtes là, dans mon ermitage, comme un des bons et excellents amis que le ciel m'a gardés (...). Fasse le ciel que vous me disiez la vérité, et qu'en effet je sois toujours pour vous une bonne et sincère amie. Adieu, à bientôt, comme vous dites. À ce soir quatre heures, n'est-ce pas ?

Elle songeait déjà à faire une nouvelle édition de ses Mémoires, mais cette fois en douze volumes au lieu de dix-huit. Et c'est encore Balzac qui se proposait de veiller sur ses intérêts :

Ne signez rien, ne prenez aucun engagement relatif à vos Mémoires. Je vous dirai de belles choses ! Enfin, n'ayez pas le malheur de ne pas être libre de votre exploitation.

Ou encore :

Dites que vous m'avez chargé de vos affaires, attendu mes connaissances en ce genre et mon inaltérable attachement à votre personne. J'ai trouvé de l'argent vivant, soixante-dix mille francs bien portants, et des gens qui se décarcasseront pour placer trois mille Abrantès, comme ils disent dans leur argot, en peu de temps.

Et le jour où quelques méchantes langues lui affirmèrent qu'elle ne comptait plus pour Balzac, elle eut ce cri venu du cœur :

Mon cher Honoré, ils disent tous que vous n'avez plus d'amitié pour moi !... Moi je dis qu'ils mentent !... Vous êtes non seulement mon ami, mais mon sincère et bon ami. J'ai conservé pour vous une profonde affection qui est de nature à ne pas changer. Oui, nous sommes attachés l'un à l'autre par de ces liens d'âme que rien ne rompt jamais...

Depuis quelque temps, Laure cherchait à se loger à Paris, mais comment vivre enfermé dans un appartement quand on aime à la folie les fleurs, les arbres, les oiseaux ? Elle finit par trouver dans la rue Rochechouart un appartement au rez-de-chaussée ouvrant sur un joli jardin. Elle se constitua un salon où tous les lundis elle recevait. Le succès de ses Mémoires attira des hommes de lettres tels que Victor Hugo, Alexandre Dumas, Chateaubriand, Alfred de Musset.

Elle recevait comme personne et, le soir après le dîner, quand le temps était au beau, on continuait au jardin les conversations du salon. Elle savait donner un charme tout particulier à ses réunions. L'accueil chaleureux et le naturel de ses manières donnaient le ton. Quand elle n'avait que trois ou quatre personnes chez elle, elle s'occupait de son jardin et plus d'une fois on vit Victor Hugo aller remplir les arrosoirs à la pompe à eau.

Jules de Castellane, un habitué des lundis de la duchesse, raffolait de théâtre. La cinquantaine, fort riche et l'esprit original, il fit construire une salle dans le jardin de son hôtel. Une troupe d'amateurs fut composée. Laure, qui jadis avait eu du succès en jouant devant le Premier consul à la Malmaison, prit la direction de la troupe. C'est avec un joyeux entrain qu'elle distribuait les rôles et faisait répéter. Elle rajouta à son prestige en écrivant des pièces qui furent jouées avec succès.

Mme Ancelot témoigne :

Un jour, je m'y rendis. Il s'agissait d'une pièce de la duchesse d'Abrantès, une pièce en un acte dont la répétition dura cinq heures, tant elle fut mêlée de mille choses inattendues, de récits, d'anecdotes et de joyeuses plaisanteries entièrement étrangères à la comédie. La duchesse surtout était en joie, et nous nous amusâmes follement. On finit par danser sur le petit théâtre. Mais tout à coup la duchesse s'écria que depuis cinq heures qu'on parlait, on n'avait ni bu ni mangé. Alors, le maître de la maison, qui était comme les autres tellement absorbé par les plaisirs de la matinée qu'il avait oublié le nécessaire de la vie pour le superflu, fit courir au plus vite chez les pâtissiers voisins…

Balzac ne cessait de travailler.

Pour se payer de ses peines, il acheta de l'argenterie, augmenta son personnel domestique à qui il fit faire de magnifiques livrées, se procura un cabriolet (sur les portes duquel étaient peintes ses armoiries), un tilbury et deux chevaux. Et il appelait tout ce luxe : une réclame !

La vente de ses livres ne suffisant pas à son train de vie, sa situation matérielle s'aggrava. En désespoir de cause, il céda à sa mère un logement voisin de son appartement, en la priant de veiller sur les dépenses de sa maison. Quand la vieille dame l'accablait de demandes d'argent, il répondait :

Mais, ma pauvre mère, tu ne sais donc pas encore comment je vis ?... Je finirai par fermer mes oreilles aux reproches parce que j'ai la conscience de ce que je fais... Avoir tous les chagrins de mes travaux d'artiste et ceux que me font mes embarras et mes affaires, c'est à quitter la vie !... Je t'embrasse comme un pauvre enfant bien malheureux...

À peu de chose près, la duchesse connaissait les mêmes affres. Depuis que son travail rapportait et qu'elle était devenue solvable, les huissiers faisaient antichambre.

Sa situation difficile commençait à se savoir. Un soir, revenant du théâtre, elle s'écria : « Qu'on est donc bien ainsi la nuit pour causer ! On ne craint ni les ennuyeux ni les créanciers. »

Au milieu de tous ses démêlés, elle connut un grand bonheur : comme elle l'avait prédit, Joséphine, qui n'avait pas la santé assez forte pour résister aux fatigues de la vie de charité, était revenue habiter avec elle. De son côté, Constance avait trois fils à élever. Le ménage ne vivant pas dans l'opulence, les deux sœurs se mirent à écrire avec talent des articles pour des journaux de mode.

Seul Napoléon d'Abrantès, le bohème de la famille, ne changeait pas. Ce grand égoïste était devenu la proie d'une maîtresse, après l'avoir été de beaucoup d'autres.

Les plaisirs le perdirent. Il passait ses journées à se promener au jardin du Luxembourg et ne faisait rien pour aider sa famille.

Laure se désespérait de son inconduite. « Oh ! que ton frère est coupable : pas de cœur, pas d'âme ! écrivait-elle à sa fille cadette. Il sait comment nous sommes ; il le sait et rien ne sort de cette tête vide de tout, excepté d'un vent empesté – rien, rien, que de ce vent maudit… »

Courageusement, Laure se débattait au milieu de ses travaux, de ses peines, de ses plaisirs, de ses amis et ses créanciers, faisant face à tout, essayant de ne pas montrer sa gêne en restant telle qu'elle avait toujours été, gaie, intelligente et jamais envieuse de personne.

Je n'ai jamais vu, écrivait Mme Ancelot, une maison où il y eut en même temps plus de gaieté et plus de tristesse. Un soir, on riait de bon cœur, et la duchesse était joyeuse entre tous ; quand la conversation languissait, elle avait quelque bonne histoire bien drôle sur les femmes de la cour impériale, et jamais une verve plus intarissable n'avait fait jaillir de ses paroles de plus folles plaisanteries : on en oubliait l'heure du thé, qui se prenait d'ordinaire chez elle à onze heures. Ce soir-là, minuit avait sonné depuis longtemps, lorsque l'on s'assit autour de la table. Et pourquoi ce long retard ? C'est que, le matin même, le besoin d'argent s'était fait sentir d'une façon tellement impérieuse, que l'argenterie tout entière avait été mise en gage, et, au moment de prendre le thé, on s'était aperçu que des petites cuillers étant de première nécessité, il fallait aller en emprunter à une amie. Un autre soir, Laure demanda l'heure à son fils le duc d'Abrantès : il rendit la réponse une demi-heure plus tard et il expliqua qu'il avait dû regarder la pendule rue des Blancs-Manteaux ! Les scènes de ce genre se renouvelaient souvent, et pourtant les réunions continuaient toujours.

Il fallut bientôt quitter l'appartement de la rue Rochechouart, et une fois encore dire adieu à ses arbres, à sa pelouse, à ses fleurs. Elle se réfugia dans un petit appartement de la rue Navarin. Toujours travaillant, toujours peinant, toujours à noircir du papier. Elle termina son *Histoire des salons de Paris* qui complétait ses Mémoires. Elle traita avec Ladvocat qui, malgré leur accord, paraissait peu pressé de la payer. Elle s'épuisait à réclamer : « (...) Je vous ai prévenu qu'il me fallait aujourd'hui et avant ce soir l'argent de la copie de ce matin... J'ai chez moi des gens qui attendent. »

Sa santé se dégradait. Mme Ancelot avait appris fortuitement ses souffrances par une lettre de créancier fort menaçante oubliée dans un fiacre où elle était montée immédiatement après que la duchesse en était descendue.

La duchesse souffrait de tout cela, témoigne cette amie. *On le sentait même sous sa gaieté et malgré son courage : sa santé en était altérée. La dernière fois que je la vis chez elle, elle était souffrante et couchée ; pourtant, elle travaillait encore sur son lit, où des papiers étaient épars ; elle s'était interrompue pour me recevoir : son visage était fatigué. Je voulais lui écarter le pupitre et l'écritoire pour qu'elle prît quelque repos.*

– Non, me dit-elle, causons un moment, cela me fera du bien, puis je me remettrai à mon travail ; le libraire doit le payer en le recevant, et j'ai besoin d'argent.

J'en eus le cœur serré, bien qu'elle se mît à rire et à parler gaiement (...).

Une jaunisse se déclara. La duchesse malade, ne pouvant plus travailler, ne pouvant plus payer son loyer, sa bonne la fit transporter rue des Batailles, dans une petite chambre. Ses enfants prévenus accoururent à son chevet. Elle reçut des fleurs, de l'affection, mais elle était moralement et physiquement épuisée.

La duchesse d'Abrantès mourut le 7 juin 1838 dans la plus grande misère.

Alors, le monde, son monde, se réveilla enfin. La reine Marie-Amélie lui offrit un magnifique cercueil. Mme Récamier alla s'agenouiller auprès du lit de l'illustre morte qui avait, à plusieurs reprises, intercédé pour elle auprès de l'Empereur. Tout ce qui comptait dans le monde des lettres, des arts et de la politique fut présent. On vit, pour ne citer qu'eux, Chateaubriand, Victor Hugo, Alexandre Dumas, ainsi que tous les survivants des compagnons de gloire de Junot, suivre le convoi de celle qui, par politesse, avait toujours caché sa détresse.

Balzac, dont toutes les pensées étaient désormais pour celle qui signait ses lettres « l'étrangère », était en voyage au moment de sa mort.

Les hommages posthumes se multiplièrent. Gavarni écrivit à propos du dernier volume de la seconde édition des Mémoires publié après sa mort :

Lisez ! Pétillante d'esprit, jolie femme, avec ce grand nom, cette couronne ducale, tout cet or, toute cette gloire, de combien d'hommages, et de quels hommages a dû être entourée la jeune duchesse d'Abrantès ! Et il lui a fallu se résigner à perdre tout cela (...) et se faire à cinquante ans une nouvelle vie ! Une autre gloire !

Madame d'Abrantès travaillait comme pas un de nous ne pourrait le faire (...). Nous l'aimions tous ; jeunes et vieux, nous nous sommes acheminés vers Chaillot pour lui faire une triste et dernière visite, un dernier cortège, et nous l'avons ramenée jusqu'au cimetière de Montmartre ; là, quand on a jeté un peu de terre sur ce cercueil qui nous a pris à jamais cette bonne amie, pour toute oraison funèbre nous avons pleuré.

Le conseil municipal de la ville de Paris refusa de donner six pieds de terre dans le cimetière du Père-Lachaise pour le tombeau de la veuve Junot, ancien gouverneur de Paris. Outré de cette offense faite à une grande dame, Victor Hugo rendit un dernier hommage à son amie dans *Les Rayons et les Ombres.*

À Laure, duchesse d'A.

Puisqu'ils n'ont pas compris, dans leur étroite sphère,
Qu'après tant de splendeur, de puissance et d'orgueil,
Il est grand et beau et beau que la France dût faire
L'aumône d'une fosse à son noble cercueil ;

Puisqu'ils n'ont pas compris que celle qui, sans crainte,
Toujours loua la gloire et flétrit les bourreaux,
A le droit de dormir sur la colline sainte,
A le droit de dormir à l'ombre des héros ;

Puisque le souvenir de nos grandes batailles
Ne brûle pas en eux comme un sacré flambeau ;
Puisqu'ils n'ont pas de cœur, puisqu'ils n'ont pas d'entrailles,
Puisqu'ils t'ont refusé la pierre d'un tombeau,

C'est à nous de chanter un chant expiatoire ;
C'est à nous de t'offrir notre deuil à genoux !
C'est à nous, c'est à nous de peindre ta mémoire
Et de l'ensevelir dans un vers triste et doux !

C'est à nous, cette fois, de garder, de défendre
La mort contre l'oubli, son brave compagnon ;
C'est à nous d'effeuiller des roses sur ta cendre ;
C'est à nous de jeter des lauriers sur ton nom !

Puisqu'un stupide affront, pauvre femme endormie,
Monte jusqu'au front que César étoila,
C'est à moi dont ta main pressa la main amie,
De dire tout bas : ne crains rien, je suis là !

Si Balzac, attiré par d'autres amours, finit par prendre ses distances avec la duchesse d'Abrantès, l'écrivain ne l'en oublia pas pour autant. Non seulement son œuvre était imprégnée des confidences qu'elle lui avait faites, mais dans les romans qu'il écrivit beaucoup de traits lui furent empruntés. Quand Mme de Berny lui dévoilait la femme mûre dont l'esprit et le cœur ne vieillissent pas, la duchesse lui révélait « l'inassouvi » de la femme qui a passé la première jeunesse. Comme il peignait ses héros d'après nature, sa sœur Mme de Surville disait ses craintes : « (...) Nous nous effrayions parfois de ces ressemblances et craignons pour lui les nouvelles inimitiés qu'elles pouvaient lui susciter. »

Ainsi, dans le roman *Béatrix*, le personnage de Mlle des Touches est composé de traits empruntés à deux femmes : George Sand et la duchesse d'Abrantès. On peut observer que la prise de voile de cette demoiselle lui a sans doute été inspirée par l'entrée de Joséphine d'Abrantès parmi les sœurs de Saint-Vincent-de-Paul. Dans une de ses lettres adressées à la duchesse en 1831, Balzac terminait par ces quelques mots : « Mille douceurs et tendresse ! Et que sœur Joséphine ne m'oublie pas en ses prières, moi qui me souviens d'elle en mes bouquins. »

Le romancier s'inspira de la beauté de Joséphine pour brosser ses plus beaux portraits de jeune fille. Ainsi, dans *La Femme de trente ans*, Mme d'Aiglemont jeune fille, c'est elle.

Dans l'introduction de *La Physiologie du mariage*, l'auteur désigne en toutes lettres Mme d'Abrantès. Outre qu'il lui donne son titre de duchesse, il la décrit comme étant « une des plus humaines et des plus spirituelles de la Cour de Napoléon (...) arrivée jadis à une haute position sociale, la Restauration l'y surprit et l'en renversa (...) elle s'était faite ermite ». Il lui rend encore hommage en déclarant qu'elle est « une des puissantes intelligences féminines qui ont daigné m'éclairer sur quelques-uns des passages les plus obscurs de mon livre ».

Dans le roman *La Femme abandonnée*, Mme de Beauséant, c'est encore elle. Ne la reconnaît-on pas dans ce passage : « Dans les yeux brillants de cette grande dame, tout le courage de sa maison, le courage d'une femme forte seulement pour repousser le mépris ou l'audace, mais pleine de tendresse pour les sentiments doux (...). Les traits de sa figure fine, ses lèvres déliées et sa physionomie mobile gardaient une expression de prudence exquise, une teinte d'ironie affectée qui ressemblait à de la ruse et à de l'impertinence. » Cet autre passage est la preuve irréfutable que Balzac pensait à celle qui était encore, mais de loin en loin, sa maîtresse : « (...) Puis de l'autre main, elle fit un geste pour prendre le cordon de la sonnette. Ce joli mouvement, cette gracieuse menace provoquèrent sans doute une triste pensée, un souvenir de sa vie heureuse, du temps où elle pouvait être tout charme et gentillesse, où le bonheur justifiait les caprices de son esprit comme il donnait un attrait de plus aux moindres mouvements de sa personne. Elle amassa les rides de son front entre ses deux sourcils ; son visage si doucement éclairé par les bougies prit une sombre expression... »

Il est certain que la duchesse d'Abrantès avait fortement marqué de son empreinte le cœur, l'esprit et aussi le talent du grand romancier. En écrivant *La Femme abandonnée*, œuvre qu'il lui avait dédiée, l'auteur avait la pensée tendue vers la duchesse. Il était comme imprégné d'elle, saturé de son souvenir. Dans les romans que Balzac écrivit de 1827 à 1832, on est frappé par toutes les allusions qu'il fit à sa personne comme à sa vie.

Balzac aimait s'inspirer de caractères forts ou peu communs pour brosser ses héros. Ainsi, pour camper le personnage de La Palférine, il s'inspira du fils aîné de la duchesse, Léon d'Abrantès étant une des figures les plus curieuses de la bohème, au temps de Louis-Philippe. Entre les deux hommes s'établit une relation amicale, comme le prouve cette lettre que le duc écrivit à Laure Surville après la mort de l'écrivain :

Personne mieux que moi ne pouvait mieux connaître le grand écrivain sous ses deux côtés que j'ai si bien été à même d'apprécier, celui de l'honnête homme et du véritable ami.

Tout comme ses sœurs, Léon d'Abrantès se lancera dans l'écriture. On lui doit quelques ouvrages, en particulier une histoire romancée intitulée *Les Boudoirs de Paris* parue entre 1844 et 1848, en six volumes. Comme son père, il mourut fou le 20 février 1851.

En 1834, *Le Père Goriot* connaît dès sa sortie un succès retentissant ; cette année-là, Balzac a l'idée de rassembler tous ses romans sous le titre de *La Comédie humaine*. Il dévoile son plan à sa chère et grande amie Garraud : « Mon œuvre doit contenir toutes les figures et toutes les positions sociales, elle doit représenter tous les effets sociaux, sans que ni une situation de la vie, ni une physionomie, ni un caractère d'homme ou de femme, ni une manière de vivre, ni une profession n'ait été oubliés. » Ce programme, il ne le réalisera qu'en partie et il l'aurait achevé si sa mort brutale ne l'avait empêché. Et pourtant, en dix-huit ans, il écrira pas moins de soixante-quinze ouvrages ! Un génie était né.

Balzac finit par apprendre le nom de « l'étrangère ». Mme Hanska descendait d'une des plus grandes familles de Pologne. Née Rzewuska, ses parents désargentés l'avaient mariée à un homme de vingt-deux ans plus âgé qu'elle, mais très fortuné – le comte Hanska possédait des terres immenses dans le Caucase. C'était une belle femme aux formes opulentes, que Balzac découvrit et serra pour la première fois dans ses bras au bord du lac de Brienne, où vécut Jean-Jacques Rousseau.

Au mois de mai suivant, il gagna Vienne, y passa trois semaines avec Mme Hanska, et le 4 juin le couple se sépara. Entre les amants s'établit une correspondance continue. Il ne devait plus revoir la comtesse pendant huit ans.

Le 5 janvier 1842, Balzac apprit que le comte Hanski était décédé. La femme qu'il aimait était enfin libre ! Elle représentait pour lui la femme idéale : jeune, belle, riche… Mais, de sa lointaine Ukraine, elle ne paraissait pas pressée de s'unir au romancier.

Au mois de mars 1850, elle finit par céder car elle savait Balzac malade. Le mariage eut lieu à Berditchev. Le jeune marié, qui voulait ignorer son état, écrivait à Zulma Garraud :

Cette union est, je crois, la récompense que Dieu me tenait en réserve pour tant d'adversité, tant d'années de travail, de difficultés subies et surmontées.

Il croyait enfin toucher le bonheur : n'allait-il pas en effet connaître l'opulence ? Une belle maison l'attendait rue Fortunée, où il pourrait travailler à son œuvre sans avoir à se préoccuper du lendemain. La femme qu'il aimait serait près de lui, elle le soignerait, il allait renouer avec ses amis et la vie allait reprendre…

Mais Balzac était si malade qu'il ne pouvait plus lire ni écrire. Il était dans un tel état de déchéance physique qu'il ne devait regagner Paris que pour y mourir.

Tous ceux qui le virent à son retour comprirent qu'il était perdu. Victor Hugo, un des fidèles du salon de Mme d'Abrantès, rendit visite au moribond.

Je sonnai, écrivit-il. Il faisait un clair de lune voilé de nuages. La rue était déserte. On ne vint pas. Je sonnai une seconde fois. La porte s'ouvrit. Une servante m'apparut avec une chandelle. « Que veut monsieur ? » dit-elle. Elle pleurait. Je dis mon nom. On me fit entrer dans le salon (...). Une autre femme vint qui pleurait aussi et qui me dit : « Il se meurt. Madame est rentrée chez elle. Les médecins l'ont abandonné depuis hier. Il a une plaie à la jambe gauche. La gangrène y est. (...) Ce matin, à neuf heures, monsieur ne parlait plus. Madame a fait chercher un prêtre. Le prêtre est venu et a donné l'extrême-onction. Monsieur a fait signe qu'il comprenait. Une heure après, il a serré la main de sa sœur Mme Surville, qui n'est pas encore couchée (...). » La femme me quitta. J'attendis quelques instants (...). Madame Surville entra et me confirma tout ce qu'avait dit la servante. Je demandai à voir Monsieur de Balzac.

Nous traversâmes un corridor. Nous montâmes un escalier couvert d'un tapis rouge et encombré d'objets d'art (...) puis un autre corridor, et j'aperçus une porte ouverte. J'entendis un râlement haut et sinistre. J'étais dans la chambre de Balzac.

(...) M. de Balzac était dans son lit, la tête appuyée sur un monceau d'oreillers auxquels on avait ajouté des coussins de damas rouges empruntés au canapé de la chambre.

Il avait la face violette, presque noire, inclinée à droite, la barbe non faite, les cheveux gris et coupés court, l'œil ouvert et fixe. Je le voyais de profil et il ressemblait ainsi à l'Empereur.

(...) Une odeur insupportable s'exhalait du lit. Je soulevai la couverture et je pris la main de Balzac. Elle était couverte de sueur. Je la pressai. Il ne répondit pas à la pression.

Balzac mourut dans la nuit du 17 au 18 août 1850. Si sa mère et sa sœur étaient à son chevet, sa femme s'était retirée depuis longtemps.

Au cimetière du Père-Lachaise, où le corps fut inhumé, Victor Hugo prit la parole :

Aujourd'hui, le deuil populaire c'est la mort de l'homme de talent ; le deuil national c'est la mort de l'homme de génie. Messieurs, le nom de Balzac se mêlera à la trace lumineuse que notre époque laissera dans l'avenir...

Hélas ! Ce travailleur puissant et jamais fatigué, ce philosophe, ce penseur, ce poète, ce génie a vécu parmi nous cette vie d'orages, de luttes, de querelles, de combats, commune dans tous les temps à tous les grands hommes. Aujourd'hui le voici en paix. Il sort des contestations et des haines. Il entre le même jour dans la gloire et le tombeau. Il va briller désormais au-dessus de toutes ces nuées (...). Ce n'est pas la fin, c'est le commencement ! Ce n'est pas le néant, c'est l'éternité ; n'est-il pas vrai vous qui m'écoutez ? De pareils cercueils démontrent l'immortalité.

Et c'est ainsi que Victor Hugo, cet autre génie, grand voyant et ami fidèle, conduisit, jusqu'à leur dernière demeure et à douze ans d'intervalle, deux êtres qui s'étaient aimés, deux êtres qui s'étaient estimés et dont les âmes, comme le croyait le poète, se retrouveraient par-delà la mort.

Quelle fut alors la teneur de leurs confidences ? Cette fois, Dieu seul le sait.

Réalisation : Nord Compo à Villeneuve-d'Ascq
Dépôt légal : juin 2018
ISBN : 979-10-210-3283-5
N° d'édition : 4121
Impression en Italie